KB048974

증보판

한 권으로 읽는 국부론

애덤 스미스 지음 | 안재욱 옮김

The Wealth Of Nations

박영사

Prologue

증보판 서문

초판을 발행한 지 4년이 지났다. 그동안 초판에 중요한 몇 가지 주제에 관한 것을 담지 못해 아쉬움이 있었다. 특히 국가부채에 관한 것이 그것이었다. 그런 아쉬움을 덜어내고자 이번 증보판에 국가부채에 관한 내용을 포함시켰다.

최근 우리나라의 국가부채가 눈덩이처럼 커졌다. 2021년 중앙정부와 지방정부의 채무를 합한 국가채무(D1) 규모가 965조 3000억 원에 달하고, GDP 대비 47.3%에 이렀다. 2022년에는 그 규모가 1,068조 3000억 원으로, 비율은 50.2%로 늘어나는 것으로 되어 있다. 2021년 11월 IMF가 내놓은 ＜재정점검 보고서FISCAL MONITOR＞에 따르면 향후 5년간 한국의 국가부채 증가속도가 선진 35개국 중 가장 빠르다고 경고하고 있다. 2026년 정부부채(D1)에 국민연금, 건강보험 등 비영리공공기관 부채를 합한 국가채무(D2) 비율이 66.7%까지 증가할 것으로 전망하고 있다. 그럼에도 불구하고 국가부채가 국가경제와 국민들의 삶에 어떤 영향을 미치는지에 대한 올바른 시각을 찾아보기 어려웠다. 애덤 스미스는 『국부론』에서 국가부채의 폐해에 대해서 상세히 쓰고 있다. 『국부론』을 통해 국가부채가 국가경제와 국민들의 삶에 어떤 영향을 미치는지 정확히 이해했으면 하는 바람이다.

정부가 재정적자를 보전하기 위해 공채를 발행해 자금 조달하는 것은 민간의 저축과 축적능력을 훼손해 국부의 증가를 방해한다는 것이다. 사실 정부가 공채를 발행하는 것은 새로운 자금을 만들어 내는 것이 아니다. 민간의 저축된 자금을 정부의 수중으로 이전시키는 것이다. 즉 사람들이 원하는 저축의 사용처를 관료나 정치인들이 원하는 사용처로 옮기는 것이다. 대부분 그 사용처는 정치적으로 결정되기 때문에 민간의 수중에 있으면 보다 더 효율적으로 쓰였을 자금이 비효율적으로 사용된다. 그래서 경제성장을 촉진하는 자본축적의 원천인 우리 사회의 저축이 낭비되어 경제성장이 둔화되고 국부가 파괴된다.

사실 국가부채는 정부가 갚아야 할 채무다. 이 채무를 갚기 위해 정부가 세금을 올리게 됨에 따라 국민들의 조세부담이 증가하고, 그것은 저축을 더욱 감소시켜 경제성장을 더욱 훼손한다. 게다가 정부는 채무 부담을 줄이기 위해 화폐가치를 떨어뜨리는 인플레이션 정책을 쓴다. 인플레이션으로 채무의 실질 부담이 감소하기 때문이다. 이 방법은 고대부터 정부가 즐겨 써 왔던 정책이다. 애덤 스미스는 『국부론』에서 이러한 행위는 도덕적으로도 옳지 않다고 비판한다.

그동안 초판을 읽은 많은 독자들로부터 『국부론』을 쉽게 읽을 수 있게 되었고 많은 도움을 받았다는 응원과 격려를 받았다. 초판에 몇 군데 어색한 문장이 있어서 이번 증보판에 개정하여 보완했다. 응원과 격려를 보내 준 독자들에게 감사의 말씀과 함께, 이번 증보판을 새롭게 디자인하여 출판해 주신 박영사의 안종만 회장님과 안상준 대표님, 조성호 이사님, 그리고 편집과 교정을 맡아 수고해 주신 박송이 과장님께 깊은 감사를 드린다.

2022년 8월

안재욱 씀

Prologue

역자 서문

이 책은 애덤 스미스의 『국부론』(1776)의 핵심 내용만을 번역한 것이다. 국부론은 약 750페이지에 달하는 방대한 책이다. 게다가 문장이 너무 복잡하고 현대 영어가 아니어서 읽기가 대단히 어렵다. 그래서 『국부론』은 가장 많이 언급되고 있지만 읽어 본 사람이 거의 없는 책이다.

이런 문제를 인식하여 Laurence Dickey가 『국부론』을 현대인들이 쉽게 읽을 수 있도록 1993년 Hackett Publishing Company를 통해 국부론 원본에서 핵심 부문만을 발췌하고 논평을 단 책을 출간했다. 이 책은 그의 책에서 논평 부분을 제외한 국부론 원본에 해당하는 부분만을 번역한 것이다.

『국부론』 원본은 총 5권으로 되어 있는데, 1권은 11장, 2권은 5장, 3권은 4장, 4권은 9장, 5권은 3장으로 구성되어 있다. 이 책에서 번역한 부분은 1권의 1~4장, 7, 8장, 2권의 1~3장, 3권의 1~4장의 일부, 4권의 1~3장의 일부와 7장과 9장의 일부, 그리고 5권의 1장과 3장의 일부다. 이 내용은 『국부론』 전체의 약 $\frac{1}{3}$ 정도다. 비록 전체 국부론의 $\frac{1}{3}$ 정도밖에 되지 않지만 국부론의 핵심 내용은 다 들어 있다. 사실 나머지 $\frac{2}{3}$는 부연설명이거나 사례들로 구성되어 있다. 그래서 이 책만 읽으면 국부론의 핵심 내용은 거의 다 파악할 수 있다.

『국부론』은 경제학 전공자만을 위한 책이 아니다. 『국부론』은 개인의 행동원리에 기초하여 사회현상을 설명하는 사회이론이다. 거기에서 우리는 경제철학과 정치철학을 만날 수 있고 많은 역사적 사실을 접할 수 있으며, 역사의 흐름을 간파할 수 있다. 그런 점에서 『국부론』은 인문학과 사회과학의 지식보고(寶庫)다. 그래서 인문학과 사회과학에 관심이 있는 사람이면 누구나 읽어 봐야 할 책이다.

국내에 『국부론』을 번역한 책이 세 권 있다. 이 책을 번역하기 전에 그 책들을 읽어 보았다. 번역은 그런대로 잘되어 있었지만, 읽기가 쉽지 않았다. 그래서 번역을 원문 그대로 번역하면 안 되겠다는 생각을 했다. 될 수 있으면 독자들이 쉽게 읽을 수 있도록 번역하기로 했다. 그래서 모순된 이야기 같지만, 원문에 충실하면서 최대한 현대적 감각으로 번역하려고 했다. 원문을 해치지 않는 범위 내에서 복잡한 문장을 쪼개고 나누어 될 수 있는 한 단문으로 번역하려고 노력했다. 이 번역은 어쩌면 거대한 클래식 음악을 현대적 감각에 맞게 편곡한 것이라 보면 되겠다.

『국부론』은 국가 번영에 관한 저서다. 애덤 스미스는 국부의 본질은 생산과 교환에 있다고 주장했다. 그리고 국부를 늘리는 방법은 분업의 발전에 있다고 하였다. 애덤 스미스는 국가 번영의 열쇠가 어디에 있는지를 발견한 사람이다. 생산과 교환이 어떻게 극대화되어 풍요를 가져다주고, 노동의 생산력을 향상시킬 수 있는지에 대한 답을 제시한다. 그의 답은 사람들에게 경제적 자유를 주는 것이다. 애덤 스미스가 말하는 자유시장 경제체제는 도덕, 상호호혜, 그리고 불의와 사기를 금지하는 시민법으로 이뤄져 있다. 다른 사람들에게 손해를 끼치지 않고 협동적이고 공정해야 한다고 주장하며, 도덕적인 풍토와 좋은 법적 제도가 경제를 성장시킨다고 주장한다.

지금 한국의 경제성장이 지속적으로 둔화되고 있고 성장 동력이 점점 떨어지고 있다. 이러한 결과는 개인들의 경제적 자유가 많이 훼손되었기 때문이다. 정부의 규제가 증가하고, 작은 정부가 아닌 큰 정부로 가고 있기 때문이다. 한국이 성장 동력을 찾고 부강한 나라가 되는 길이 애덤 스미스의 『국부론』에 있다고 생각한다. 많은 사람들이 『국부론』을 읽어서 한국경제가 나아갈 길을 제대로 찾았으면 한다. 그리하여 대한민국이 정말 부강한 나라가 되었으면 한다.

Contents

차 례

1
노동 생산력을 향상시키는 원인과 그 노동 생산물이 다양한 계층의 국민들에게 자연스럽게 분배되는 질서
(제1장, 제2장, 제3장, 제4장, 제7장, 제8장)

2
자산의 특성과 축적 및 사용
(서론, 제1장, 제2장, 제3장)

3
각 나라 국부의 증진 차이
(제1장, 제2장, 제3장, 제4장)

4
정치경제학의 학설들
(서론, 제1장, 제2장, 제3장 제2절, 제7장 제3절, 제9장)

5
국왕 또는 국가의 수입
(제1장 제1절 · 제2절 · 제3절(2)(3), 제3장)

Prologue

서문 및 책의 구성

한 국가에서 매년 소비하는 모든 생필품과 편의품은 바로 국가의 연간 노동을 통해 공급된다. 이 생필품과 편의품은 노동하여 직접 생산한 것과 그 생산물을 가지고 다른 나라에서 구입해 오는 것으로 구성되어 있다.

노동 생산물이나 생산물로 구입해 오는 수입물품은 소비하는 사람들에 비해 많을 수도 있고 적을 수도 있다. 그러므로 경우에 따라 필요한 생필품과 편의품이 충분히 공급될 수도 있고 부족할 수도 있다.

그러나 그것은 어느 국가이건 두 가지 요인에 따라 결정된다. 하나는 일반적으로 노동자가 발휘하는 기술, 숙련도, 집중력이고, 둘째는 유용한 노동에 종사하는 사람과 그렇지 않은 사람 수의 구성 비율이다. 한 국가의 토양, 기후, 크기가 무엇이든지 간에 연간 공급이 충분한지, 부족한지는 이 두 요인에 달려 있다.

그렇지만 그 여부는 두 번째 요인보다는 첫 번째 요인에 더 많이 좌우되는 것 같다. 원시 수렵 사회에서는 일할 수 있는 사람은 모두 많든 적든 유용한 노동에 종사하며 자기 자신과 가족은 물론 사냥과 고기잡이를 할 수 없는 노인과 어린이, 병약자들에게도 생필품과 편의품을 공급하려고 노력했다. 그러나 그 사회는 비참할 정도로 가난하여 먹을 것이 부족해 어린 자식들과 늙은 부모, 혹은 오래 병을 앓고 있는 사람들을 때론 직접 죽이고, 때론 굶어 죽게 하거나 야생동물에 잡혀 먹히도록 내버려 두기도 했다. 아니 적어도 그런 생각을 가지고 있었다. 이와는 달리 문명화되고 번영하는 국가에서는 전혀 노동하지 않는 사람들이 일을 하는 대부분의 사람들에 비해 10배, 때로는 100배나 되는 노동 생산물을 소비한다. 그런데도 그 사회의 노동 생산물은 아주 많아서 모두에게 풍족하게 공급되고 있다. 최하층민조차 검소하고 근면하기만 하면 수렵 원시인들이 쓸 수 있었던 것보다 훨씬 더 많은 생필품과 편의품을 누릴 수 있다.

제1권의 주제는 이런 노동 생산성 향상의 원인과 그 생산물이 사회의 각기 다른 계층, 다른 처지에 있는 사람들에게 자연스럽게 배분되는 질서에 관한 것이다.

어떤 나라에서 노동의 기술, 숙련도, 집중력의 실제 상태가 어떠하든지 간에 그 상태가 지속되는 동안 노동에 따른 연간 생산량의 많고 적음은 유용한 노동에 종사하는 사람들의 수와 그렇지 않은 사람들의 수에 좌우된다. 뒤에 나오겠지만, 유용하고 생산적인 노동자의 수는 어디에서든 그들을 고용하는 데 사용되는 자본의 양과 자본이 사용되는 특정 방법에 비례한다. 그래서 제2권은 자본의 특성, 자본이 차차 축적되는 방식, 그리고 자본이 사용되는 방법에 따라 달라지는 노동의 크기를 다룬다.

노동의 기술과 숙련도, 집중력이 비교적 잘 발달했던 국가들이 전반적으로 노동을 활용하거나 장려하기 위해 추진해 왔던 정책들은 각기 달랐다. 그리고 그 정책들은 모든 산업의 노동 생산물을 동일하게 증대시키기 위해 취진되었던 것이 아니었다. 어떤 국가는 특별히 농촌 산업을 장려했고, 어떤 국가는 특별히 도시 산업을 장려했다. 모든 산업을 동등하고 공평하게 다룬 국가는 거의 없었다. 로마제국의 멸망 이래, 유럽의 정책은 농업이나 그와 관련된 산업보다는 도시산업인 기술, 제조업, 상업에 더 호의적이었다. 이런 정책을 도입하고 확립시켰을 것으로 보이는 상황이 제3권에서 다뤄진다.

아마 그런 다양한 정책들은 처음에는 특정 부류의 사람들이 전체 사회의 복지에 미칠 영향을 고려하거나 예상하지 못한 채 그들이 가진 편견과 사적 이해관계를 바탕으로 추진했을 것이다. 그러나 그것은 아주 다양한 경제학설들을 출현시켰다. 어떤 학설은 도시에서 영위되는 산업을 과도하게 강조했고, 또 어떤 것은 농촌의 산업을 지나치게 강조했다. 그런 학설들은 학자들의 견해뿐만 아니라 국왕이나 국가의 통치 행태에도 지대한 영향을 미쳤다. 나는 제4권에서 각기 다른 학설들과 그것들이 각각의 시대와 국가에 미친 주요 효과들을 가능한 한 완벽하고 확실하게 설명하고자 노력했다.

대다수 국민의 수입은 무엇으로 이루어졌는지, 즉 각 시대와 각 나라에서 매년 그들의 소비를 충당해 주는 자금의 본질이 무엇인가를 설명하는 것이 4권까지의 목적이다. 마지막인 제5권은 국왕 또는 국가의 수입을 다룬다. 여기서 나는 먼저 국왕 혹은 국가의 필수 경비는 무엇인지, 그중 얼마를 전체 사회가 갹출하여 부담해야만 하는지, 그중 얼마를 특정 부분 또는 특정 구성원이 부담해야 하는지를 설명하고자 노력했다. 그다음으로는 그 사회가 필요로 하는 경비를 사회 전체가 부담하도록 만드는 방법에는 무엇이 있는지, 그런 방법들 각각의 주요 장점과 단점은 어떤 것인지 설명하고자 했다. 마지막으로 거의 모든 현대 정부들이 이 수입의 일부를 담보로 하여 채무계약을 하게 만든 이유와 원인은 무엇인지, 그리고 이 채무가 그 사회의 노동과 토지의 연간 생산물, 즉 실질적인 부에 끼친 영향이 무엇인지를 설명하고자 했다.

1.

노동 생산력을 향상시키는 원인과 그 노동 생산물이 다양한 계층의 국민들에게 자연스럽게 분배되는 질서

(제1장, 제2장, 제3장, 제4장, 제7장, 제8장)

The Wealth of Nations

분 업(제1장)

분업을 일으키는 원리(제2장)

분업은 시장의 크기에 따라 제한됨(제3장)

화폐의 기원과 사용(제4장)

상품의 자연가격과 시장가격(제7장)

노동임금(제8장)

분 업
(제1장)

노동 생산력을 가장 크게 향상시키는 것이 분업이다. 그리고 노동자가 발휘하는 기술, 숙련도, 집중력 역시 그 대부분은 분업의 결과이다.

분업이 사회의 전반적인 산업에 영향을 미치는 효과는 특정 제조업에서 행하는 공정을 떠올리면 이해하기 쉽다. 보통 분업은 규모가 매우 작은 소규모 제조업에서 가장 잘 이뤄진다고 생각한다. 그렇게 생각하는 것은 실제로 대규모 제조업보다 소규모 제조업에서 분업이 더 잘 이뤄지고 있기 때문은 아닐 것이다. 소량을 생산하는 소규모 제조업이 대규모 제조업보다 노동 인원이 적어 각 부문에 종사하는 사람들이 한 작업장에 모여 일할 수 있고, 관찰자가 그들을 한눈에 살필 수 있기 때문일 것이다. 반면에 많은 양을 생산하는 대규모 제조업에서는 각 부문마다 고용된 사람이 많아서 그들 모두가 한 작업장에 모여 일할 수 없고, 한 부문의 종사자들조차 한눈에 살피기 어렵다. 그 때문에 대규모 제조업에서는 소규모 제조업보다 일이 한층 더 세분화되어 있음에도 불구하고 세분화가 눈에 잘 띄지 않고 명확히 드러나지도 않는다.

소규모 제조업이지만 분업이 매우 잘되어 있는 핀 공장의 예를 보자. 이

일(분업 이후에 비로소 직업이 된)에 앞서 교육을 받지 않고, 이 일에 필요한 기계(이 또한 분업 때문에 필요하게 된)를 다루는 데 서툴기까지 한 노동자라면 아무리 부지런히 일해도 하루 종일 핀 하나를 만들기도 어려울 것이며, 20개 이상은 어림없을 것이다. 그러나 오늘날 이 산업이 행해지는 것을 보면 작업 전체가 특정 직업일 뿐만 아니라 여러 부문으로 분할되었고, 마찬가지로 각 부문 대부분이 특정 직업으로 자리 잡았다. 첫 번째 사람은 철사를 뽑고, 그다음 사람은 그것을 펴며, 세 번째 사람은 자르고, 네 번째 사람은 뾰족하게 다듬는다. 그리고 다섯 번째 사람은 핀 머리를 씌울 수 있게 윗부분을 갈아 낸다. 머리 부분도 씌우는 작업과 핀을 하얗게 반짝이도록 하는 작업 등 두세 공정이 필요하다. 만들어진 핀을 종이로 포장하는 일조차 공정 하나에 속한다. 이처럼 핀을 만드는 일은 각기 다른 공정 18단계로 분할된다. 어떤 공장에서는 공정마다 각각 사람들을 배치하기도 하고 어떤 공장에서는 한 사람이 두세 공정을 맡기도 한다. 단 10명만을 고용하여 그중 몇몇이 두세 공정을 혼자서 맡아 처리하는 소규모 공장을 본 적이 있다. 그들은 매우 가난해서 필요한 기계도 갖춰 놓지 못했지만, 열심히 일하여 하루에 약 12파운드 정도의 핀을 만들었다. 1파운드 무게당 중형 핀은 4,000개가 넘는다. 그러므로 10명이 하루에 핀 48,000개 이상을 만든 셈이고, 한 사람당 적어도 4,800개 이상 만든 셈이다. 그러나 만약 그들이 이런 공정 방식으로 나누어 일하지 않고 각자 핀을 만들었다면 분명 혼자서 하루에 20개는 고사하고 단 1개도 만들지 못했을 것이다. 다시 말해 여러 공정으로 적절하게 분할하고 조합하여 생산할 수 있는 분량의 $\frac{1}{240}$은 고사하고, 아마 $\frac{1}{4,800}$도 만들지 못했을 것이다.

분업을 실시하여 얻는 효과는 앞의 핀 제조 공장뿐 아니라 그 밖의 다른 수공업과 제조업에서도 유사하다. 비록 모든 노동이 이처럼 세분화되거나 단순해질 수 없다고 할지라도 분업을 하게 되면 모든 수공업 및 제조업의 노동 생산력은 향상될 것이다. 이런 이점 때문에 갖가지 업종과 직업이 분리되어 나온 것 같다. 일반적으로 산업이 최고도로 발전한 나라일수록 업종 및 직업 분리가 잘 이루어져 있다. 미개발 국가에서 한 사람이 하는 일을 선진국에서는 여러 명이 나누어 한다. 선진국에서 농부는 농부일 뿐이고 제조업자는 제조업자일 뿐이다. 완성품 하나를 생산하는 데 필요한 노동 역시 선진국에서는 수없이 많은 작업으로 나뉜다. 린넨과 모직물 제조업을 예로 들어보자. 아마와 양모 생산자에서 린넨 표백업자와 마무리공, 직물 염색업자와 마무리공에 이르기까지 각 과정마다 얼마나 다양한 직업이 존재하는가. 사실 농업은 특성상 제조업처럼 작업 과정이 많이 나뉘거나 정확히 분리되지 않는다. 목수 일과 대장장이 일을 분리하듯이 목축업자와 곡물재배인의 일을 확연히 분리하기란 불가능하다. 실을 뽑는 작업과 옷감을 짜는 작업은 각각 다른 사람이 하지만, 땅을 갈아엎고 씨앗을 뿌린 뒤 수확하는 작업은 대개 같은 사람이 한다. 계절이 바뀔 때마다 다른 작업이 필요하므로 한 사람이 굳이 한 가지 작업만 고집하기는 힘들다. 어쩌면 농업의 노동 생산력 향상 정도가 늘 제조업에 미치지 못하는 이유 역시 농업에서 행하는 작업들을 완전히 분리할 수 없는 점에서 비롯됐을지도 모른다. 사실 부유한 국가가 제조업뿐 아니라 농업에서도 주변 국가보다 생산력이 앞서 있지만, 일반적으로 농업보다는 제조업에서 훨씬 더 앞선다. 그들의 토지가 더 잘 경작될 뿐더러 노동과 비용이 더 많이 투입되기 때문에 토지 면적과 원래의 비옥한 정도에 비해 생산량이 더 많다. 그러나 노동과 비용이 더 많이 투입되었다고 해서 그와 비례하여 농업 생산량이 훨씬 더 많지는 않다. 농업에서는 부유한 나라의 노동력이 가난한 나라의 노동력보다 월등히 더 생산적이지만은 않다. 적어도 제조업에 비해 결코 더 생산적이지는 않다. 그러므로 품질이 동일하면, 부유한 국가에서 산출한 곡물이라고 하여 가난한 국가의 곡물보다 늘 저렴하지는 않다. 프랑스가 훨씬 부유하고 발전되어 있지만 동일한 품질의 곡물은 폴란드산이나 프랑스산이나 가격이 같다. 국가의 부나 발전 정도로 보면 프랑스가 영국보다 비교적 뒤떨어져 있지만, 프랑스산 곡물과 영국산 곡물의 품질이 동일하고 가격도 대체로 동일하다. 그러나 영국의 곡물 생산지는 프랑스보다, 프랑스의 곡물 생산지는 폴란드보다 훨씬 잘 경작된다고 한다. 가난한 나라가 경작 면에서는 뒤떨어진다 하더라도, 곡물가격과 품질 면에서는 부유한 나라와 어느 정도 경쟁할 수 있는 것이다. 하지만 제조업에서는 부유한 국가와 감히 경쟁할 수 없다. 그 제조업이 부유한 국가의 토질, 기후, 환경에 딱 맞는 경우라면 더더욱 곡물처럼 경쟁할 수 없다. 프랑스의 견직물은 영국산보다 품질이 더 좋고 값도 더 싸다. 프랑스와 비교했을 때 견직물 제조업은 영국의 풍토에 적합하지 않다. 현재 영국이 생사 수입에 관세를 높게 부과하기 때문이다. 그러나 기계류나 올이 굵은 모직물은 영국이 프랑스보다 비교할 수 없을 정도로 뛰어나며, 동일한 품질일 경우 값도 훨씬 싸다. 이와는 달리 폴란드에는 한 국가의 존립에 없어서는 안 될 소수 조잡한 가내 제조업을 제외하고는 변변한 제조업이 거의 없다고 한다.

분업의 결과, 인원수는 동일하면서도 처리할 수 있는 작업량이 급격히 증가하는 데는 세 가지 이유가 있다. 첫째로 노동자 개개인의 숙련도가 증가하며, 둘째로 한 작업에서 다른 작업으로 전환할 때 발생하는 시간이 절약되고, 마지막으로 많은 기계가 발명되면서 노동이 수월해지고 공정이 단축되어 한 사람이 여러 사람의 몫을 처리할 수 있게 되기 때문이다.

먼저, 숙련도가 높아지면 노동자가 처리할 수 있는 작업량은 반드시 증가한다. 분업은 각 사람에게 할당된 작업 영역을 축소시켜 어느 정도 간략하게 만들고 평생 이 한 가지 작업에 전념하게 함으로써 노동자의 숙련도를 향상시킨다. 예컨대 망치를 다루는 데는 능숙하지만 못은 만들어 본 적이 없는 평범한 대장장이가 피치 못할 사정으로 못을 만들어야만 한다면 확신하건대 하루에 200~300개 이상 만들지 못할 것이다. 그나마도 아주 형편없는 못일 것이다. 못을 만들 수는 있더라도 그 일이 주된 업무는 아닌 대장장이는 어떠할까. 아무리 부지런을 떨어도 하루에 800~1,000개 이상은 만들지 못할 것이다. 이 경우와는 반대로 못 만드는 일만 해 온 스무 살도 안 된 몇몇 청년이 최선을 다해 못을 만들면 일인당 하루에 2,300개 이상 만들어 내는 것을 본 적이 있다. 못 만드는 일은 결코 간단하지 않다. 풀무질을 하고 수시로 불의 세기를 조절하며, 쇠를 달군 후에는 못의 각 부분을 가다듬어야 한다. 못 머리를 다듬을 때는 연장도 바꿔야만 한다. 핀이나 금속 단추의 제조 공정을 세분화시킨 작업은 훨씬 더 단순하다. 게다가 평생 세분화된 한 작업에 전념했다면 그의 숙련도는 훨씬 뛰어날 것이다. 그와 같이 이루어지는 작업들 중 일부는 그 일과 직접 관련이 없는 사람이 보면 도저히 사람이 하는 것이라고는 믿기지 않을 정도로 매우 빠르게 진행된다.

그다음으로, 한 작업에서 다른 작업으로 전환할 때 불필요하게 발생하는 시간을 절약하면 생각보다 큰 이익을 얻는다. 어떤 일을 하다가 장소가 다르거나, 도구를 달리 사용해야 하는 작업으로 옮겨가야 한다면 재빨리 전환하기가 어렵다. 예컨대 시골에 사는 직조공이 소농지 경작도 함께하는 경우, 물레를 돌리다 경작지에 다녀오는 일을 반복하느라 시간을 많이 낭비한다. 물론 한 지붕 아래서 두 작업이 이루어지면 그보다 덜하겠지만 이 경우에도 역시 시간이 허비된다. 사람이 한 작업에서 다른 작업으로 바꾸어 일할 때, 대개는 새로운 일을 시작하자마자 몰입하기 어려워 일 처리가 더디다. 적응하는 시간이 필요하므로 한동안은 집중하지 못한 채 시간을 지체한다. 매일 작업과 그에 필요한 도구를 30분마다 바꾸고 약 20가지에 이르는 작업 방식을 손수 익혀 행해야 하는 농촌 노동자는 작업 과정에서 자연스레 시간을 지체하거나 산만하게 일하는 습관이 몸에 밴다. 이 습관이 굳어지면 게으르고 나태하게 되어 촌각을 다툴 때에도 빠릿빠릿하게 일하지 못하게 된다. 그러므로 숙련도 문제와는 별개로, 이 원인만으로도 처리할 수 있는 작업량이 크게 감소할 수밖에 없다.

마지막으로, 적절한 기계를 사용하면 작업 과정이 단축되어 노동이 얼마나 수월해지는지는 누구나 다 아는 사실이므로 두말할 것도 없다. 이에 더하여 기계가 발명된 계기도 분업에서 비롯되었다는 점을 말하고자 한다. 인간은 여러 가지 일에 정신이 분산되어 있을 때보다 오직 한 가지 일에 몰입할 때 목표 달성을 위한 효율적인 방법을 더 잘 터득할 수 있다. 분업은 바로 이 점을 가능하게 한다. 분업 덕분에 인간은 한 가지 일에 집중할 수 있게 되었다. 그러므로 맡은 일에 개선할 필요가 있을 경우 어떤 한 가지 일을 전업으로 하는 노동자가 쉽고 신속하게 일할 수 있는 방법을 찾아낼 것이다. 제조업에서 사용하는 기계 대부분은 원래 평범한 노동자들이 만들었다. 그들은 매우 간단한 작업을 하면서 자기 일을 쉽고 신속하게 할 수 있는 방법을 연구했다. 실제로 공장에 가 보면 자기 일을 쉽고 신속하게 처리하려고 만든 작은 기계들을 흔하게 볼 수 있다. 최초의 증기엔진은 피스톤이 올라가고 내려갈 때마다 보일러와 실린더 사이에 있는 통로 문을 누군가 계속 여닫아 주어야 했다. 이 일을 담당한 한 소년이 친구들과 너무나 놀고 싶은 나머지 자기가 지켜 서지 않아도 될 방법을 고안했다. 통로 문을 여는 밸브 손잡이와 기계의 다른 부분을 끈으로 연결하면 밸브가 자동으로 열고 닫힌다는 것을 발견했던 것이다. 그렇게 함으로써 소년은 친구들과 마음대로 놀고도 일을 더 쉽게 할 수 있었다. 증기엔진이 만들어진 이래로 가장 돋보이는 개선은 이처럼 자기 일을 줄이고 싶어 한 소년에게서 이루어졌다.

그러나 모든 기계가 이처럼 기계를 사용할 필요가 있는 노동자들에 의해 만들어져 발달된 것은 아니었다. 기계 제작이 전문적인 사업으로 자리 잡으면서 제작자들이 창의성을 발휘하여 이루어 낸 것이 대부분이다. 또는 과학자나 사상가가 만들기도 하였다. 이들은 어떤 특정 작업을 하는 것이 아니라 현상을 관찰하는 것을 전문으로 하며 서로 다른 사물의 힘을 결합할 줄 아는 사람들이었다. 사회가 발달하면서 과학이나 사색이 전문성을 인정받아 다른 직업처럼 특정 시민 계층에게 주요한, 또는 독자적인 일과 직업으로 자리 잡았다. 이 역시 다른 직업들처럼 분야가 무수히 많이 나뉘었고 분야 하나하나가 전문적인 직업이 되었으며, 세분화되면서 기량이 개선되고 시간도 절약되었다. 개인은 자신이 속한 분야에서 점차 전문가가 되었고, 그에 따라 전체적으로도 분야별 업적이 증가하여 전문 지식이 많이 축적되었다.

분업의 영향으로 다양한 산업에서 생산량이 엄청나게 증가되었고, 체제가 잘 갖춰진 사회에서는 하층민까지도 보편적인 부를 누리게 되었다. 노동자는 자신의 노동을 통해 필요 이상의 노동 생산물을 가지며 여분을 팔 수 있고, 이는 다른 사람들도 마찬가지여서 서로 교환할 수 있다. 다시 말해, 생산물의 가격과 가치를 따져 등가물을 교환할 수 있게 된 것이다. 다른 사람이 필요로 하는 것을 풍부하게 공급하고, 자신도 필요한 것을 다른 사람들로부터 공급받게 되어 전반적으로 사회 모든 계층에 풍요로움이 확산되었다.

문명이 발달하고 번영하는 국가의 가장 평범한 기능공이나 일용직 근로자가 사는 집 안을 살펴보자. 집 안을 채운 가정용품들을 보면 아주 소소한 것이라도 그것을 만드는 데 종사한 사람들이 헤아릴 수 없이 많다는 것을 알 수 있다. 일용직 근로자가 입은 모직코트를 예로 들면, 비록 거칠고 성글게 엮인 듯 보이지만 이는 수많은 노동력이 조화를 이룬 종합 생산물이다. 양 치는 사람, 양모를 골라내는 사람, 양모를 펴는 사람, 염색하는 사람, 실 뽑는 사람, 옷감 짜는 사람, 옷을 만드는 사람 등 많은 사람이 이 따뜻한 옷 한 벌을 만드느라 각자의 기술을 발휘했다. 그 외에도 한 노동자가 먼 지방에 사는 다른 노동자에게로 물건을 전달하려 할 때 이를 운반하기 위해 고용된 상인과 운송업자는 또 얼마나 많은가! 특히 염색에 필요한 약품은 종종 오지에서만 나기도 하는 데, 이를 운반하느라 얼마나 많은 무역과 해운업, 조선업, 항해사, 돛 제조자, 로프 제작자들이 관계되었는가! 각종 작업에 꼭 맞는 도구를 만드는 데 필요한 노동 또한 얼마나 다양한가! 선박, 옷감 만드는 공장, 그 밖에 직조기 같은 복잡한 기계들은 물론이고, 양치기가 털 깎을 때 사용하는 도구 하나만 보아도 얼마나 다양한 기술이 필요한지 알 수 있다. 광부, 광물을 녹일 용광로를 만드는 사람, 나무 베는 사람, 용광로에서 쓸 석탄을 캐는 사람, 벽돌 만드는 사람, 그 벽돌을 쌓는 사람, 용광로에서 일하는 사람, 금속을 다듬는 사람, 대장장이 등 이 모든 사람이 가진 각각의 기술이 한 데 모여야만 털 깎는 도구가 만들어진다. 이와 마찬가지로, 양치기가 입은 옷과 가재도구를 살펴보자. 옷, 신발, 그가 눕는 침대와 침대에 속한 부속품들, 음식을 만드는 화로, 심지어 화로에 들어가는 석탄은 땅속에서 파내어 기나긴 해상 혹은 육상 수송을 통해 도달했을 것이다. 그리고 갖가지 주방 용품들, 가구, 포크·나이프, 음식 담는 그릇들, 그가 먹고 마실 빵과 맥주(여기에도 역시 수많은 노동력이 포함돼 있다), 바람과 비는 막고 태양열과 빛을 받는 유리창, 이렇듯 사람을 행복하게 하는 발명품들을 만드는 데 꼭 필요한 지식과 기술들… 이 모든 요소가 합쳐져서 다양한 편의용품들을 만들어 내지 않았다면 지구의 북쪽 지역은 결코 편안한 주거지가 될 수 없었을 것이다. 만약 물건 각각에 들어간 다양한 노동을 일일이 검토해 본다면, 문명국가의 하층민까지도 아주 쉽고 간편하게 누리고 있다고 잘못 생각하고 있는 일상용품 하나하나가 수천수만 명의 협조 없이는 만들어질 수 없다는 것을 알게 될 것이다. 물론 지위가 높은 사람이 부리는 사치와 비교한다면 그들의 생활용품은 분명 매우 단출해 보인다. 유럽 왕들의 생활용품과 근면하고 소박한 농부들의 생활용품은 차이가 크지만, 야만인 수만 명의 생명과 자유를 좌지우지하는 절대적 지배자인 아프리카 왕들의 생활용품보다는 그 소박한 농부들이 누리는 생활용품이 아마도 훨씬 더 나을 것이다.

분업을 일으키는 원리
(제2장)

이토록 많은 이익을 낳는 분업은 인간의 지혜에서 비롯된 것이 아니다. 인간이 전반적인 부를 가져오리라고 예측하고 의도한 결과가 아니라는 말이다. 이는 효용이 크리라고 미처 생각하지 못한 채 오로지 인간 본성이 가진 성향 때문에 시작되었고, 오랜 시간에 걸쳐 천천히 점진적으로 일어난 필연적인 결과다. 그 성향이란 바로 물건을 서로서로 교역하고, 거래하고, 교환하는 성향이다.

이런 성향이 더 이상 설명할 수 없는 원초적인 인간 본성의 원리였는지, 아니면 조금 더 신빙성이 가는, 인간의 사고와 언어 능력에서 온 필연적인 결과인지는 우리가 탐구하려는 주제가 아니다. 모든 인간은 이런 성향을 공통적으로 지니고 있지만 동물은 그렇지 않다. 어떤 교환이나 계약도 알지 못하는 것 같다. 사냥개 두 마리가 토끼 한 마리를 쫓을 때 종종 협력하는 것처럼 보인다. 한 마리가 토끼를 동료 개 쪽으로 몰아 주려 하고, 동료 개가 토끼를 가로막으려고 애쓴다. 그러나 이것은 계약의 결과가 아니라 특정 순간에 같은 대상을 향한 그들의 욕망이 우연히 일치한 결과이다. 개들이 서로 계획적으로 공정하게 뼈다귀를 교환하는 광경을 본 적이 없다. 동물들이 그들만의 몸짓과 소리로 "이것은 내 것, 저것은 네 것." 또는 "이것 대신 저것을 주겠다."라고 하는 것을 본 적도 없다. 동물은 사람이 갖고 있거나 다른 동물이 갖고 있는 것을 얻고 싶을 때 단지 상대가 좋아할 무언가를 하고 호의를 기다릴 뿐이다. 강아지는 어미에게 어리광을 부리고 애완견은 주인이 식사할 때 무언가 얻어먹고 싶어 주인의 주의를 끌고자 온갖 재주를 부린다. 사람도 때때로 다른 사람에게 이와 같이 하기도 한다. 그리고 자신이 원하는 대로 상대를 움직이게 할 별다른 수단이 없을 때는 굽실거리거나 아양을 떨어 상대의 호감을 사려고 한다. 그러나 평생을 다 바쳐도 친구 몇 명을 얻을까 말까 하는 인간이 모든 경우마다 이렇게 할 수는 없다. 문명화한 사회에서 인간은 늘 수많은 사람의 협동과 원조를 필요로 한다. 동물 세계에서는 각 개체가 일단 성숙하면 완전한 독립체이며 야생에서도 다른 생명체의 원조가 필요하지 않다. 이와는 달리 인간에게는 언제나 다른 사람의 도움이 필요하다. 하지만 그렇다고 해서 다른 사람이 스스로 도와주기만을 바라기만 하면 도움을 받을 수 없다. 그보다는 자신이 요구하는 것을 받아들이는 편이 상대에게 이득이라고 설득하면서 상대가 가진 자기애(self-love)를 자기 편으로 작용하게 유도할 수 있다면 자기가 원하는 것을 얻을 가능성이 더 크다. 누구든 흥정을 할 때에는 이렇게 한다. "내가 원하는 것을 주면 네가 원하는 것을 얻게 해 주겠다." 흥정은 이런 의미를 지닌다. 실제로 우리는 각자에게 필요한 도움 대부분을 이런 식으로 얻고 있다. 우리가 저녁상을 차릴 수 있는 것은 정육점 주인, 양조업자, 제빵업자의 자비심 때문이 아니라 그들이 자기 이익을 추구하려는 마음 때문이다. 우리는 그들의 자비심이 아니라 그들의 자기애에 호소하는 것이며, 우리의 필요가 아닌 그들의 이익에 호소하는 것이다. 거지 외에는 아무도 동료 시민들의 자비심에 전적으로 의존하려 하지 않는다. 거지조차 전적으로 자비심에만 의존하지는 않는다. 물론 거지에게 필요한 생필품은 모두 선한 뜻을 가진 사람들의 자선으로 채워진다. 그 자선이 거지가 필요로 하는 생필품을 궁극적으로 공급해 주기는 하지만, 그가 필요로 할 때마다 필수품을 주는 것이 아니고 줄 수 있는 것도 아니다. 거지 또한 다른 사람들과 마찬가지로 그때그때 필요한 것 대부분을 합의나 교환, 구매 방식을 통해 충족한다. 누군가가 준 돈으로 먹을거리를 사며,

누군가가 준 헌옷을 조금 더 잘 맞는 다른 헌옷이나 하룻밤 잠자리, 음식과 교환한다. 때로는 그것을 먹을거리나, 옷, 잠자리 등을 필요할 때마다 구매할 수 있는 화폐와 교환하기도 한다.

합의, 교환, 구매 방식을 통해 우리가 필요한 것 대부분을 얻는 것처럼, 분업이 최초로 일어난 것도 바로 이러한 거래 성향 때문이었다. 예를 들어 사냥이나 목축을 하는 부족 내에서도 다른 누구보다 더 빠르고 솜씨 좋게 활과 화살을 만드는 사람이 있다. 그는 종종 활과 화살을 동료가 가진 가축이나 사슴고기와 교환한다. 그러다 마침내 이런 방법을 쓸 때가 자신이 직접 들에 나가 사냥할 때보다 식량을 더 많이 얻을 수 있다는 것을 알게 된다. 이로 인해 자기 이익에 따라 활과 화살 만드는 일을 주업으로 하는, 일종의 무기 제조자가 된다. 오두막이나 이동식 가옥의 골조를 짜고 지붕을 잇는 일에 뛰어난 사람도 있다. 그가 이 기술로 이웃을 도와주고 사람들 또한 가축이나 사슴고기를 제공하자, 그는 마침내 이 일에 전념하여 목수가 되는 것이 자기 이익이라는 것을 깨닫는다. 마찬가지 경우로 누군가가 대장장이나 화로기술자가 되고, 원시인이 입는 옷의 주요 옷감인 동물 가죽의 무두장이나 마무리공이 된다. 이처럼 모든 사람이 특정 작업에 전념하여 직업을 가진다. 그 이유는 앞서 살펴본 사례들처럼, 자신이 제작한 노동 생산물 중 소비하고 남은 부분을 다른 사람의 노동 생산물 중에서 자기에게 필요한 부분과 교환할 수 있다는 점이 확실해졌기 때문이다. 그리고 그 직업이 무엇이든, 그에 따른 기술을 연마하여 완벽해지고자 노력하게 된다.

개개인의 선천적인 재능에 따른 차이는 우리가 생각하는 것만큼 그리 크지 않다. 성인 개개인이 각자 분야에서 재능이 두드러지기 때문에 분업을 시작한 것이 아니라, 분업을 실시하기 때문에 재능이 더욱 두드러지는 경우가 대부분이다. 현저히 다른 성격 차이, 예컨대 학자와 짐꾼의 차이도 선천적이기보다는 성장 과정에서 경험하는 습관, 전통, 교육으로부터 생긴다. 그들이 6~8세 정도 될 때까지는 둘 다 아마 비슷했을 것이고 그들의 부모나 소꿉친구들도 눈에 띄는 차이를 발견하지 못했을 것이다. 그러나 그 나이 때쯤, 점차 서로 전혀 다른 쪽으로 전념하면서 재능이 점점 눈에 띌 정도로 차이나기 시작한다. 그 차이도 점점 커져 끝내 학자는 자신과 짐꾼 사이에 비슷한 점 하나도 인정하지 않으려 하며, 자만심이 높아지기에 이른다. 그러나 모든 사람에게 거래하며, 교역하고, 교환하려는 공통된 성향이 없다면, 자신에게 필요한 생필품과 편의품을 스스로 마련해야만 했을 것이다. 모두 똑같은 업무와 똑같은 일을 해야 했을 것이며, 각기 다른 재능을 두드러지게 할 직업상의 차이도 생길 수 없었을 것이다.

위에 살펴본 성향들이 각각 직업을 가진 사람들 간에 재능의 차이를 형성하는 것처럼, 그 차이를 유용하게 만드는 것도 이와 같다. 같은 종(species)끼리의 동물 집단에서는 그 재능의 차이가 인간처럼 후천적으로 습관이나 교육에 따라서가 아니라 선천적으로 나타난다. 자질과 성향을 선천적으로 따져볼 경우 학자와 짐꾼 간의 차이는 마스티프(mastiff, 투견)와 그레이하운드(greyhound, 사냥개), 그레이하운드와 스패니얼(spaniel, 애완견), 스패니얼과 셰퍼드(shepherd, 군용견) 간의 차이의 반도 따라가지 않는다. 이런 여러 품종(different tribes)의 개들은 같은 종이지만 서로에게 아무런 도움이 되지 않는다. 마스티프의 강인함은 그레이하운드의 민첩함이나 스패니얼의 영리함, 셰퍼드의 복종심에서 도움을 받는 것이 전혀 없다. 여러 가지 자질과 재능을 교환하고 교역할 능력이나 성향이 없으므로 그들 공동의 자산이 될 수 없을 뿐더러 종족의 생활 조건과 편익이 향상되지도 않는다. 각 동물은 여전히 제각기 독립적으로 자급하고 스스로를 보호해야만 하며, 다른 동물만이 지닌 또 다른 재능에서 그 어떤 이득도 얻지 못한다. 반면 인간은 전혀 유사하지 않은 점도 서로에게 쓰임새가 있다. 거래하고, 교역하며, 교환하는 일반적 성향을 통해 각각의 재능으로 만든 생산품이 공동자산이 되고, 다른 사람의 재능으로 만들어진 생산물 중 자신에게 필요한 것을 무엇이든 구매할 수 있다.

분업은 시장의 크기에 따라 제한됨
(제3장)

교환하려는 성향 때문에 분업이 일어나므로 분업의 정도는 항상 교환이 이루어지는 규모, 다시 말해 시장의 크기에 따라 제한되지 않을 수 없다. 시장 규모가 작을 때는 어느 누구도 한 가지 일에만 전념하고자 하지 않는다. 자기가 만든 생산물 중 쓰고 남은 것들을 자기가 필요로 하는 다른 사람의 노동 생산물과 교환할 수 없기 때문이다.

아무리 대수롭지 않다 할지라도 대도시가 아니면 존재하기 어려운 직업들이 있다. 예를 들어 짐꾼은 대도시가 아닌 다른 곳에서는 일자리나 생계수단을 찾을 수 없다. 시골에서는 짐꾼으로 일하기에 활동 영역이 너무 좁아 수요가 적고, 시장이 형성된 일반 도시에서도 지속적으로 일자리를 얻을 만큼 크지 않아 생계유지가 어렵다. 스코틀랜드의 고지대(Highland)와 같이 인적이 드문 데다 주민들이 여기저기 흩어진 채로 고립되어 사는 아주 작은 마을에서는 농부 각자가 가족을 위해 직접 가축을 도축하고, 빵도 만들고 술도 빚어야 한다. 그러한 환경에서는 20마일 반경 내에서 전문으로 하는 대장장이, 목수, 미장이를 구하는 일이 거의 불가능하다. 이곳에서는 제일 가깝게 사는 이웃이라고 해 봐야 서로 8~10마일이나 떨어져 지내기 때문에, 인구가 많은 지방에서라면 인부를 불렀을 자질구레한 일들을 직접 할 수 있도록 배워 두어야만 한다. 전문 기술자가 있더라도 경우는 별반 다르지 않다. 그들은 재료를 같이 사용하는 비슷한 부류의 작업들을 모두 해 내야 한다. 농촌의 목수는 나무로 하는 건 무엇이든 다루고, 대장장이는 모든 철물을 다루어야 한다. 목수는 가구를 짜고 나무에 조각을 새기거나 깎는 목수일 외에도, 바퀴와 쟁기, 수레, 마차까지 만든다. 대장장이가 하는 일은 더 다양하다. 스코틀랜드 고지대와 같이 외딴 지역에서는 못만 만드는 직업을 생각할 수도 없다. 1년 내내 하루 동안 못 1,000개를 만드는 노동자라면, 적어도 한 해에 못 30만 개를 만들 것이다. 하지만 앞서 본 지역과 같은 곳이라면 1년간의 판매량을 합쳐도 하루 생산량인 못 1,000개를 팔기 어렵다.

수상 운송은 육상 운송에만 의존하던 때보다 모든 산업에게 훨씬 더 커진 시장을 제공하였다. 이로 인해 해안 및 항해 가능한 강가를 따라 산업이 자연스럽게 세분화되고 점차 발전했다. 그리고 이러한 발전이 내륙지방 전역에 확산되기까지는 그로부터 오랜 시간이 걸렸다. 마부 두 명이 몰고 말 8마리가 끄는 대형마차가 화물 4톤 정도를 싣고 런던과 에든버러를 왕복하는 데 꼬박 6주가 걸린다. 반면 선원 6~8명이 탄 선박은 같은 기간 동안 화물 200톤 가량을 싣고 런던과 리스 항 사이를 왕복할 수 있다. 다시 말해 같은 거리를, 같은 기간 동안 선박을 통해 운송하면 대형마차 50대는 있어야 가능한 적재량을 실을 수 있다는 것이다. 화물 200톤을 런던에서 에든버러까지 육로로 운반한다면, 제일 먼저 대형마차 운송에 필요한 노동력을 따져 봐야 한다. 대형 마차 50대를 몰기 위해서는 마부 100명과 말 400필이 필요하다. 비용을 가장 적게 들여도 마부 100명의 3주간 생활비, 말 400필과 대형마차 50대에 필요한 유지비, 그리고 이 유지비와 거의 맞먹는 소모비가 들어간다. 반면 수상 운송을 통해서는 6~8명의 생활비와 선박 관리비, 그리고 선박 이용으로 인한 위험 증가 비용, 즉 육상 운송 시보다 더 발생한 보험료 차액이 들게 된다. 따라서 두 도시 간에 이동할 방법이 육로밖에 없었다면, 적재량에 비해 노동력이 많이 발생하여 비용이 증가하므로 현재 두 도시 간에 이루어지는 각종 상거래가 대부분 실현될 수 없었을 것이다. 결과적으로 두 도시가 서로의 산업에 북돋아 주는 자극은 아주 적었을 것이다. 하물며 서로 멀리 떨어진 국가들 사이의 통상은 아예 이루어질 수 없었을 것이다. 영국 런던과 인도 캘커타 사이를 육로로 이동한다면, 과연 그 운송에 드는 비용을 감수하고도 옮길 화물이 있을까? 설령 그 비용을 지불할 만큼 진귀한 화물이 있다고 하더라도 두 국가 간에 위치한 수많은 야만국을 통과하면서 안전하게 지켜낼 수 있을지는 미지수다. 그러나 현재 두 도시는 상호 간에 대규모의 통상을 이루고 있으며 서로에게 시장을 열면서 국가 산업에 많은 자극을 주고받는다.

이것이 수상 운송의 이점이다. 따라서 수로를 통해 전 세계와 교역하기 쉬운 지역이 각종 노동 생산물 시장도 커졌을 뿐더러 기술과 산업도 가장 먼저 발달하였다. 반면 내륙 지방은 기술과 산업이 발달되기까지 오랜 시간이 걸렸는데, 이는 어쩌면 당연한 결과일지도 모른다. 내륙 지방은 오랫동안 인근 지역을 제외하고는 생산품을 교류할 시장이 없었다. 그나마도 해안이나 배가 다닐 수 있는 강과 멀리 떨어진 지역이었다. 자연히 시장 규모는 그 지역의 인구와 부에 비례했고, 발전 또한 뒤떨어졌다. 북아메리카 식민지에서도 플랜테이션 농업은 해안이나 수로가 나 있는 강가에 개발되었고, 이곳으로부터 멀리 떨어진 지역까지는 확대되지 않았다.

가장 신뢰할 수 있는 역사에 의하면 최초로 문명을 이룬 국가는 지중해 연안에 위치했다. 가장 거대한 만으로 알려진 지중해는 밀물과 썰물 현상이 거의 없으며 해면이 항상 고요하다. 바람이 일으킬 때 외에는 파도도 없어 잔잔한 데다, 섬이 많고 해안도 이웃해 있어 그 당시의 발전되지 않은 항해술에 매우 적합한 곳이었다. 나침반을 알지 못해 사람들은 육지가 보이지 않을까 봐 두려워했고, 조선 기술이 발달하지 않아 먼바다의 거친 파도를 두려워했다. 그 때문에 오랫동안 고대 세계에서는 헤라클레스의 기둥 너머로 나가는 것, 즉 지브롤터 해협 밖으로 나가는 것을 가장 경이롭고도 위험한 항해상의 위업으로 여겼다. 고대인 중 항해술과 조선술에 능했던 페니키아인과 카르타고인조차 오랜 시간이 흐른 뒤에야 멀리 나가기를 시도했으며, 그 후로도 꽤 오랫동안 위험을 감행하고 위업을 달성한 유일한 국민들로 남아 있다.

지중해 연안의 여러 국가 중 농업 및 제조업에서 괄목할 만한 성장을 이룬 최초의 국가를 꼽자면 이집트인 듯하다. 이집트 북부 지역은 나일 강 근처에 위치했고, 남부 지역 또한 나일 강에서 갈라진 수많은 지류가 펼쳐져 있다. 이 지류들은 간단한 기술의 도움으로 대도시들 사이뿐만 아니라 큰 촌락들과 수많은 농가에 이르기까지 수상 운송에 적합한 수로 역할을 한 것으로 보인다. 마치 오늘날 네덜란드의 라인 강과 뫼즈(Meuse) 강과 유사하다. 이와 같이 수상 운송 범위가 내륙으로 확대되면서 편리함을 갖춘 점이 아마도 이집트가 일찍 발전했던 주요한 원인이었을 것이다.

비록 권위 있는 역사서에 확증적으로 나와 있지는 않지만 마찬가지 요인으로 고대 동인도의 벵골 지역과 중국의 동부 지역에서도 농업과 제조업이 오래전부터 발달한 듯하다. 벵골에는 갠지스 강을 비롯한 다른 큰 강들이 이집트 나일 강처럼 운항 가능한 수로를 형성하고 있다. 중국 동부 지역에서도 역시 큰 강 여러 줄기가 또다시 여러 지류로 갈리어 수많은 수로를 형성하고 서로 연결되기도 한다. 이는 나일 강이나 갠지스 강보다, 혹은 두 강을 합한 것보다 더 크고 넓은 수로일 수 있다. 주목할 점은 고대 이집트, 인도, 중국이 대외 통상을 장려하지 않았음에도 내륙 수상 운송을 통해 거대한 부를 이끌어 내었다는 점이다.

아프리카 내륙, 그리고 아시아 대륙 중 고대 시대에 흑해와 카스피 해 북부에 위치했던 스키타이(Scythia), 오늘날의 타타르(Tartary)나 시베리아는 예나 지금이나 여전히 야만스러우며 문명의 혜택을 받지 못한 상태 그대로인 것 같다. 타타르 해는 얼어붙은 대양이라 항해가 불가능하고, 몇 줄기 큰 강들이 흐르는데도 지역들이 서로 멀리 떨어져 있어 상업 교류가 이루어지기 어려웠다. 아프리카에는 유럽의 발틱 해, 아드리아 해나 지중해, 또는 유라시아의 흑해, 페르시아의 아라비아 만, 인도의 벵골 만, 혹은 아시아의 샴 만과 같은 내해가 없어서 내륙지역에까지 해상 상업이 이루어질 수 없었다. 아프리카의 강들도 내륙 수상 운송을 시도하기엔 서로 너무 멀리 떨어져 있다. 강이 있으나 지류나 운하로 갈라져 있지 않거나, 또는 바다에 이르기 전 다른 국가의 영토를 거친다면 그 국가의 상업은 결코 크게 발전할 수 없다. 강줄기의 중간 부분에 위치한 국가가 상류 지역 국가와 바다 사이의 교통을 방해할 수 있기 때문이다. 한 가지 실례로, 흑해로 흘러들어가는 다뉴브 강은 독일 남부의 바바리아, 오스트리아, 헝가리 등 여러 국가를 거친다. 이 다뉴브 강의 전 구역을 어느 한 국가가 소유하지 않는 한, 수상 운항을 하더라도 유용성이 거의 없을 것이다.

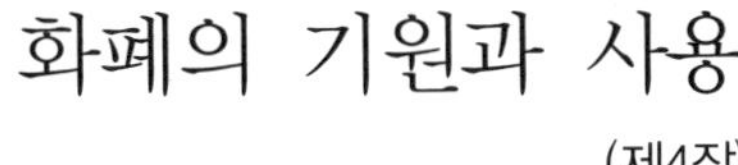

화폐의 기원과 사용
(제4장)

분업이 완전히 확립되면, 사람이 자신의 노동 생산물만으로 모든 욕구를 채울 수 없다. 다른 사람의 생산물이 자신에게 필요할 경우 본인이 가진 생산물 여분과 교환하여 충족한다. 결국 모든 사람은 교환하며 살아간다. 이로 인해 어떤 사람은 상인이 되기도 하며, 더 나아가 국가도 상업 사회로 성장해 간다.

그러나 분업 체계가 막 시작되어 제대로 갖추어지기 전에는 교환 능력이 원활하게 이루어지지 않거나 곤란한 경우가 많았을 것이다. 만일 A가 어떤 물건을 필요 이상으로 가진 반면, B는 필요한 수준보다 덜 가진 상태라고 가정해 보자. A는 물건을 팔 의향이 있고 B는 A가 팔려고 내놓은 물건을 살 의향이 있다. 그런데 B는 A가 필요로 하는 물건을 하나도 가지고 있지 않다면 A와 B 사이에 교환은 이루어질 수 없다. 예를 들어, 정육점 주인이 자기가 쓸 만큼 고기를 떼어 내도 많이 남는 상황에서 빵가게 주인과 양조장 주인이 그 고기를 살 의향이 있다고 하자. 그러나 빵가게 주인과 양조장 주인은 각자 자기가 만든 생산물 이외에 교환을 위해 마땅히 제시할 것이 없고, 정육점 주인은 이미 빵과 맥주를 충분히 가지고 있다면 그들 사이에 교환은 이루어지지 않는다. 이들에게 정육점 주인은 상인이 될 수도, 고객이 될 수도 없기에 서로 별 도움이 되지 않는다. 이런 불편한 상황을 피하기 위해 주의 깊은 사람들은 필요한 것을 언제나 구할 수 있도록 본인이 만든 생산물 이외에 누구나 거부하지 않을 만한 물건을 어느 정도 늘 챙겨 두려 했을 것이다.

이를 위해 다양한 물건들이 끊임없이 고려되고 사용되었을 것이다. 미개사회에서는 가축이 공통으로 사용되는 상거래 수단이었다고 한다. 옛날에는 다소 불편했겠지만, 물건에 가치를 매길 때 종종 교환할 수 있는 가축의 수로 표시되었던 기록이 있다. 고대 그리스 작가인 호머(Homer)의 말에 따르면 디오메데스의 갑옷은 황소 9마리 가치밖에 되지 않았지만 글라우코스의 갑옷은 황소 100마리의 가치가 있었다고 한다. 오늘날 에티오피아로 불리는 아비시니아(Abyssinia)에서는 소금이 상거래의 주요 매개 수단이었다고 한다. 인도에서는 일부 지역에서만 나는 조개, 캐나다 뉴펀들랜드(Newfoundland)에서는 말린 대구, 버지니아에서는 담배, 서인도 식민지에서는 설탕, 이외에도 어떤 나라에서는 가죽이나 가죽옷이 쓰였다. 오늘날에도 스코틀랜드 어느 지방에서는 빵집이나 술집에 갈 때 화폐 대신 못을 종종 가져간다고 한다.

그러다가 교환을 원활히 하려는 공통된 목적 아래 숱한 시도를 거쳐 마침내 모든 나라에서 금속이 사용된 것으로 보인다. 금속은 썩지 않으므로 오래 보관해도 상하지 않고 여러 조각으로 나누어도 손실이 없으며, 녹이면 다시 합칠 수도 있다. 게다가 금속만큼 견고한 것이 없으므로 그 무엇보다 상업과 유통에 잘 맞는 수단이다. 예를 들어 어떤 사람이 소금을 사려는데 가축밖에 교환할 것이 없다면 하는 수 없이 황소 한 마리나 양 한 마리의 값어치만큼 소금을 구매해야 했다. 그가 소금과 맞바꾼 가축은 나누어 쪼갤 수 없었기에 이보다 적은 양을 교환할 수 없다. 조금만 더 사고 싶어도 같은 이유로 2배 혹은 3배 되는 분량, 바꾸어 말해 황소 두 마리 내지 세 마리, 양 두 마리 내지 세 마리 가치만큼의 소금을 사야 한다. 만약 황소나 양이 아닌 금속을 가졌다면 망설이지 않고 필요한 만큼 알맞게 금속을 쪼개어 교환할 것이다.

각국에서 여러 금속이 이 목적으로 쓰였다. 고대 스파르타인에게는 철이 고대 로마인에게는 동이, 부유한 상업 국가에서는 금과 은이 상업의 공통 수단이었다.

금속들이 이런 용도로 쓰이기 시작한 초창기에는 어떤 각인이나 주조도 하지 않은 거친 막대 모양이었다. 플리니우스가 고대 역사가 티메우스의 말을 빌려 주장하기를, 세르비우스 툴리우스 시대까지만 해도 로마에는 주조 화폐가 없었고 로마인들은 필요한 것을 구매하는 데 각인되지 않은 구리 덩어리를 사용했다고 한다. 당시에는 구리 덩어리 그 자체가 화폐 기능을 수행했던 것이다.

하지만 가공되지 않은 금속을 사용하려니 불편한 점 두 가지가 있었다. 하나는 무게를 재는 일이고, 다른 하나는 순도를 파악하는 일이었다. 귀금속은 무게 차이가 미세해도 가치상 차이가 컸다. 그 때문에 무게를 정확하게 재기 위해서는 추와 저울도 한 치의 오차 없이 정확해야 했다. 특히 금 무게를 재는 일은 매우 섬세한 작업이었다. 값이 낮은 금속이라면 오차가 미세하게 발생했을지라도 대수롭지 않게 넘어갈 수 있으므로 완벽한 정확성이 꼭 요구되는 건 아니다. 그렇다 하더라도 가난한 사람이 1파딩(구페니의 $\frac{1}{4}$ 에 해당)짜리밖에 안 되는 물건을 매매할 때마다 1파딩의 무게를 재는 일은 정말로 귀찮은 일이었다. 순도를 측정하기란 더 번거로워서, 도가니 안에 적절한 용매를 넣어 금속 일부를 충분히 녹이지 않는 한 식별이 어려웠다. 주화를 발행하기 이전에는 이처럼 성가시고 어려운 과정을 거치지 않고는 사기나 속임수에 늘 노출될 수밖에 없었고, 자기 물건을 주고도 순은이나 순청동이 아니라 질 낮고 값싼 금속들을 섞어 겉모양만 그럴듯하게 만든 합금 덩어리를 받을 수도 있었다. 발전한 국가들은 이런 피해를 막고 교환을 손쉽게 하여 상업과 각종 산업을 촉진하려 했고, 그로부터 나온 방안이 바로 상거래에 일반적으로 사용되는 특정 금속에 공적인 각인을 새기는 것이었다. 주화와 조폐국(mint)이라 불리는 관청의 기원이 여기에 있다. 이 제도는 모직물이나 마직물의 검사관과 같은 성격을 가진다. 이러한 제도들은 공적인 각인이라는 수단을 통해 시장에 나온 갖가지 물건들의 양과 품질을 확인하는 기능을 했다.

처음 화폐로 사용되는 금속에 이러한 공적인 각인을 새긴 것은 대부분의 경우 매우 중요하지만 분별하기 어려웠던 금속품질이나 순도를 확증하기 위한 것이었다. 이것은 오늘날 은판과 은막대기에 찍는 영국식 파운드 마크나, 금괴 한쪽 면에 찍어 무게 정보는 없지만 순도를 보증하는 스페인식 마크와 비슷하다. 성경에 아브라함이 막벨라의 토지를 사면서 에브론에게 은 400세겔을 달아 주었다는 이야기가 있다. 당시 은이 상거래에 유통되는 화폐였는데, 오늘날처럼 금괴나 은괴 개수로 계산하는 것이 아닌, 무게를 달아 주고받았다. 고대 잉글랜드 색슨 왕들의 재정수입은 화폐가 아니라 현물, 즉 각종 식량과 식료품으로 받았다고 전해진다. 이 조세 방식이 정복 왕으로 알려진 윌리엄 왕에 이르러서는 화폐를 내는 것으로 바뀌었다. 그러니 이 화폐도 꽤 오랫동안 개수가 아닌 무게로 측정해 국고에 수령되었다.

앞서 말했듯이 금속을 정확하게 재기가 매우 어렵고 번거로웠기에 주화 제도가 생겨났다. 주화의 양면 전체에, 때로는 가장자리까지 각인을 찍어 순도뿐만 아니라 무게까지 보증하여 나타내었다. 이렇게 탄생한 주화는 오늘날과 같이 무게를 달지 않고 개수로 통용되어 누구나 손쉽게 사용했다.

주화 액면에 새긴 각인은 원래 금속의 양이나 무게를 나타냈던 듯하다. 로마는 세르비우스 툴리우스 시대에 처음으로 화폐를 주조했는데, 이 당시 주화인 아스(As)나 폰도(Pondo)에는 양질의 구리 1로마파운드가 들어 있었다. 그것은 트로이파운드(Troy pound, 무게 단위)와 같이 12온스로 분할되고 1온스에는 양질의 구리 1온스가 들어 있었다. 영국의 법정 주화인 파운드스털링(Pound sterling)에는 에드워드 1세 때 순도 높은 은이 1타워파운드(Tower pound) 들어 있었다. 타워파운드가 로마파운드(Roman pound)보다는 조금 무겁고 트로이파운드보다는 가벼웠던 것 같다. 트로이파운드가 영국 조폐국에 도입된 것은 헨리 8세 18년 때이다. 프랑스의 옛 화폐이자 무게 단위로도 쓰인 리브르(livre)에는 샤를마뉴 시대에 순도 높은 은이 1트로이파운드 들어 있었다. 당시 상파뉴 지역의 도시 트루아(Troyes)에서는 정기적으로 시장이 열렸는데, 이때마다 유럽 각 국가에서 사람들이 모여들었다. 이토록 유명했기에, 트루아 시장에서 사용한 중량과 척도는 널리 알려지고 존중받았다. 스코틀랜드의 화폐 1파운드에는 알렉산더 1세부터 로버트 부르스 시대까지 영국 파운드스털링과 똑같은 무게와 순도로 은 1파운드가 들어 있었다. 영국, 프랑스, 스코틀랜드의 페니에는 원래 1페니 중량, 즉 $\frac{1}{20}$ 온스, 또는 $\frac{1}{240}$ 파운드의 은이 들어 있었다. 영국의 구화폐인 실링(shilling) 역시 원래는 무게 단위였던 듯하다. 헨리 8세의 고대 법령엔, '밀 무게가 1쿼터당 12실링이면, 좋은 빵 1파싱의 무게는 11

실링 4펜스가 되어야 한다'라고 나와 있다. 그러나 실링은 페니나 파운드 비율이 일정하지 않았다. 프랑스 최초 왕조 시기에 수(sou) 또는 1실링이 때에 따라 5, 12, 20, 혹은 40페니가 되기도 했고 고대 색슨인들 사이에서는 5페니밖에 안되기도 했다. 이 역시도 이웃한 고대 프랑스인과 마찬가지로 그들 사이에도 가변적이었던 듯하다. 그러던 것이 프랑스에서는 샤를마뉴 시기부터, 영국에서는 윌리엄 왕 시대부터 각각 가치는 다르지만, 파운드, 실링, 페니 간 비율이 오늘날처럼 일정해졌는데, 이유인 즉슨 국가마다 지도층이 탐욕에 눈이 멀어 부정을 저질렀기 때문이다. 왕 또는 정부가 시민들의 신뢰를 악용하여 주화에 들어가야 하는 금속의 실제 중량을 조금씩 줄여 나갔다. 로마의 아스(As)는 공화정 말기에 이르러 원래 가치에 비하여 $\frac{1}{24}$로 줄었고, 무게가 1파운드가 아니라 $\frac{1}{2}$온스밖에 나가지 않게 되었다. 현재 영국의 파운드와 페니는 원래 가치의 약 $\frac{1}{3}$, 스코틀랜드의 파운드와 페니는 약 $\frac{1}{36}$, 프랑스의 파운드와 페니는 약 $\frac{1}{66}$밖에 되지 않는다. 지도층들은 이런 방법으로 조작하여 실제로 갚아야 할 양보다 더 적은 양의 은을 들이고도 표면적으로 빚을 갚고 계약을 이행할 수 있었다. 이에 채권자들은 겉보기에 속아 받아야 할 돈의 일부를 사기당했다. 그 국가의 다른 채무자들 역시 같은 특혜를 누렸다. 그들이 옛날 주화로 빌린 액수가 얼마이건 간에 가치가 떨어진 새 주화로 명목상 같은 액면만 갚으면 되었다. 따라서 그런 조작은 항상 채무자에게는 유리했고 채권자에게는 불리했다. 때때로 개인 재산에 매우 큰 변동을 야기하기도 했는데, 이는 사회적 재난으로 인하여 야기된 것보다 더 크고 광범위했다.

앞서 살펴본 과정들을 통해 화폐가 모든 문명국가에서 상업의 보편적 수단이 되었다. 이를 매개로 모든 종류의 상품이 매매되고 교환된다.

이제부터는 재화를 화폐와 교환하거나 다른 재화와 교환할 때 누구나 자연스럽게 지키게 되는 규칙이 무엇인지를 검토하고자 한다. 이 규칙이 재화의 상대적 가격, 혹은 '교환가치'라고 불리는 것을 결정한다.

'가치'라는 단어는 두 가지 의미를 가진다. 때로는 어떤 특정 물건이 가진 효용을 나타내고, 때로는 사람이 물건을 가진 자체로 얻는 능력, 즉 해당 물건으로 다른 물건을 구매할 수 있는 능력을 의미한다. 전자는 '사용가치'라 하고 후자는 '교환가치'라고 한다. 사용가치를 최대로 가진 물건들이 종종 교환가치를 거의 가지지 않거나 전혀 없는 경우가 있다. 반대로 교환가치를 최대로 가진 물건들이 사용가치를 거의 가지지 않거나 전혀 없는 경우가 있다. 예컨대 물보다 유용한 것은 없다. 하지만 물로 구매할 수 있는 것이 거의 없고, 교환할 수 있는 것도 흔치 않다. 반대로 다이아몬드는 사용가치가 별로 없다. 하지만 다이아몬드를 가진다면 또 다른 재화를 상당히 많이 구매할 수 있다.

상품의 교환가치를 지배하는 원리들을 알아보기 위하여 다음 세 가지 항목을 밝히고자 한다.

첫째, 이 교환가치의 실제 척도는 무엇인가? 모든 상품의 실제 가격은 어디에 있는 것인가?

둘째, 이 실제 가격을 구성하고 만드는 각각의 요소는 무엇인가?

마지막으로, 실제 가격을 구성하는 각기 다른 요소의 일부, 혹은 전체를 자연적인 수준, 또는 일상적인 수준 이상으로 올리거나 때로는 그 이하로 떨어뜨리는 요인은 무엇인가? 종종 시장 가격, 즉 상품의 실제가격을 이른바 자연가격(natural price)과 일치되지 못하게 만드는 원인들은 무엇인가?

다음 3개의 장(chapter)에서 나는 이 세 가지 주제에 관한 내용들을 최대한 빈틈없이 다루어 보고자 한다. 그러기 위해서는 독자들이 인내하고 주의를 기울여 주기 바란다. 간혹 불필요하다고 느낄 만큼 지루한 세부 내용을 점검하려면 인내심이 필요하다. 물론 이해를 돕기에 최선을 다하여 다루겠지만, 여전히 약간은 불명확한 부분을 이해하려면 다소 주의력이 필요할 것이다. 그러나 주제를 확실하게 다루고 명쾌하게 밝히기 위해 약간의 지루함을 감수할 생각이다. 명확히 전달하려 최대한 노력하겠지만 그 자체가 지나치게 추상적인 주제의 경우에는 여전히 어떤 애매함이 남아 있을지 모르겠다.[1)]

1) [역자주] 다음 제5장과 6장에서 스미스는 시장 맥락에서 가격이 어떻게 정해지는지에 관해 설명한다. 그의 설명이 '지루하지'는 않지만 그 내용 대부분이 제7장에서 다시 언급되어 있어 7장으로 넘어가도 무리가 없어 보인다. 여기서 중요한 것은 스미스가 독점과 인위적으로 높게 책정한 가격 사이의 관계를 묘사한 것이다. 이 주제는 제4권 제7장에서 자세하게 기술하고 있다.

상품의 자연가격과 시장가격

(제7장)

어느 사회에서나 노동과 자산(stock)을 사용하는 데에 있어서 임금과 이윤의 통상수준 또는 평균수준이 있다. 지금부터 살펴보겠지만 그 수준은 자연스럽게, 부분적으로는 그 사회의 일반적인 상황, 즉 사회가 부유한지 가난한지, 발전 상태인지 정체 상태인지, 침체 상태인지에 따라 정해지고, 또 부분적으로는 각 직업의 특성에 따라 정해진다.

마찬가지로 모든 사회에는 지대(地代)에도 통상수준과 평균수준이 있다. 이 역시 그 토지가 위치한 국가 사회의 일반적인 상황과 해당 토지의 자연적인 또는 개발된 비옥도에 따라 정해진다.

이러한 통상수준 또는 평균수준은 그 시기와 장소에서 널리 통용되는 임금, 이윤, 지대의 자연율(natural rate)이라고 할 수 있다.

어떤 상품에 매긴 가격이 해당 상품을 제조하고 가공하여 시장에 내놓기까지 사용한 토지 지대, 노동임금, 자산 이윤을 자연율에 따라 지불한 금액보다 과하지도, 모자라지도 않으면 그 상품은 이른바 자연가격으로 판매된다고 할 수 있다.

이 경우에 이 상품은 그 가치대로, 또는 시장에 내놓은 사람이 들인 실제 비용대로 팔린 것이다. 일반적으로 말하는 상품의 원가는 판매하는 사람의 이윤을 포함하지 않는다. 하지만 만약 그 지역에서 통상적으로 이루어지는 이윤율을 가격에서 배제하여 판다면, 그는 분명히 그 거래에서 손해를 본다. 그가 자신의 자산을 다른 용도로 썼더라면 이윤을 얻을 수도 있었기 때문이다. 더욱이 그 이윤은 그의 수입이며 생계를 위해 필요한 자원이다. 상품을 생산하는 동안 직원들에게 임금과 생활비를 주듯 자신에게도 생활비를 주어야 하기 때문에 그가 상품 판매로부터 적절한 이윤을 기대하는 것은 보편타당하다. 달리 말해 상품을 판매했으나 이윤이 나지 않는다면, 생산자는 생산에 들어간 비용을 돌려받지 못하게 된다.

따라서 판매자가 일시적으로 재화를 이윤이 나지 않는 가격에 팔 수는 있어도, 그러한 판매를 오래 지속할 수는 없다. 그리하여 이윤이 나는 가격이란, 판매를 상당 기간 동안 지속할 수 있는 최저수준의 가격을 말한다. 적어도 자유가 있는 곳, 즉 판매자가 원하는 대로 마음대로 업종을 바꿀 수 있는 곳에서 판매를 상당 기간 동안 지속할 수 있는 최저수준의 가격을 말한다.

일반적으로 어떤 상품이 팔리는 실제가격을 시장가격이라 부른다. 이는 상품의 자연가격보다 높을 수도, 낮을 수도, 정확하게 같을 수도 있다.

이 시장가격은 시장에 실제로 나오는 수량과, 해당 상품의 자연가격을 지불할 의사가 있는 사람들, 즉 해당 상품에 들어간 지대, 임금, 이윤 가치를 지불할 의사가 있는 사람들의 수요 간에 균형이 이뤄지면 정해진다. 이러한 사람을 실수요자(effectual demanders)라 하며 이들이 가진 수요를 실수요(effectual demand)라고 한다. 왜냐하면 그 수요는 충분히 상품을 시장에 가져오게 할 수 있기 때문이다. 이것은 무조건적수요(absolute demand)와는 다르다. 아주 가난한 사람도 '말 6마리가 끄는 마차'를 가지고 싶어 할 수는 있다. 하지만 그 수요는 실수요가 아니다. 그의 수요에 부응하고자 상품을 시장에 내놓는 일은 결코 없기 때문이다.

출시된 어떤 상품의 양이 실수요보다 부족하다면, 그 상품이 시장에 나오기까지 들어갔을 지대, 임금, 이윤 가치를 지불하고도 구매하려는 모든 사람이 원하는 만큼 공급받을 수 없다. 공급을 받지 못한 사람들 중에는 구매하기를 포기하지 않고, 상품을 얻기 위해 더 높은 가격을 지불하려 할 것이다. 이러한 시도는 그들 사이에 경쟁을 불러일으키고, 이로 인해 시장가격이 자연가격보다 어느 정도 인상될 것이다. 가격이 얼마나 인상되는지는 부족한 수량의 정도나 경쟁자들의 부, 충동적인 호사심이 조성한 경쟁 열기에 따라 다를 것이다. 경쟁자들의 부와 호사심 정도가 같고 부족한 수량의 정도가 같더라도 그 상품을 손에 넣는 것이 얼마나 중요한가에 따라서 경쟁 열기가 달라진다. 한 도시가 봉쇄되거나 기근이 들었을 때, 생필품 가격이 큰 폭으로 오르는 것은 바로 이 때문이다.

상품 수량이 실수요보다 많으면 상품에 포함된 지대, 임금, 이윤 가치를 지불할 의사가 있는 사람들에게 모두 다 팔릴 수 없다. 일부는 좀 덜 내고 싶어 하는 사람에게 팔릴 수밖에 없다. 그래서 그들이 지불하는 낮은 가격으로 인해 전체 가격 또한 낮아질 수밖에 없고, 시장가격은 자연가격보다 어느 정도 하락할 것이다. 가격이 얼마나 하락하는지는 초과 수량을 팔기 위한 판매자들의 경쟁이 얼마나 심해지는지와 해당 상품을 즉각적으로 처분하는 일이 얼마나 중요한지에 달려 있다. 초과한 수량의 정도가 같을지라도 고철과 같은 내구재보다는 오렌지처럼 부패하기 쉬운 품목에서 경쟁이 훨씬 치열할 것이다.

시장에 나온 상품 수량이 실수요에 딱 맞게 공급될 때 시장가격이 자연스럽게 자연가격과 일치하거나 비슷한 수준으로 책정된다. 수중에 있는 상품들이 모두 이 가격에 처분되며, 이보다 높은 가격으로 처분될 수는 없다. 상인들의 경쟁이 그들로 하여금 이 가격을 받아들일 수밖에 없게 하지만, 이 금액 이하로도 받지 않게 된다.

시중에 나온 상품 수량은 자연스럽게 실수요와 맞아떨어진다. 자신의 토지, 노동, 자산을 들여 상품을 시장에 내놓은 사람에게는 상품 수량이 실수요보다 많지 않아야 이익이 된다. 한편 상품 수량이 실수요보다 부족하지 않아야 소비자에게 이익이 되기 때문이다.

상품 수량이 실수요보다 많으면 가격을 구성하는 요소 중 일부가 자연율보다 낮게 지불될 수밖에 없다. 만일 그것이 지대라면, 토지 주인은 즉시 자신의 이득을 위해 토지 일부를 회수할 것이다. 만약 노동임금이나 이윤이라면, 각자 이해관계에 따라 노동자는 즉시 자기의 노동력을 직장에 제공하지 않을 것이고, 고용주도 자신의 자산을 거두어들일 것이다. 그렇게 되면 생산량이 감소하여 상품 수량이 실수요 정도를 넘지 않게 될 것이다. 가격을 구성하는 각 요소는 자연율 수준까지 올라갈 것이고 전체 가격 또한 자연가격 수준으로 올라갈 것이다.

만약 그 반대로 시장에 나온 상품 수량이 실수요에 미치지 못한다면, 가격을 구성하는 요소들 가운데 일부는 그 자연율 이상으로 오른다. 그것이 지대라면 다른 지주들이 이득을 얻고자 상품 생산량을 늘릴 수 있게 땅을 더 빌려 주려 할 것이고, 노동임금이나 이윤이라면 다른 노동자와 상인들이 이득을 얻고자 해당 상품을 시장에 더 내놓을 수 있도록 노동력과 자산을 더 제공하려 할 것이다. 그렇게 늘어난 생산량은 곧 실수요를 충족할 만큼 충분히 공급될 것이다. 가격의 각 요소들은 자연율 수준으로 돌아갈 것이고, 전체 가격도 자연가격 수준으로 내려갈 것이다.

그러므로 자연가격은 모든 상품 가격을 끊임없이 끌어당기는 '중심가격'이다. 다양한 경우에 따라 때때로 가격이 자연가격 이상으로 오르기도 하고 그 이하로 내려가기도 한다. 그러나 시장가격이 이 기준에서 안정적으로 유지되기를 방해하는 장애 요소가 무엇이든지 간에 가격은 끊임없이 자연가격으로 향해 가는 경향이 있다.

어떤 상품이든지 그것을 시장에 내놓기 위해 매년 고용되는 총 노동량은 이런 방식으로 실수요에 맞추어진다. 노동량은 생산량을 수요에 맞추어 부족하지도 과하지도 않게 시장에 출시하는 것을 목표로 한다.

어떤 직종에서는 노동량이 동일해도 해마다 상품 생산량이 다른 한편, 어떤 직종에서는 늘 일정하거나, 거의 일정할 것이다. 농업에서는 해마다 동일한 인원이 노동을 해도 그들이 생산해 내는 곡물, 홉(hop) 열매, 기름, 와인 등의 생산량이 크게 다르다. 그러나 방직이나 직조 공업은 동일한 인원이 노동할 경우 린넨과 모직 생산물이 매해 비슷하다. 농업과 같은 업종에서는 평균 생산량만 실수요에 맞출 수 있을 뿐 실제 생산량은 평균보다 너무 많거나 너무 모자라기 때문에 시장에 나오는 상품량이 실수요에 비해 때로는 넘치고 때로는 모자란다. 그러므로 수요가 일정해도 시장가격이 크게 변동하여 자연가격보다 높거나 혹은 낮게 정해지기도 한다. 방직업과 같은 업종은 노동량이 동일하면 생산량 또한 일정하거나 거의 비슷하여 실수요에 맞추기가 훨씬 쉽다. 수요가 일정하다면 해당 상품의 시장가격도 일정할 것이며, 확신하건대 자연가격과 매우 가까울 것이다. 익히 알고 있듯이, 린넨과 모직물 가격은 곡물처럼 가격 변동이 크지 않다. 린넨이나 모직물과 같은 상품은 수요가 변할 때만 가격이 변동하지만, 곡물과 같은 상품은 수요가 변할 때는 물론이고 수요에 따라 시장에 들어오는 (변동폭이 훨씬 크고 빈번하게 일어나는)상품 수량이 변할 때에도 변동한다.

어떤 상품이든 시장가격이 일시적, 우연적으로 변동하면 가격을 구성하는 요소 중에서 노동임금과 이윤 요소가 주로 영향을 받는다. 지대 요소는 그보다 영향을 적게 받는다. 일정한 금액으로 책정된 지대는 임대율이나 크기 면에서 거의 영향을 받지 않는다. 지대가 원생산물의 일정 비율이나 양으로 정해지는 경우 일시적, 우연적으로 변하는 생산물의 시장가격에 따라 그 연간 크기는 영향을 받지만, 연간 임대율은 거의 영향을 받지 않는다. 지주와 차지인이 토지 임대차계약의 조건을 정할 때 임대율을 정하는데, 그 임대율을 각자 최선의 판단에 따라, 변할 수 있는 시장가격이 아닌 생산물의 평균적이고 통상적인 가격에 맞추어 정한다.

시장가격의 변동은 임금율과 임금수준이나 이윤율과 이윤의 크기 모두에 영향을 미친다. 영향이 미치는 정도는 상품(이미 완료된 작업)이나 노동(앞으로 행해야 할 작업)이 시장에 과잉 공급되고 있는지 과소 공급되고 있는지에 달려 있다. 예컨대 국상(國喪) 기간에는 검정색 옷감 가격이 상승하며 상당 물량을 확보하고 있는 상인의 이윤이 급증한다(그런 경우 대개는 상품의 공급부족이다). 검은 천을 짜는 직조 노동자의 임금에는 아무런 영향이 미치지 않는다. 시장 상황에 부족했던 부분은 상품(이미 완성된 작업물) 공급량이지 노동력(앞으로 해야 할 작업)이 아니기 때문이다. 반면 재봉사는 임금이 오른다. 시중에 나와 있는 검정색 옷들 외에 더 많은 옷을 만들어야 하므로 재봉 노동의 공급이 부족한 탓이다. 즉 앞으로 해야 할 작업에 대한 실수요가 있는 것이다. 또, 유색 실크와 옷감의 가격이 떨어지고 상당량을 가지고 있던 상인의 이윤 역시 하락할 것이다. 국상과 그 여파 기간까지 합하면 족히 6개월에서 1년간 수요가 없을 것이므로 여기에 고용된 노동자들 역시 임금이 인하된다. 이 경우 상품과 노동

요소 모두가 공급과잉 상태라 할 수 있다.

특정 상품 대부분의 시장가격이 자연가격 수준에 머물지만, 때로는 자연재해나 통제·규제와 같은 특별한 사건 때문에 꽤 오랜 시간 시장가격이 자연가격보다 높게 유지되기도 한다.

실수요가 증가하여 특정 상품의 시장가격이 자연가격을 훨씬 웃도는 일이 벌어지면, 시장에 공급하는 데 자산을 투입한 사람들은 보통 이러한 변화를 애써 숨기려고 한다. 만약 이 사실이 밝혀지면 큰 이윤을 바라는 또 다른 사람이 투자하려 들 것이며, 경쟁이 붙으면 실수요가 충족되어 시장가격이 머지않아 자연가격으로 떨어질 것이다. 어쩌면 한동안 그 이하로 내려갈 수도 있다. 그 때문에 시장이 공급자로부터 멀리 떨어져 있을 경우 몇몇 소수가 그 비밀을 수년간 유지할 수 있고, 그동안 새로운 경쟁자 없이 특별한 이윤을 얻을 수 있다. 그러나 이와 같은 비밀이 오래 유지되는 일은 좀처럼 없고, 특별한 이윤도 그리 오래 지속될 수 없다는 것을 알아야 한다.

제조업에서는 이러한 비밀이 상업에서보다 비교적 오래 유지될 수 있다. 예컨대 염색업자가 일반적으로 사용하는 원료보다 가격이 절반인 원료를 사용하고도 특정 색깔을 잘 낼 수 있는 방법을 알아냈다면, 관리만 잘하여도 이러한 발견으로 인해 이익을 평생 챙길 수 있고, 후손에게 물려줄 수도 있다. 사실 그가 얻는 특별이익은 그의 숨은 노동에 지불되는 값이다. 더 정확히 말해서 그의 노동에 마땅히 돌아가는 임금인데 조금 높을 뿐이다. 그러나 특별이익이 자산의 모든 부분에서 반복하여 발생하고 이 이익을 모두 합하면 자산과 어떤 규칙적인 관계를 가지기 때문에 일반적으로는 자산의 특별이윤으로 간주된다.

그러한 시장가격의 상승은 분명히 특수하고 우연한 사건들의 결과이지만, 그 사건의 작용은 때로는 수년 동안 지속될 수 있다.

어떤 자연 생산물은 매우 특이한 토양과 환경을 필요로 한다. 따라서 적합한 토지가 모두 이용되더라도 그 생산물은 실수요만큼 충분히 공급되지 않을 수 있다. 그 때문에 시장에 나온 그 생산물 전부는 높은 가격을 지불하고도 기꺼이 구매하려는 사람들에게 팔린다. 그 가격은 생산물을 생산하는 데 든 지대와, 생산물을 시장에 내놓기까지 들어간 노동임금과 자산 이윤에 대해 자연율 수준으로 지불하고도 충분히 남을 만큼 높은 가격일 것이다. 또, 수세기 동안 계속하여 비싼 값에 팔릴 수도 있다. 보통 이 경우는 지대 요소가 자연율 이상으로 지불된다. 품질 좋은 와인을 생산하는 프랑스에는 우수한 토양과 환경을 갖춘 특정 와인 농장이 있다. 인근 토지가 아무리 기름지고 잘 가꾸어졌다 하더라도 그 토지의 지대는 특정 와인 농장의 지대와 수준이 같을 수는 없다. 하지만 와인 농장의 노동임금과 자산이윤은 인근의 다른 산업의 수준과 별반 다르지 않다.

위와 같은 생산물 부류의 높은 시장가격은 자연적 원인에 따른 결과이다. 이 자연적 원인은 실수요를 결코 완전히 충족시킬 수 없게 만들며 영구히 지속될 수도 있다.

개인이나 무역회사가 가진 독점은 상업 및 제조업의 비밀과 동일한 효과를 갖는다. 독점자들은 시장을 지속적으로 공급부족 상태에 둔다. 실수요를 충족할 만큼 공급하지 않음으로써 자신의 상품을 자연가격보다 훨씬 높게 팔고, 임금이든 이윤이든 자연율을 월등히 초과하는 이득을 올린다.

독점가격은 어느 경우든 책정할 수 있는 최고가격이다. 반면에 자연가격, 즉 자유경쟁가격은 사실 어느 경우든 수용할 수 있는 최저가격이 아니라, 상당한 기간에 대해서 수용할 수 있는 최저가격이다. 전자가 어떤 경우에도 구매자들을 쥐어짤 수 있는, 즉 소비자가 지불하는 데 동의하리라고 생각하는 수준까지 올린 가격이라면, 후자는 판매자가 일반적으로 받아들일 수 있으면서, 사업도 계속 지속할 수 있는 최저수준의 가격이다.

동업조합의 배타적 특권, 도제조례, 그리고 특정 직종에 진입하고자 원하는 사람의 수보다 적은 수로 경쟁을 제한하는 모든 법은 정도는 덜하지만 독점과 동일한 효과를 갖는다. 그것들은 일종의 확대된 독점으로, 오랫동안 모든 고용 종류에서 특정 상품의 시장가격을 자연가격보다 높이고 노동임금과 자산이윤을 자연율보다 얼마큼 높게 유지시킨다.

이런 통제규제들이 존재하는 한 시장가격의 상승은 계속될 것이다.

어떤 상품은 시장가격이 자연가격보다 높은 채로 오랜 시간 유지될 수 있지만, 자연가격 이하로 오래 유지되기는 어렵다. 가격의 어느 요소든지 자연가격 이하로 지불되면, 이해관계에 속한 사람은 토지든, 노동이든, 자산이든 그것을 즉시 회수할 것이며, 이로 인해 시장에 나오는 물량이 실수요를 넘지 않게 될 것이다. 그렇게 되면 시장가격은 다시 자연가격으로 돌아간다. 적어도 완전한 자유가 있는 시장에서는 그렇게 된다.

사실 도제조례와 동업조합에 관한 법률은 제조업이 번성할 때 노동임금을 자연율 이상으로 인상할 수 있도록 하는 한편, 제조업이 쇠퇴할 때는 종종 노동임금을 의무적으로 자연율 이하로 인하하도록 강제하고 있다. 전자는 고용주로 하여금 많은 노동자를 고용하지 못하게 만들고, 후자는 노동자를 고용하려 하지만 노동자 측에서 고용되는 것을 거절하게 만든다. 그러나 효과를 따져 보면, 노동임금을 인상하는 경우에 비해 임금을 인하할 때 규제 효과가 덜하여 오래 지속되지 않는다. 전자에 따른 효과는 수세기를 이어 가지만, 후자의 경우 번성기에 그 업종에서 일을 하게 된 사람들의 생애 이상으로 존속할 수 없다. 그 사람들이 죽고 사라지면 해당 업종에서 일을 하려는 인원이 자연히 실수요에 맞추어질 것이기 때문이다. 어떤 특정 업종에서 몇 세대에 걸쳐 노동임금이나 자산 이윤을 자연율보다 낮출 수 있는 규제를 만든다면 인도나 고대 이집트(모든 사람이 종교 교리에 따라 아버지의 직업을 이어야 하며, 직업을 바꾸면 불경죄를 저질렀다고 여겼다)의 규제만큼이나 폭력적인 규제가 될 것이다.

이상, 이 장에서 다룬 모든 내용은 일시적이든, 영구적이든 상품의 시장가격이 자연가격 수준에서 벗어난 경우들을 살펴볼 필요가 있다고 여겨 설명한 것이다.

자연가격 그 자체는 임금, 이윤, 지대 각 요소들의 자연율과 함께 변동한다. 그리고 자연율은 모든 국가에서 각 상황, 즉 국가가 부유한지 가난한지, 발전 상태에 있는지, 정체 상태에 있는지, 또는 침체 상태에 있는지에 따라 변동한다. 다음 네 개의 장(chapter)에서 각각 차이가 생기는 원인에 대해 최대한 자세히, 명확하게 살펴보고자 한다.

첫째, 임금을 자연스럽게 결정하는 요인이 무엇인지, 또 그런 요인이 부와 빈곤에 따라, 사회의 발전, 정체, 쇠퇴에 따라 어떻게 영향을 받는지를 설명하고자 한다.

둘째, 이윤을 자연스럽게 결정하는 요인이 무엇인지, 또 그런 환경이 위에서 언급한 사회 상태에 따라 어떻게 영향을 받는지 밝힐 것이다.

화폐임금과 화폐이윤은 노동과 자산의 사용처에 따라 매우 다르다. 그러나 상이한 노동에 따른 화폐임금들 사이에, 그리고 다양한 자산 사용에서 생기는 화폐이윤 사이에 일반적으로 일정한 관계가 존재하는 듯하다. 앞으로 다루겠지만 이 관계는 부분적으로는 다양한 사용처의 특성에 달려 있고, 또 부분적으로는 그 사회의 법과 정책에 달려 있는 듯하다. 이 관계는 많은 면에서 법과 정책에 의존하지만 사회의 부나 빈곤, 발전, 정체, 쇠퇴 상태에는 별로 영향을 받지 않는 듯하다. 오히려 각 상태에도 아예 변동이 없거나 거의 동일한 수준이다. 세 번째로 이 관계를 결정하는 모든 요인을 설명하고자 한다.

마지막 네 번째로는, 토지 지대를 결정하고, 토지를 통한 생산물의 실제가격을 인상시키거나 인하시키는 요인이 무엇인지 설명하고자 한다.

노동임금

(제8장)

노동의 자연적인 보상 또는 임금이 되는 것은 노동 생산물이다.

토지 소유와 자산 축적의 개념이 있기 전, 원초적인 상태에서는 노동 생산물 전부가 노동자의 소유가 되었다. 그것을 나누어 가져야 할 지주나 고용주가 없었기 때문이다.

이 상태가 지속되었더라면 분업으로 생산력이 증가함에 따라 노동임금이 상승하였을 것이고, 모든 물건 값이 점점 싸졌을 것이며, 더 적은 노동량으로 물건들이 생산되었을 것이다. 그리고 적은 노동량으로 생산된 상태에서 동일한 노동량으로 생산된 상품들끼리 서로 교환될 것이므로 물건들은 적은 노동량으로 생산된 상품으로 구입하게 되었을 것이다.

모든 물건 값이 실제로 더 싸졌다고 하더라도, 표면적으로는 이전보다 더 비싸진, 즉 더 많은 양의 다른 상품과 교환되는 물건들이 있을 수도 있다. 예를 들어 업종 대부분에서 노동 생산력이 10배씩 증가하여, 하루 생산량이 원래보다 10배 늘었다고 가정해 보자. 그러나 어느 특정 업종에서는 노동 생산력이 단지 2배만 증가하여 하루 생산량 역시 2배가 늘었다고 하자. 만약 생산량이 10배 늘어난 업종들의 하루 생산량이 특정 업종의 하루 생산량과 교환될 경우, 이전보다 10배 늘어난 생산량으로 이전 생산량보다 단지 2배 늘어난 특정 업종의 생산량을 구매하는 꼴이 된다. 이에 따라 그 특정 업종의 생산물 일정량, 즉 1파운드는 이전보다 5배나 비싸진 것처럼 보인다. 그러나 실제로는 2배나 싸진 것이다. 해당 상품을 구매하는 데 다른 상품의 5배가 필요해졌지만, 특정 업종의 생산물을 구매하거나 생산하는 데는 절반의 노동량만 필요하기 때문이다. 따라서 그 상품을 손에 넣는 일이 두 배로 쉬워질 것이다.

그러나 노동자가 자신의 노동 생산물 전부를 향유하는 이런 원초적인 상태는 토지 소유와 자산 축적이 시작되면서부터 지속될 수 없었다. 그러므로 그 원초적인 상태는 노동의 생산력이 크게 증가하기 이전부터 이미 종말을 고했고, 그 원초적인 상태가 노동의 임금과 보상에 어떤 영향을 미쳤을지 더 이상 추적하는 것은 의미가 없다.

토지가 개인 소유가 되는 순간 토지 소유주는 노동자가 그 토지에서 재배하거나 채집한 생산물에 일정 몫을 요구한다. 이것이 제1차 공제로서, 노동 생산물에서 일부 빠지는 형태로 지대가 지불된다.

토지를 경작하는 노동자가 생산물을 거둘 때까지 생활을 유지할 다른 수단을 가진 경우는 드물다. 그의 생활비는 일반적으로 그를 고용한 농장주의 자산에서 선불로 지불된다. 농장주는 노동자가 경작한 생산물을 나누어 가질 수 없거나 투입한 자산을 이윤과 함께 회수하지 못한다면 결코 그를 고용하려 하지 않을 것이다. 이 이윤이 제2차 공제가 된다.

대체로 다른 업종에서도 이와 같이 노동 생산물에서 이윤을 공제한다. 수공업과 제조업에 종사하는 노동자 대부분에게는 작업이 종료될 때까지 들어가는 원자재와 임금, 생활비를 선불해 줄 고용주가 필요하다. 고용주는 그들의 노동 생산물, 즉 원자재에 노동이 투입되어 부가된 가치를 나누어 가진다. 이 나누어 가진 몫이 그의 이윤이다.

사실 작업에 필요한 원자재를 구입하고, 작업 완료 시까지 스스로 생활을 유지할 수 있을 만큼 자산이 충분한, 독립적인 개인 노동자도 있다. 자기 자신이 고용주인 동시에 노동자이므로 노동 생산물, 즉 원자재에 추가하여 얻은 부가가치 전부를 가지게 된다. 여기에는 보통 고용주와 노동자 두 사람이 가지는 자산 이윤과 노동임금이 모두 포함된다.

그러나 이런 경우는 흔치 않다. 유럽에서 독립 노동자가 한 명이라면 고용되어 일하는 노동자는 20명꼴이다. 따라서 노동임금이란 어디서나 일반적으로 노동자와 그를 고용한 자산 소유자가 각각 다른 사람인 경우의 임금을 지칭한다.

노동의 통상임금은 대개 이해관계가 전혀 다른 두 당사자가 계약을 맺으며 책정된다. 노동자는 가능한 한 더 받고 싶고, 고용주는 가능한 한 덜 주고 싶어 한다. 노동자들은 노동임금을 올리기 위해 단합하려는 경향이 있고, 고용주들은 낮추기 위해 단합하려는 경향이 있다.

그러나 보통 두 당사자 중 어느 쪽이 분쟁에서 유리한지, 그리고 어느 쪽이 상대를 자신의 조건에 따르게 할 수 있는지를 예측하기는 어렵지 않다. 고용주는 수가 적으므로 비교적 단합하기 쉬울 뿐 아니라 법률과 정부기관이 고용주들의 단합을 인정하기도 하며, 적어도 금지하지는 않는다. 반면 노동자들의 단합은 금지한다. 의회 법률만 보더라도 노동임금을 내리기 위한 고용주들의 단합을 금지하는 법은 없어도, 노동임금을 올리기 위한 노동자들의 단합을 금지하는 법은 많다. 또, 분쟁이 일어나면 고용주들은 훨씬 오랫동안 버틸 수 있다. 지주, 농장주, 공장주, 상인들은 노동자를 고용하지 않고도 이미 그들의 자산으로 1~2년은 버틸 수 있다. 그러나 대다수 노동자들은 고용되지 않으면 한 달을 버티기가 힘들고 당장 일주일도 살아가기 힘들다. 하물며 1년을 버티기란 아예 불가능하다. 분쟁 기간이 길어지면 노동자가 고용주를 필요로 하듯 고용주 역시 노동자가 필요하겠지만, 그 필요성도 그리 긴급하지는 않다.

우리는 노동자들이 단합했다는 소식은 자주 접하지만, 고용주들이 단합했다는 소식은 거의 접해 본 적이 없다. 그렇다고 해서 고용주들이 단합하지 않는다고 생각하는 사람은 이 문제뿐만 아니라 세상일에도 무지한 사람이다. 고용주들은 노동임금을 실제 수준 이상으로 올리지 않기 위해 언제 어디서나 늘 암묵적으로 단합을 해 왔다. 누군가 단합을 깨기라도 한다면, 이웃 동업자들 사이에서 평판이 나빠질 뿐만 아니라 맹비난을 받는다. 사정이 이런데도, 우리는 고용주들의 단합에 대해서 좀처럼 듣지 못한다. 왜냐하면 이 단합이 사실은 매우 일상적이며 아무도 이야깃거리로 삼지 않을 만큼 자연스러운 일이기 때문이다. 이러한 일상적인 단합 외에도 고용주들은 노동임금을 실제 수준 이하로 낮추기 위해 특정 단합을 맺는다. 특정 단합은 실제로 계획을 이행할 때까지 매우 은밀히, 비밀스럽게 진행된다. 그리고 계획을 실행했을 때 노동자가 부당함을 뼈저리게 느끼면서도 아무런 저항 없이 굴복하면, 늘 그래 왔듯 소리소문도 없이 계획은 잘 진행되며 아무도 단합 사실을 모르게 되는 것이다. 그러나 늘 이와 같이 흘러가지는 않는다. 고용주들의 단합에 맞서 노동자들도 단합하여 방어하기 때문에 종종 저항을 받는다. 그뿐만 아니라 고용주들의 도발이 없더라도 자신들의 노동가격을 올리기 위해 자발적으로 단합하기도 한다. 노동자들이 임금 인상을 위해 보통 표면상으로 주장하는 바는, 식량가격이 비싸졌다거나 혹은 고용주가 가져가는 이윤이 너무 크다는 것이다. 노동자들의 단합이 공격적이든, 방어적이든 항상 세간의 이목을 끈다. 그들은 신속한 해결을 위해서 큰 소리로 소란을 피우기도 하고, 때로는 충격적인 폭력과 폭행을 사용하기도 한다. 고용주가 즉시 요구를 받아들이지 않으면 굶주려야 하기 때문에, 필사적으로 돌입하며 때로는 황당하고 무모하기까지 한 행동을 하는 것이다. 고용주 역시 노동자들 못지않게 아우성친다. 행정 관료에게 도움을 청하면서, 노동자들의 단합을 금지하는 법으로 하인·노동자·직공들을 엄중하게 다스리라고 소리 높여 요구한다. 따라서 노동자들은 이런 소란스럽고 폭력적인 단합으로 득보는 일이 거의 없다. 부분적으로는 행정 관료의 개입 때문에, 부분적으로는 버티는 데 있어서 고용주들이 훨씬 우세하기 때문에, 또 노동자 대부분이 당장 생계를 위해 굴복할 수밖에 없기 때문이다. 대개는 아무 소득 없이, 주동자들의 처벌이나 파면으로 끝나고 만다.

고용주와 노동자의 분쟁에서 고용주가 대체로 유리하지만, 그렇다고 해서 통상임금을 장기간 일정 수준 이하로 삭감하는 일은 불가능할 것이다. 가장 저급한 노동의 임금이라 해도 말이다.

어떤 사람이 노동해야만 생계를 유지할 수 있다면, 그가 받는 임금은 적어도 생활을 유지할 만큼 충분해야 한다. 대부분 그보다는 조금 더 많아야 한다. 그렇지 않으면 가족을 부양할 수 없고, 가족을 부양할 여건이 안 되는 상태가 지속되면 해당 노동자의 가족은 1세대 이상 존속되지 못할 것이다. 이런 이유로 경제학자 캉티용(Cantillon)은 가장 저급한 일을 하는 보통 노동자도 두 아이를 키우기 위해서는 두루 따져 보았을 때 적어도 본인 생활비의 두 배는 받아야 한다고 주장했다. 아내는 자녀를 곁에서 보살펴야 하므로 아내에게 필요한 생활비를 육아과정에 포함하여 따로 들지 않는 것으로 가정하고 있다. 그러나 태어난 아이들 중 절반은 성년이 되기 전에 죽는다는 통계에 따라, 만약 자녀 둘을 얻고자 한다면 가난한 노동자들도 최소 아이 네 명은 낳아 길러야만 한다고 말한다. 그런데 아이 네 명을 키우는 데 드는 생활비가 어른 1명과 맞먹는다고 한다. 캉티용은 건장한 노예의 노동은 본인 생활비의 두 배에 이르는 가치가 있다고 계산하면서, 하물며 형편없는 노동자의 노동이라도 건장한 노예의 노동보다 가치를 적게 받을 수는 없다고 주장했다. 이러한 주장에 비추어 보면 최하층 노동자라 할지라도 부부가 한 가정을 꾸려 나가려면 두 사람이 생활을 유지하는 데 드는 비용보다 더 많이 벌어야 한다는 결론은 분명한 듯하다. 그러나 나는 캉티용처럼 두 배만큼을 더 벌어야 하는지, 아니면 얼마만큼을 더 벌어야 하는지는 정하지 않겠다.

그러나 노동자를 유리하게 만들며, 인간으로서 기본적인 생활을 영위할 수 있는 최저수준 이상으로 임금을 월등히 높게 올릴 수 있는 경우가 있다.

하인·노동자·직공들에 대한 수요가 지속적으로 증가할 때, 즉 매년 일자리가 전년도보다 늘어날 때, 노동자들이 임금을 올리기 위해 단합할 필요가 없다. 일손이 모자라면 고용주들 간에 경쟁이 생기고, 노동자를 확보하려 더 높은 임금을 제시하다 보면 자연스레 임금을 올리지 말자는 고용주들 간의 단합은 깨져 버린다.

하인·노동자·직공들처럼, 임금을 받아야 살아가는 이들에 대한 수요가 증가하려면 임금 지불을 위한 재원이 반드시 증가해야 한다. 이 재원은 두 가지 종류로 나뉜다. 하나는 생활 유지에 필요한 수준 이상의 수입이고, 다른 하나는 사업 운영에 들어가는 비용 이상의 자산이다.

지주·연금 수령자·재력가들은 자기 가족이 생활하기에 수입이 넉넉하다고 생각되면 그 잉여 수입의 일부나 전부를 사용하여 하인을 한 명 이상 고용한다. 이 잉여가 증가하면 자연히 고용할 하인 인원을 늘릴 것이다.

예컨대 직조공이나 제화공 같은 독립 노동자는 재료비와 생활비를 제외하고도 돈이 남으면 이윤을 얻기 위해 자연히 직공을 한두 명 더 고용한다. 이 잉여가 증가할수록 직공 인원도 늘릴 것이다.

그러므로 노동자에 대한 수요는 국가의 수입과 자산의 증가에 따라 늘어나게 된다. 그렇지 않으면 절대 불가능하다. 국가의 수입과 자산의 증가는 곧, 국부(National wealth)의 증가를 일컫는다. 그러므로 임금을 받아 살아가는 사람에 대한 수요는 국부가 증가함에 따라 자연스럽게 증가하며, 국부가 증가하지 않고서는 노동자의 수요 역시 증가할 수도 없다.

노동자의 임금을 증가시키는 요인은 국부의 실제 크기가 아니라 국부의 지속적 증가다. 따라서 노동임금이 가장 높은 국가는 가장 부유한 국가가 아니라, 가장 빠른 속도로 부가 성장하는 국가이다. 현재로는[2] 영국이 북아메리카의 어느 지역보다 부유한 것이 분명하다. 하지만 노동임금은 북아메리카가 영국의 그 어느 지역보다도 높다. 뉴욕과 영국을 비교하여 예를 들면, 뉴욕의 일반 노동자는 하루에 그들의 통화로 3실링 6펜스를 번다. 이는 영국의 2실링 스털링과 같다. 마찬가지로 뉴욕의 조선 목수가 미국 화폐로 10실링 6펜스와 함께 영국 화폐로 6펜스 스털링짜리 럼주 1파인트를 받는데, 모두 합하면 영국의 6실링 6펜스 스털링과 같다. 건축 목수와 벽돌공은 8실링을 받는데, 이는 영국의 4실링 6펜스 스털링과 같고, 양복 기술자가 받는 5실링은 영국의 2실링 10펜스 스털링과 같다. 이 모든 가격이 런던에서 이루어지는 노동임금보다 높으며 다른 식민지의 임금도 뉴욕만큼 높다고 한다. 북아메리카에서 파는 식료품 값은 영국보다 훨씬 저렴하다. 북아메리카에서는 식량 부족이라는 개념을 모른다. 흉년일 때 수출할 생산물은 줄어들지라도 자기들이 먹을 것은 충분하다. 그러므로 북아메리카에서의 노동의 화폐가격이 모국보다 높다면, 노동의 실질가격, 즉 노동자로 하여금 생필품과 편의품을 마련토록 하는 노동의 화폐가격이 가진 실제 구매력은 훨씬 더 클 것이다.

북아메리카가 영국만큼 부유하지는 않지만 매우 빠른 속도로 부유해지고 있는 것이 사실이다. 어떤 국가의 번영을 가리키는 가장 결정적인 지표가 인구 증가이다. 영국을 비롯한 유럽 국가 대부분이 향후 500년 내에 인구가 눈에 띄게 증가할 것 같지는 않다. 반면 북아메리카에 속한 영국 식민지에서는 향후 20년 내지 25년 안에 두 배가 증가할 것으로 보인다. 증가하는 원인은 인구가 새로이 유입되어서가 아니라 주로 거주자 내에서 자연적으로 증가가 이루어진

2) [역자주] 여기서 현재는 국부론 저술시기인 1770년대를 말하는 것임.

까닭이다. 북아메리카에서는 장수하는 사람 중에서 종종 자손을 50~100명, 때로는 그보다 더 많이 보는 경우가 있다고 한다. 노동에 대한 보수가 매우 높기 때문에 가정에 자식이 많으면 부모에게 짐이 되는 것이 아니라 부유와 풍요의 원천이 된다. 자녀가 성장해 독립할 때까지, 자녀 한 명의 노동력은 부모에게 100파운드의 이득이 되는 가치가 있다고 추정된다. 유럽에서 자녀가 4~5명 딸린 중하층 계급의 과부는 재혼률이 낮지만, 북아메리카에서는 다자녀를 가정의 행운으로 여겨 남자들에게 구애를 받는다. 자녀의 가치가 결혼을 장려하는 이유 중 가장 크다. 그렇기에 북아메리카인들이 결혼을 일찍하는 것은 전혀 이상한 일이 아니다. 일찍 결혼하는 풍조로 인해 인구가 증가하고 있음에도 불구하고 북아메리카에는 일손이 부족하다는 불평이 끊이지 않는다. 노동자를 고용하려는 고용주의 재원, 즉 노동자에 대한 수요가 노동자의 수보다 훨씬 더 빠르게 증가하기 때문이다.

비록 국가의 부가 막대하더라도 오랜 시간 정체되어 있다면 높은 임금을 기대할 수 없다. 그러한 나라에서는 임금으로 지급 가능한 재원, 즉 국민들의 수입과 자산 규모가 매우 클 수 있다. 그러나 만약 그 규모가 몇 세기 동안 전혀 변하지 않았거나 거의 변하지 않았다면, 노동에 대한 수요는 변함이 없는데 노동자의 수는 그보다 더 많이 공급될 수도 있다. 이 경우 일손이 부족할 리가 없고, 고용주들이 일손 확보를 위해 경쟁적으로 높은 임금을 제시할 필요도 없을 것이다. 오히려 일하려는 자가 일자리보다 더 많아지는 사태에 이르러 일자리 부족이 만연해지고 노동자들은 일자리를 얻기 위해 경쟁해야 할 것이다. 설령 한때 노동임금이 생활 유지와 가족 부양에 넉넉할 만큼 인상되었더라도, 구직 경쟁과 고용주들의 이해관계로 인해 머지않아 인간으로서 최소 생활만 가능한 최저 수준까지 하락할 것이다. 중국은 오랫동안 가장 부유한 나라로 꼽혔다. 토지가 세계에서 가장 비옥하며 경작 수준도 뛰어난 데다, 인구가 가장 많고 산업화 또한 잘 이루어진 나라였다. 그러나 오랫동안 정체되어 있었던 것 같다. 500년 전 마르코 폴로가 중국을 방문하여 경작 상태, 산업, 인구에 대해 기술한 것과 최근 중국을 여행한 사람들이 묘사하는 것이 거의 동일하다. 아마도 마르코 폴로가 중국을 방문하기 훨씬 이전에, 중국은 이미 법과 제도의 허용 범위 안에서 최대한의 부를 이룬 듯하다. 물론 여행자들의 말이 서로 다른 측면도 많지만, 노동임금이 낮고 노동자가 가족을 부양하는 데 어려움을 겪는다는 점에서는 일치한다. 하루 종일 경작한 삯으로 저녁 때 쌀 조금만 살 수 있어도 만족해한다. 수공업자들의 상태는 더욱 심각한 듯하다. 유럽처럼 자기 일터에서 손님이 찾아주기를 느긋이 기다리는 경우가 없고, 대부분 작업 도구를 챙긴 채 거리를 쏘다니면서 자신을 필요로 할 만한 사람을 찾아다닌다. 마치 일을 구걸하는 듯하다. 중국 하층민이 겪는 빈곤은 유럽의 가장 못 사는 국가보다 상태가 훨씬 심각하다. 광동 근처에는 수백, 수천 가정이 정착하지 못하고, 작은 고깃배 하나로 강과 운하를 떠다니며 산다고 한다. 심지어 그 지역에서 얻을 수 있는 식료품이 극히 부족한 탓에, 유럽 선박이 지나가다 바다에 버린 쓰레기 더미를 건져 올리려고 애쓸 정도이다. 반쯤 부패하여 악취가 나는 고기는 물론 개나 고양이 사체마저도 이들은 다른 나라 사람이 신선한 음식을 반기듯 환영한다. 또한 결혼이 성행하는데 이는 자녀로 인해 이득을 얻을 수 있어서가 아닌, 자녀를 유기할 자유가 있기 때문으로 보인다. 대도시로 나가면 밤마다 몇몇 아이들이 길가에 버려지고 물에 빠진 강아지처럼 강에 버려진 광경을 볼 수 있다. 이런 끔찍한 일이 어떤 이들에게는 생계를 유지하는 공공연한 수단이라는 말까지 있을 정도다.

비록 정체되어 있기는 하지만 퇴보하지는 않는 것 같다. 사람이 떠나 텅 빈 도시는 없고, 경작했던 토지가 내버려져 방치된 땅도 없었다. 매해 이루어지는 노동량이 같으며 노동을 유지하는 데 드는 재원 역시 크게 줄어들지 않았음이 분명하다. 그러므로 가장 계층이 낮은 노동자 또한 열악한 생활 여건에도 불구하고 통상적인 인구수를 유지할 만큼 어떤 방식으로든 자손들을 이어갔을 것이다.

반대로, 노동을 유지하는 데 드는 재원이 현저하게 줄어드는 나라에서는 사정이 다를 것이다. 여러 계층에서 하인과 노동자를 필요로 하는 수요가 해마다 점차 줄어들 것이다. 중류층 이상에서 자란 사람들은 자신에게 맞는 일을 구할 수 없어 최하급의 일을 찾고도 기뻐할 것이다. 그리하여 정작 최하층에 속한 노동자들은 같은 계층의 노동자들도 너무 많은데다, 다른 계층의 노동자들까지 유입되어 넘치므로 일자리 경쟁이 매우 치열해 노동임금을 개인 식품비에도 모자랄 만큼 비참한 수준까지 낮춘다. 그럼에도 불구하고 많은 사람들이 이런 조건으로도 일을 못 구해 굶어 죽거나, 식량을 구걸하거나, 극악무도한 범죄를 저지르기에 이른다. 이내 결핍, 기근, 죽음이 최하층에 만연하고, 다른 계층까지 확산된다. 국가 인구는 폭정과 재난에서 벗어나 남아 있는 국가 자산과 수입으로 겨우 유지될 정도에 이르기까지 줄어들 것이다. 아마도 벵골과 동인도에 있는 영국 식민지가 이러한 상태에 처해 있는 것 같다. 이전에 인구가 대폭 감소함에 따라 생계가 보다 쉬워졌을 텐데도 토지가 비옥한 국가에서 매년 3~40만 명이 굶어 죽는다는 것은 분명 가난한 노동자들의 생계에 쓰일 재원이 급속도로 줄어들기 때문이라고 확신한다. 북아메리카와 동인도의 차이가 크게 나는 이유는, 북아메리카의 경우 영국의 정치 제도가 통치하고 보호하는 반면 동인도는 동인도회사에서 휘두르는 억압과 폭정 때문인 것으로 보인다. 북아메리카와 동인도 영국 식민지 간의 차이는 영국의 정치 제도와 동인도회사의 운영 방식이 가진 현저한 차이로 명확히 설명할 수 있다.

그러므로 노동에 치르는 보수가 후하다면, 필히 국부가 증가했기 때문이며 이는 자연스러운 현상이다. 반대로 가난한 노동자들의 삶이 계속 근근한 것은 국가 상황이 정체한 탓이고, 그들이 기아 상태에 이르는 것은 상황이 급속하게 악화되면서 나타나는 결과이다.

현재 영국의 노동임금은 노동자가 가족을 부양하는 데 적정한 수준보다 분명히 높은 듯하다. 이 점을 명확히 밝히려 가족 부양에 드는 최저 비용이 얼마인지 굳이 일일이 따져 볼 필요는 없을 것이다. 그렇지만 영국 어디에서도 노동임금이 최소한의 생활만 유지할 수 있을 정도의 최저수준이 아닌 것만은 분명하다. 그에 대한 증거들은 많다.

첫째, 영국의 모든 지방은 최하급 노동에서조차 여름철 임금과 겨울철 임금 간에 차이가 있다. 여름철 임금이 겨울철보다 언제나 높지만 가정에서 발생하는 생활비는 연료비 때문에 겨울에 더 많이 든다. 이러한 사실로 미루어 보아 지출 비용이 낮을 때 오히려 임금이 가장 높으므로 임금은 필요비용에 따라 정해지는 것이 아니라 예상되는 노동 가치와 노동량에 따라 정해지는 것이 분명한 듯하다. 사실 노동자는 겨울철에 나갈 지출을 충당하기 위해 여름철 임금의 일부를 저축해야만 하므로 사실상 일 년 동안 받는 임금 총액은 한 해 가족을 부양하는 데 필요한 금액을 넘어서지 않는다고 말할지도 모르겠다. 그러나 노예나 생계를 스스로 유지하지 못해 다른 사람에게 의존하는 사람은 노동가치와 노동량에 따라 임금을 받는 방식의 대우를 받지 못한다. 그의 생계는 매일 얻을 수 있는 생필품에 따라 정해질 것이다.

둘째, 영국에선 노동임금이 식량가격에 따라 변동하지 않는다. 어느 지방에서나 식량가격은 매년, 혹은 매달 변동한다. 그러나 노동의 화폐가격은 대체로 일정하게 유지된다. 때론 반세기 동안 유지되기도 했다. 그리하여 빈민층이 식량가격이 비싼 해에도 어느 정도 살림을 꾸려 나갔다면 식량가격이 중간 정도였을 때에는 생활하기 편안했을 것이고, 이례적으로 식량가격이 매우 낮았을 경우에는 풍족하게 누릴 수 있었을 것이다. 지난 10년 동안 많은 지역에서 식량가격이 올랐지만 이로 인해 노동의 화폐가격이 눈에 띄게 오르지는 않았다. 물론 몇몇 지역에서는 오르기도 했다. 하지만 아마도 식량가격이 상승했기 때문이라기보다는 노동에 대한 수요가 증가했기 때문일 것이다.

셋째, 식량가격은 노동임금에 비해 연도별 차이가 크지만, 노동임금은 식량가격에 비해 지역별 차이가 크다. 빵과 육류 가격은 영국 전역에서 대개 비슷하다. 노동 빈민들이 주요 고객층인 소매상에서 팔리는 빵과 육류, 그리고 기타 대부분이 보통 대도시 지역과 외딴 시골을 비교하였을 때 가격이 동일하거나 대도시 지역에서 더 싸다. 그 이유는 후에 설명할 기회가 있을 것이다. 그러나 대도시와 인근 지역의 노동임금은 더 멀리 떨어진 지역보다 $\frac{1}{4} \sim \frac{1}{5}$, 즉 20~25% 더 높다. 런던 부근 지역에서는 하루 노동가격이 보통 18펜스이다. 그보다 조금 더 떨어진 지역에서는 14~15펜스로 노동가격이 떨어진다. 에든버러 근처에서는 10펜스, 에든버러보다 몇 마일 더 떨어진 지역에서는 8펜스이다. 이 8펜스는 스코틀랜드 저지대의 대부분 지역에서 이루어지는 일반적인 노동가격이다. 스코틀랜드는 영국보다 지역별 차이가 적은 편이다. 노동가격에서는 이 정도 차이가 난다 하더라도 한 사람이 한 지역에서 다른 지역으로 옮겨 가지는 않을 것이다. 그러나 상품가격에서 이 정도 차이가 난다면, 부피가 매우 큰 상품까지도 한 지역에서 다른 지역으로, 영국 이 끝에서 저 끝으로, 나아가 세상 끝에서 다른 끝으로, 거리에 상관없이 대규모로 이동시킬 것이다. 그리하여 곧 가격 차이를 없애 거의 같은 수준으로 만들어 버릴 것이다. 누군가는 인간의 본성이 신중하지 않고 변덕스럽다고 말하지만, 경험상 모든 물건과 아울러 보면 인간을 이동시키는 것이 가장 어려운 일인 듯하다. 그러므로 가난한 노동자가 노동임금이 낮은 지방에서 가족을 부양했다면, 임금이 높은 지방에서는 생활을 풍족하게 하리라는 점이 분명하다.

넷째, 노동가격의 변동은 지역적으로든 시간적으로든 식량가격의 변동과 일치하지 않을 뿐만 아니라 오히려 그 반대인 경우가 많다.

서민들의 식량인 곡물은 잉글랜드보다 스코틀랜드에서 더 귀하기 때문에 거의 매년 스코틀랜드는 잉글랜드로부터 많은 양의 곡물을 공급받는다. 잉글랜드 곡물을 수입하여 판매하는 스코틀랜드에서는 당연히 생산지인 잉글랜드보다 더 비싸야만 할 것이다. 그러나 잉글랜드 곡물은 품질을 고려하면 시장에서 경쟁하는 스코틀랜드 곡물보다 결코 비싸지 않다. 곡물의 품질은 제분소에서 갈아 나오는 가루 양에 따라 결정된다. 이런 점에서 잉글랜드 곡물이 스코틀랜드산보다 훨씬 우수하다. 외견상 잉글랜드산 곡물가격이 스코틀랜드산 곡물가격보다 비싸게 보일지라도 실제로 따지고 보면 잉글랜드산 곡물가격이 더 싸다. 다시 말해 부피로 놓고 보면 잉글랜드 곡물이 스코틀랜드 곡물보다 비싼 듯 보여도 품질이나 무게로 따져 보면 잉글랜드 곡물이 더 싸다. 그러나 노동임금은 스코틀랜드보다 잉글랜드가 더 높다. 그러므로 가난한 노동자가 영국 한 구석에 위치한 스코틀랜드에서 생계를 꾸려 갈 수 있다면 잉글랜드에서는 풍족하게 생활할 수 있음이 분명하다. 사실 오트밀은 스코틀랜드 서민에게는 주요하며 매우 좋은 식품에 속하지만 잉글랜드 서민에게는 보통 저급한 식품에 속한다. 이러한 생활양식의 차이는 잉글랜드와 스코틀랜드 간 임금 차이의 원인이 아니라 결과이다. 즉, 생활양식에 차이가 있어 임금 수준이 서로 달라진 것이 아니라, 임금 수준이 서로 다르기 때문에 생활양식에도 차이가 발생한 것이다. 그렇지만 이를 잘못 이해하여 생활양식의 차이가 원인이라고 말하는 것을 종종 듣고는 한다. 어떤 사람이 마차를 가지고 있기 때문에 부자이며 어떤 사람이 걸어 다니기 때문에 가난한 것이 아니라, 부자이기 때문에 마차를 소유하는 것이고, 가난하기 때문에 걸어 다니는 것이다.

잉글랜드와 스코틀랜드 모두 현재와 비교하여 지난 한 세기 동안 곡물가격이 비싸지 않은 해가 없었다. 이 점은 의심할 수 없는 사실이며, 잉글랜드보다는 스코틀랜드에서 그 사실이 여실히 드러난다. 스코틀랜드에서 지정한 '공식 곡물가격(public fiars)'에서 그 증거를 찾을 수 있는데, 공식 곡물가격이란 스코틀랜드 전역의 각종 곡물을 실제 시장 상황에 따라 매년 평가하여 공시한 가격을 일컫는다. 이러한 직접적인 증거에도 불구하고 더 뒷받침할 간접적인 증거가 필요하다면 프랑스를 비롯한 유럽 국가 대부분이 그러했다고 말하겠다. 프랑스에 관해서는 정말 명백한 증거가 있다. 스코틀랜드와 잉글랜드 두 지역 모두, 지난 세기 동안 곡물가격이 현재보다 높았지만 노동가격은 훨씬 더 쌌다. 그러므로 가난한 노동자들이 그 당시에 생계를 꾸려 나갈 수 있었다면 현재에 와서는 분명히 더 안락하게 생활할 수 있을 것이다. 지난 세기 스코틀랜드의 일반 노동자가 받는 하루 일당은 여름철에 6펜스, 겨울철엔 5펜스였다. 스코틀랜드의 고지대와 웨스턴 아일랜드 지역에서는 아직도 이와 거의 동일하게 주급으로 3실링이 지급된다. 저지대 지역 대부분에서는 일반 노동자의 통상적인 임금이 하루에 8펜스이다. 잉글랜드와 근접한 이유에서인지 에는버러 부근이나, 최근 노동 수요가 급작스럽게 증가한 글래스고, 카론, 에어셔 지역 등에서는 10펜스, 때로 1실링이 지급되기도 한다. 잉글랜드에서는 농업, 제조업, 상업의 발전이 스코틀랜드보다 일찍 이루어졌다. 따라서 노동에 대한 수요와 노동가격 역시 산업이 발전하면서 자연히 증가했을 것이다. 현재뿐만 아니라 지난 세기에도 노동임금은 잉글랜드가 스코틀랜드보다 높았다. 지난 세기 이후 임금이 매우 크게 올랐지만 각 지역마다 이루어진 임금 지불 방식과 임금 정도가 매우 다양해서 얼마나 올랐는지를 알아내기가 어렵다. 1614년 보병의 급료는 오늘날과 마찬가지로 8펜스였다. 처음 책정될 때는 당연히, 대개 보병으로 차출되는 일반 노동자 계층의 통상임금에 따라 정해졌을 것이다. 찰스 2세 시기에 활동한 저술가, 대법관 헤일스(Hales) 경은 6인으로 구성된 노동자 가정을 기반으로 필요 비용을 계산했는데, 부모와 어느 정도 일을 도와줄 수 있는 자녀 두 명, 그리고 전혀 일을 못 하는 자녀 두 명이 있다고 가정하면 주당 10실링, 1년이면 26파운드가 든다고 기록하고 있다. 만약 그들이 노동을 통해 필요 비용만큼 벌지 못하면 구걸하거나 훔쳐서라도 금액을 마련해야만 했을 것으로 추정한다. 헤일스 경은 이 문제를 매우 세밀히 조사했다. 대버넌트(Davenant) 박사에게서 인구통계(Political arithmetic)에 뛰어난 재능을 지녔다고 극찬받은 경제통계가 그레고리 킹(Gregory King)은 1688년 당시 한 가정이 평균 3.5인으로 구성되어 있다고 상정하고, 노동자와 파출부의 보통 임금을 연 15파운드로 계산했다. 킹의 계산은 겉보기에 조금 다르지만 기본적으로 헤일스의 계산과 거의 일치한다. 헤일스와 킹은 한 가구가 일주일 동안 사용하는 생활 비용을 1인당 20펜스로 추정한 것이다. 이후 지역 대부분에서 위와 같은 가구들의 금전적 소득과 비용이 모두 상당히 증가하였다. 물론 어떤 지역은 많이 올랐고 또 다른 지역은 그보다 덜 오르기도 했다. 그렇지만 최근 노동임금을 과장하여 공표하듯 그렇게 크게 증가한 지역은 거의 없었던 듯하다. 인식해야 할 점은, 어디에서나 노동가격을 정확하게 확인할 수는 없다는 것이다. 왜냐하면 노동자의 능력 차이뿐만 아니라 주인의 인정이 많고 적음에 따라 똑같은 곳에서, 똑같은 노동을 할지라도 임금이 다르게 지불될 수 있기 때문이다. 임금이 법으로 정해지지 않은 곳에서는 단지 통상적인 임금 수준이 어느 정도인지만 알 수 있을 뿐이다. 그리고 종종 법으로 임금을 규제하려고 했지만 결코 적절하게 규제할 수 없었다는 것은 경험이 보여주고 있다.

노동의 실질적인 보수, 즉 노동의 화폐가격으로 노동자가 구매할 수 있는 생필품과 편의품의 실제 양은 금세기에 노동의 화폐가격보다 월등히 큰 비율로 증가했다. 곡물가격도 인하하였지만 다른 식재료 또한 가격이 더욱 싸져 빈민층도 건강에 좋은 다양한 식재료를 섭취할 수 있게 되었다. 예를 들어 현재 감자 가격은 영국 전역에서 3~40년 전에 비해 절반 수준으로 떨어졌다. 순무, 당근, 캐비지도 마찬가지이다. 이전에는 호미로 재배했다면 지금은 쟁기로 재배하기 때문에 수확할 수 있는 작물이 증가하면서 모든 밭작물 가격이 내려갔다. 지난 세기 가격이 내려가기 전에는 영국에서 소비되는 사과와 양파 대부분을 플랑드르에서 수입하기도 했다. 기술이 서툴렀던 린넨과 모직물 제조업도 크게 개선되어 노동자가 싸고도 질 좋은 옷을 입게 되었으며, 마찬가지로 금속 제조업 기술도 개선되어 값싸고 품질 좋은 작업 도구뿐 아니라 편리하고도 보기 좋은 가구들을 마련할 수 있게 되었다. 반면 비누, 소금, 양초, 가죽, 양조주들은 비교적 많이 비싸졌는데, 이는 순전히 그것들에 부과된 세금 때문이었다. 그러나 가난한 노동자가 많이 소비하는 상품들이 아니어서 이 상품들의 가격 상승이 대다수 상품의 가격 하락을 상쇄하지는 못한다. 한편으로는 사치가 최저 계층까지 확산된다든지, 가난한 노동자들이 지난날 만족해했던 의식주에 더 이상 만족하지 않으려 한다는 등 비난도 많다. 그러나 이 모든 현상은 실제로 노동의 화폐가격뿐만 아니라 실질적인 보수가 증가하여 일어나는 현상이다.

이와 같이 하층민들의 삶이 개선된 것을 사회의 이익으로 볼 것인가, 아니면 골칫거리로 볼 것인가? 언뜻 보아도 답이 명백하다. 모든 사회에서 대다수를 차지하는 계층은 하인, 노동자, 각종 직공들이 속한 하층민이므로, 이들의 상황이 개선된 것을 해롭다고 간주할 수는 없다. 구성원 대부분이 가난하고 비참하다면 이들이 속한 사회는 번영하고 행복한 사회라 할 수 없다. 의식주를 생산하여 공급하는 사람들이 노동생산을 통해 정당한 몫을 가져 스스로 충분히 잘 먹고, 잘 입고, 잘 살 수 있는 상태가 바로 '형평'이다.

빈곤이 의심할 여지 없이 결혼할 의향을 꺾지만 반드시 결혼을 포기하게 만드는 것은 아니다. 오히려 긍정적인 면이 있는 것 같다. 반쯤 기근에 시달리는 고지대 여성들은 종종 아이를 20명 이상 출산하기도 하지만, 호의호식하며 우아를 떠는 여성들은 아예 안 낳거나 혹은 둘, 셋만 낳아도 지쳐 버린다. 상류층 여인들에게 흔한 불임이 열악한 계층에서는 매우 드물다. 여성들이 사치를 즐길수록 향락에 정열을 불태우면서 출산 능력이 약화되거나 종종 아주 없어지는 듯하다.

빈곤이 출산을 방해하지는 않을지라도 육아에는 매우 불리하다. 연약한 식물은 싹이 나더라도 대지가 너무 차고 기후가 냉혹하면 곧 시들어 죽는다. 익히 접하는 소식에 따르면, 스코틀랜드 고지대에서는 한 어머니에게서 태어난 아이 20명 중 성년까지 살아남는 아이가 채 2명도 안 되는 일이 비일비재하다고 한다. 경험 많은 장교들은 입을 모아 군인들의 자녀만으로는 사병을 채우기는커녕 고적대조차 채우지 못한다고 이야기한다. 이마저도 병영 부근만큼 발육이 좋은 아이들을 많이 볼 수 있는 지역은 드물다. 그 가운데 극소수의 아이들만이 13~14세까지 살아남는다. 일부 지역에서는 태어난 아이들의 절반이 4세 이전에 죽으며 대다수 지역에서는 7세 이전에, 그리고 거의 모든 지역에서 9, 10세 이전에 사망한다. 이러한 높은 사망률은 부유층과 같이 자녀들을 세심하게 돌볼 수 없는 서민층 자녀에게 주로 해당된다. 서민층에 속한 부부가 일반적으로 상류층 가정보다 자녀를 많이 낳지만 아이가 성년에 이르는 비율은 상류층보다 낮다. 고아원이나 종교 집단의 자선단체에서 키우는 아이들의 경우라면 더더욱 그 사망률이 높아, 서민층 자녀의 사망률보다도 훨씬 높게 나타난다.

모든 동물들은 당연히 생존수단에 비례하여 번식한다. 생존수단 이상으로 번식하는 동물은 없다. 그러나 문명 사회에서 생존수단의 부족으로 인간 종의 증식이 제한받고 있는 일이 하층민에서만 일어난다. 하층민이 아이를 많이 출산함에도 불구하고 증식이 제한되는 원인은 오로지 생존수단의 부족으로 자녀가 사망하는 데 있다.

노동에 대한 보수가 충분하면 노동자가 자녀에게 더 나은 생활 여건을 제공할 수 있으며 결과적으로 보다 더 많은 자녀를 양육할 수 있기 때문에 자연히 출산을 많이 하게 된다. 여기서 인식해야 할 사실은, 노동에 지불되는 보수가 충분하려면 노동을 필요로 하는 노동 수요가 증가해야 한다는 점이다. 만약 노동에 대한 수요가 계속 증가한다면, 노동에 따른 대가 역시 증가할 것이고 이는 노동자의 결혼과 출산(번식)을 촉진할 것이다. 그로 인해 인구가 증가하면서 계속 증가하는 노동 수요가 충족될 것이다. 언제라도 노동에 따른 보수가 그 목적에 필요한 것보다 적으면 곧바로 일손이 모자라 그 보수가 인상될 것이며, 반대로 보수가 너무 많아 인구가 크게 증가하면 다시 보수가 적정 수준으로 떨어질 것이다. 전자는 시장에 노동 공급이 부족한 경우이고 후자는 노동 공급이 과잉된 경우인데, 곧 사회 상황이 필요로 하는 적정한 수준으로 그 보수가 회복될 것이다. 다른 상품과 마찬가지로 인간에 대한 수요가 이러한 방식으로 인구 생산을 조절한다. 인구 증가 속도가 너무 느릴 땐 촉진하고, 너무 빠를 땐 제한하는 것이다. 북아메리카, 유럽, 중국 등 다른 모든 나라에서 인구 증가 상태를 정하고 조절하는 요소가 바로 '노동에 대한 수요'다. 이 수요가 북아메리카에서는 인구 증가를 급속하게 진행시키고, 유럽에선 완만하게, 중국에선 완전히 정체시키고 있다.

보통 노예가 병이 들거나 다치면 주인의 손실이지만 계약 형태가 보다 자유로운 종업원의 경우는 본인 자신의 손실이라고들 한다. 그러나 실제로는 후자의 경우도 전자만큼이나 고용주의 손실이 된다. 전체적으로 보아 직공과 종업원에게 지불된 임금은 그들에 대한 사회 수요가 증가하거나, 감소하거나, 정체함에 따라 직공과 종업원들이 공급될 수 있는 수준이어야만 한다. 자유로운 종업원의 손상 역시 고용주의 손실이지만, 그것은 일반적으로 노예의 손상보다는 손실 정도가 훨씬 적다. 노예들의 손상을 (이렇게 말해도 된다면) 교체하거나 수리하는데 드는 재원은 보통 불성실한 고용주나 부주의한 관리자들이 관리하는 반면, 자유로운 종업원의 경우 똑같은 상황에 들어가는 재원은 종업원 자신이 관리하기 때문이다. 부자들에게 만연한 검약하지 못한 습성은 자연스럽게 노예를 관리하는 데에서도 나타나고, 기난한 사람의 엄격한 검소함과 절약 정신은 자연스럽게 자유로운 종업원이 스스로 행하는 관리에서도 나타난다. 이와 같이 서로 관리하는 방식이 다르기 때문에 동일한 목적이라도 그것을 수행하는 데 따르는 비용은 매우 다를 수밖에 없다. 따라서 모든 시대와 국가의 경험에 비추어 볼 때 작업에 들어가는 비용 면에서 자유로운 종업원이 수행할 때가, 노비가 작업을 수행할 때보다 비용이 더 적게 든다고 할 수 있다. 통상적인 노동임금이 매우 높은 보스턴, 뉴욕, 필라델피아에서조차도 그렇다는 사실이 발견되고 있다.

그러므로 노동에 대한 충분한 보수는 부가 증가함에 따른 결과이며 또한 인구 증가의 원인이 되기도 한다. 노동에 대한 충분한 보수를 비난하는 것은 국가가 최대로 번영하는 데에 필수적인 원인과 결과가 되는 것을 두고 불평하는 꼴이다.

구성원의 대다수인 가난한 노동자가 가장 행복하고 편안한 상태에 이르는 때는 사회가 완전한 부를 이룬 때가 아니라 더 큰 부를 획득하기 위해 전진하며 발전해 갈 때라는 점을 다시 한 번 짚고 넘어갈 필요가 있다. 가난한 노동자들은 국가가 정체 상태일 때는 어렵고, 쇠퇴 상태에 있을 때는 비참하다. 실제로 발전하는 상태에는 사회의 각계각층이 즐겁고 활기차다. 반대로 정체 상태에서는 활기가 없고, 쇠퇴 상태에서는 우울하다.

노동에 따른 보수가 충분하면 인구 증가를 촉진하는 동시에 인간의 근면성을 증진한다. 노동임금은 근면성을 자극하는데, 근면성은 인간의 다른 자질처럼 그것이 받는 자극에 비례해서 증대한다. 생계가 풍족해지면 노동자의 체력이 증진된다. 아마도 자신의 처지를 개선하여 말년을 안락하고 평안하게 맞이할 수 있으리라는, 기분 좋은 희망이 노동자에게 활기를 불어넣어 그로 하여금 최대한 열심히 일하도록 만들 것이다. 이처럼 노동자가 활기를 띠는 현상은 임금이 낮은 지역보다는 임금이 높은 지역에서 잘 나타난다. 예를 들어 스코틀랜드보다는 잉글랜드에서, 지방의 외딴곳보다는 대도시 부근에서 일하는 노동자가 훨씬 활동적이고 부지런하며 빠릿빠릿하게 일하는 모습을 우리는 늘 본다. 일주일 생활에 필요한 여건을 4일 동안 일해서 마련할 수 있다면 해당 노동자는 4일 안에 마치고 나머지 3일 동안 아무런 일을 하지 않고 지낼 수도 있다. 그러나 대다수는 결코 그렇지 않다. 반대로 작업량에 따라 임금을 차등 지급한다고 하면 노동자는 지나치게 자신을 혹사시켜 몇 년 안에 건강과 체력을 망가뜨리는 경향이 있다. 런던과 몇몇 다른 지역의 목수는 왕성하게 일하는 기간이 길어야 8년이라고 한다. 이와 같은 현상은 작업량에 따라 돈을 버는 다른 현장에서도 일어나는데, 대개 공장에서 그러하며 심지어 농촌에서도 이런 현상이 일어난다. 업종을 막론하고 임금이 평균보다 높은 업종이면 어디든 그러하다. 대체로 모든 직공들은 그들의 특수한 작업에 열중하는 데서 생기는 특이 질병에 걸리기 쉽다. 이탈리아의 유명한 의학자 라마치니(Ramuzzini)는 이런 질병을 연구하여 전문 서적을 출간했다. 우리는 사병들이 근면하다고 생각하지 않는다. 그러나 이들이 특정 작업에 고용되어 일한 분량에 따라 일당을 받게 될 경우에는 지휘관들이 임금에 제한선을 두어 기준 이상 작업할 수 없도록 정해야 했다. 작업량과 임금에 대한 규정이 명시되기 이전까지는 임금을 더 받으려는 욕심 때문에 서로 간의 경쟁이 불거지며 자신을 혹사시키고 과로로 건강을 해치는 일이 빈번했다. 만약 일주일 중 3일을 아무 일도 하지 않은 채 지내는 사람이 있다면 이는 나머지 4일을 과도하게 일한 까닭일 경우가 많다. 그런데 이러한 휴식이 지나치게 비난받고 있는 듯하다. 정신노동이든 육체노동이든 강도가 심한 노동을 며칠간 계속하고 나면 대부분은 쉬고 싶은 욕구가 크기 마련이다. 휴식 욕구는 강제적으로나 어떤 강력한 필요로 인하여 제한되지 않는 한 억제되기 어렵다. 그것은 본능이므로 때로는 그저 쉬기만 하거나 또는 기분 전환을 위해 오락에 푹 빠질 필요가 있다. 쉬고자 하는 본능이 충족되지 않는다면 필히 직업병을 앓게 되며 때로는 치명적일 정도로 위험에 처한다. 고용주들이 언제나 이성과 인간의 존엄성에 귀를 기울여 노동자가 열심히 일하도록 다그치기보다는 도리어 과로하지 않도록 절제해 주는 일이 필요하다. 어떤 직업에서든 절제하며 일하는 사람이 꾸준히 일할 수 있으며 자신의 건강을 오래 유지할 수 있을 뿐만 아니라 1년을 놓고 보았을 때 수행한 작업량도 더 많으리라고 생각한다.

식량가격이 싼 시기에는 노동자들이 일을 덜하고, 식량가격이 비싼 시기에는 평소보다 더 열심히 한다는 속설이 있다. 그러므로 풍족한 먹을거리가 일을 덜하게 만들고 부족함이 일을 더 많이 하게 한다는 결론이 나온다. 먹을거리가 평소보다 조금이라도 더 넉넉해진다면 일부 노동자가 게을러진다는 견해에는 의심할 바 없다. 그러나 이런 결론을 노동자 전체에게 적용해서는 안 된다. 사람이 잘 먹을 때보다 충분히 먹지 못할 때, 기분이 좋을 때보다 낙담할 때, 건강할 때보다 자주 아플 때 일을 더 잘한다고 생각하는 것은 옳지 않다. 일반적으로 흉년에는 서민들 사이에 질병과 사망이 많다. 그렇기 때문에 그들의 노동 생산물이 감소할 수밖에 없다는 점을 유념해야 할 것이다.

식량이 풍부한 시기에는 노동자가 고용주를 떠나 자기 스스로 일하여 생계를 유지하려는 경우가 많다. 그러나 식량가격이 싸지고 노동자 고용유지에 필요한 재원이 증가하기 때문에 고용주, 특히 농부들은 노동자를 더 많이 고용하려고 한다. 농부들은 곡물을 시장에 싸게 내다 파느니 일할 노동자를 몇 명 더 고용하는 편이 이윤을 더 많이 낼 수 있을 것이라고 생각하는 것이다. 이렇게 노동자들에 대한 수요는 늘지만, 그 수요에 맞춰 공급하려는 사람의 수는 감소한다. 그래서 식량가격이 싼 해에 노동가격이 상승하는 경우가 많다.

식량이 부족한 시기에는 생계가 어렵고 불안정하기 때문에 서민들은 대부분 일자리로 돌아가고 싶어 한다. 그러나 식량가격이 오르고 높은 식량가격은 고용을 유지하는 데 필요한 재원을 감소시키기 때문에 고용주들은 고용을 늘리기보다는 줄인다. 식량가격이 비싼 시기에는 독립된 노동자, 즉 영세 자영업자 대부분이 작업에 필요한 재료를 마련하는 데 들어가는 얼마 되지 않는 자금마저 모두 소진하기에 이르기 때문에 생계를 위해 직공이 되어야 하는 상황에 처한다. 이렇게 되면 일자리를 구하려는 사람이 많아 일자리를 쉽게 구할 수 없으며, 이로 인해 많은 사람이 낮은 조건에도 기꺼이 일하려 한다. 그래서 식량가격이 비싼 시기에는 하인과 직공의 임금이 하락하는 경우가 많다.

그러므로 각 업종별 고용주들은 식량가격이 싼 시기보다 비싼 시기에 노동자를 고용해야 자신에게 더 유리한 조건으로 계약할 수 있다는 점을 안다.

또, 구직이 시급한 시기이므로 노동자가 더 순종적이고 유순해진다는 점을 안다. 따라서 식량가격이 비싼 시기에 사업 운영이 더 유리해진다고 여긴다. 고용주 집단을 대표하는 지주와 농부들이 식량가격이 비싼 시기를 반기는 이유가 또 있다. 지주의 지대와 농부의 이윤이 식량가격에 크게 좌우되기 때문이다. 그러나 대개 모든 사람이 남을 위해 일할 때보다 자기 자신을 위해 일할 때 일을 덜하리라는 생각만큼 어처구니없는 일은 없다. 가난한 영세 자영업자는 생산물에 따라 보수를 받는 직공에 비하여 보통 더 부지런하다. 전자는 작업량 전부가 자기 소유인 반면, 후자는 고용주와 나누어 가지기 때문이다. 마찬가지로 독립되어 개별적으로 일하는 노동자는 직장 동료를 꾀어 탈선을 일삼는 나쁜 동료의 유혹에 직면하지 않는다. 그러한 일은 주로 대형 공장에서 일어난다. 한 달 또는 1년 계약으로 고용되어 일을 많이 하든 적게 하든 임금과 수당이 일정한 고용직 하인과 비교해 독립 노동자의 장점이 훨씬 더 많을 것이다. 식량가격이 싼 시기에는 모든 업종에 종사하는 직공 및 노동자에 비해 독립 노동자의 비율이 증가하고, 식량가격이 비싼 시기에는 그 비율이 하락하는 경향이 있다.

뛰어난 지식과 독창성을 지닌 프랑스 작가이자 생테티엔(St. Etienne) 지역의 징세관을 지낸 메상스(Messance)는 가난한 사람들이 식량가격이 비싼 해보다 싼 해에 일을 더 많이 한다는 사실을 증명하고자 했다. 그는 이를 위해 엘뵈프(Elbeuf)에서 생산된 거친 모직과 루앙(Rouen) 전역에 공급되던 린넨, 그리고 실크 이 세 제조업을 바탕으로 각기 다른 시기에 만들어진 제품의 양과 가치를 비교했다. 공공기관의 기록에서 발췌한 그의 설명에 따르면 세 제조업 모두 생산량과 생산액이 식량가격이 비싼 해보다는 싼 해에 더 많았고, 항상 그래 왔으며, 생산량과 생산액이 식량가격이 가장 싼 해에 가장 많았고, 가장 비싼 해에 가장 적었다. 이 세 제조업은 모두 큰 변화가 없었던 것으로 보인다. 즉 해마다 생산량이 조금씩 변동하기는 하였지만 전체적으로 보았을 때 줄거나 늘지도 않은 것이다.

스코틀랜드의 린넨 제조업과 요크셔 웨스트 라이딩(West Riding of Yorkshire) 지역에서의 모직물 제조업은 성장하고 있는 제조업이다. 그 생산량은 해마다 약간씩 변동이 있지만 수량과 가치 면에서 모두 증가 추세이다. 그러나 발표된 연간 생산량 통계를 검토해 본 결과 나는 그 생산량 변동 요인이 연간 식량가격 수준과 어떤 실제적인 관련이 있는지 발견할 수 없었다. 대기근이 있었던 1740년, 두 제조업은 실제로 상당히 쇠퇴한 듯 보인다. 그러나 또 한 번의 대기근이 닥친 1756년에 스코틀랜드의 제조업은 평균 이상의 발전을 이룩했다. 사실 요크셔의 제조업은 쇠퇴했으며 아메리칸 인지조례(American stamp act)가 폐지된 1766년까지, 성했넌 1755년의 수준을 회복하지 못했다. 그러나 그 해와 이듬해, 생산량은 전에 없이 증가했고 그 이후에도 계속 증가하고 있다.

원거리 거래가 이루어지는 대형 제조업의 생산물이 반드시 생산국의 식량가격 수준에 달려 있는 것은 아니다. 그보다는 생산물을 소비할 국가의 상황을 살펴 수요에 영향을 미칠 만한 요인, 즉 전시 상황인지 평화 상태인지, 경쟁 제조업이 번영하는지 쇠퇴하는지, 주요 고객층의 취향에 잘 맞는지 그렇지 않은지에 따라 좌우된다. 게다가 식량가격이 싼 시기에 이루어진 많은 예외적인 일들이 제조업의 공식 기록에 전혀 기재되지 않는다. 남자 노동자는 고용주를 떠나 독립 노동자가 되는 경우도 있고, 여자 노동자는 부모에게로 돌아가 자신과 가족을 위해 물레를 돌려 옷을 만드는 경우도 있다. 자영업자조차 항상 시장에서 판매하기 위해 일하는 것은 아니다. 이웃 사람에게 고용되어 그의 가족을 위한 제품을 만들기도 한다. 이러한 노동 생산물들이 공식기록에 누락되는 일이 흔하다. 그럼에도 불구하고 때때로 이런 공식 기록의 통계가 떠들썩하게 공표되고, 상인과 제조업자들이 통계로써 국가의 성장이나 쇠퇴를 운운하는 경우가 많다.

이처럼 노동가격의 변동은 식량가격의 변동과 항상 일치하지 않을 뿐더러 오히려 그 반대인 경우가 많다. 그렇다고 해서 식량가격이 노동가격에 아무런 영향을 주지 않는다고 생각해서도 안 된다. 노동의 화폐가격은 기본적으로 두 가지 요인, 즉 노동에 대한 수요와 생필품 및 편의품 가격의 영향을 받는다. 노동에 대한 수요에 따라 노동자의 생필품과 편의품의 양이 결정된다. 다시 말해 노동에 대한 수요가 증가하는지, 정체하는지, 감소하는지, 즉 인구가 증가하는지, 정체하는지, 감소하는지에 따라 노동자에게 돌아가는 생필품과 편의품의 양이 결정되고, 이 양을 구매하는 데 필요한 화폐액에 따라 노동의 화폐가격이 결정된다. 그러므로 생필품의 가격이 낮은 곳에서 노동의 화폐가격이 때때로 높기는 하지만, 만일 노동에 대한 수요가 변하지 않고 계속 유지되는 상태에서 생필품의 가격이 높다면 노동의 화폐가격은 생필품 가격이 낮은 곳보다는 훨씬 더 높게 된다.

갑작스럽고 이례적인 풍작과 흉작의 해에 노동의 화폐가격이 오르고 내리는 이유는, 노동에 대한 수요가 풍작일 때 증가하고, 흉작일 때 감소하기 때문이다.

풍작 때는 고용주의 수중에 재원이 더 많이 들어오므로 예년에 비해 근로자를 더 많이 고용하고 유지하려 한다. 그러나 고용 인원을 이례적으로 늘린다 하더라도 어느 때이든지 필요 인원만큼 고용할 수 있는 것은 아니다. 그로 인해 고용주들이 노동자를 채용하려 저마다 경쟁적으로 더 높은 임금을 제시하는데, 이때 노동의 실질가격과 화폐가격이 모두 상승하게 된다.

흉작 때는 그 반대 상황이 발생한다. 사업 운영에 필요한 자금이 부족한 지경에 이른다. 노동자들이 상당수 해고되며 이들은 일자리를 얻기 위해 저마다 경쟁적으로 낮은 임금을 제시한다. 그로 인해 때때로 노동의 실제가격과 화폐가격이 모두 하락한다. 이례적인 흉작이었던 1740년, 많은 사람이 겨우 생계 유지만 가능한 임금을 받고도 기꺼이 일했다. 이후 계속된 풍작 때에는 노동자와 하인을 구하기가 어려운 상황이 벌어졌다.

생산량이 부족하여 생필품 가격이 비싼 시기에는 노동에 대한 수요가 감소하여 노동가격이 떨어지는 경향이 있는 한편, 비싼 생필품 가격 때문에 노동가격이 올라가는 경향이 있다. 반대로 생산량이 풍부하여 생필품 가격이 낮은 시기에는 노동에 대한 수요가 증가하여 노동가격이 올라가는 경향이 있는 한편, 낮은 생필품 가격 때문에 노동가격이 떨어지는 경향이 있다. 이처럼 생필품 가격이 변동할 때 노동가격에 영향을 미치는 상반된 두 가지 요인이 상쇄되어 버린다. 바로 이 점이, 노동임금이 생필품 가격보다 통상적으로 더 안정적이고 영속적인 이유일 것이다.

상품 가격의 한 부분을 차지하는 노동임금이 상승하면 필히 상품 가격이 올라가며 그만큼 국내외에서 상품 소비가 줄어든다. 그러나 똑같이 노동의 임금을 상승시키는 요인인 자본의 증가는 노동 생산력을 증가시켜 적은 양의 노동으로 더 많은 양을 생산하게 한다. 자본 소유자가 노동 인원을 많이 고용할 경우 그들이 가능한 한 최대 생산량을 내어 자신에게 이득이 될 수 있도록 노동 인원을 적절하게 나누고 배치하게 된다. 같은 이유로, 고용주는 자신이나 노동자들이 생각할 수 있는 최고의 기계를 제공하려고 노력한다. 이와 같은 현상은 개별 작업 현장의 노동자들 사이에서 일어나는 일일 뿐 아니라 국가 전체의 노동 현장에서 일어난다. 노동 인원이 많으면 많을수록 노동자들은 자연히 다양한 종류와 부문으로 세분화되어 고용된다. 기계를 발명하는 데에도 많은 사람이 고용되어 일처리가 수월해지도록 적합한 기계를 만들어 내며 이로 인해 기계가 더욱더 많이 발명된다. 이로써 작업 공정이 개선되어 많은 상품의 제작 과정에서 개인의 노동량이 줄어든다. 이러한 노동량의 감소는 노동임금의 상승을 상쇄하고 오히려 상품 가격을 떨어뜨린다.[3]

3) [역자주] 제1권의 8장과 9장에서 스미스는 노동 수요의 증가와 임금인상과의 관계를 설명한다. 이 주제를 연구하면서 스미스는 노동을 더 생산적으로 만드는 힘인 자본(capital) 축적의 중요성을 인정하기 시작했다.

2.

자산의 특성과 축적 및 사용

(서론, 제1장, 제2장, 제3장)

The Wealth of Nations

서 론

자산의 분류(제1장)

사회의 총자산 중 특정 부문으로 여겨지는 화폐와

국가자본의 유지비용(제2장)

자본의 축적과 생산적 노동 및 비생산적 노동(제3장)

서 론

분업이 없던 원시사회에서는 교환 개념이 없었고 대부분 자급자족을 하며 생활했다. 사회에 필요한 일을 실행하기 위해 자산(stock)을 축적하거나 미리 비축해 둘 필요도 없었다. 사람들은 필요할 때마다 자기 스스로 일하여 충족했다. 배가 고프면 숲에 나가 사냥하고, 옷이 해어지면 사냥한 동물 중 몸집이 큰 동물의 가죽으로 옷을 만들어 입었다. 집이 낡으면 가능한 한 근처에 있는 나무나 뗏장을 이용하여 자기가 직접 수리했다.

그러나 이제 분업이 이루어지면 자신의 노동 생산물만으로는 그때그때 생기는 필요 중 극히 일부분밖에 충족하지 못한다. 나머지, 훨씬 더 많은 부분은 다른 사람의 노동 생산물로 충족된다. 자신의 노동 생산물로 다른 사람의 생산물을, 즉 자기 생산물로 가격을 치루고 다른 생산물을 구매한다. 그러나 이 구매 방식은 자기 노동 생산물이 완성되고, 그 완성품이 팔려야만 이루어질 수 있다. 그러므로 적어도 이 두 가지 조건이 이루어질 때까지는 본인의 생활을 유지하고 생산에 필요한 재료 및 도구를 공급하기에 충분한 여러 재화들이 필히 구비되어 있어야 한다. 그 재화를 자기가 축적하든 다른 이가 축적하든, 직조공은 직물 제작을 완성하고 직물이 팔릴 때까지 생활을 유지하고 작업을 할 수 있도록 사전에 자산을 축적해 두어야 자신의 직조 일에 전념할 수 있다. 필히 이런 축적이 선행되어야만 오랫동안 자신의 일에 전념할 수 있다.

본질적으로 자산의 축적은 분업에 선행되어야 하며, 사전에 자산이 많이 축적되면 될수록 그에 비례하여 노동이 더욱더 세분화될 수 있다. 노동이 세분화되면 동일한 수의 사람들이 다룰 수 있는 재료의 양이 노동이 나뉘는 정도와 비례하여 증가한다. 그리고 각 노동자의 작업이 점점 단순해짐에 따라 작업을 용이하게 하고 간소화할 수 있는 각종 새로운 기계들이 발명된다. 그러므로 분업이 발달함에 따라 동일한 수의 노동자들이 계속 일을 할 수 있기 위해서는 분업이 덜 이뤄진 상태에서 필요한 것과 동일한 양의 식량이 마련되어야 하고, 분업이 덜 이루어진 상태보다 훨씬 더 많은 재료와 도구가 미리 구비되어야만 한다. 그러나 어떤 업종에서든 분업이 되면 그 노동자의 수는 증가한다. 아니 오히려 노동자의 수가 증가하면 분업이 세분화된다고 할 수 있다.

이처럼 노동 생산력을 크게 향상시키는 데는 자산 축적이 먼저 이루어져야 하기 때문에 자산 축적은 자연스럽게 노동 생산력을 증가시킨다. 인력을 고용하는 데 자신의 자산을 투자한 사람은 노동자로 하여금 가능한 한 많은 양을 생산토록 하는 방법을 고안한다. 그리하여 노동자들을 적재적소에 배치하려 하고, 자신이 발명하거나 구입한 최고의 기계를 노동자들에게 제공하려고 한다. 이 두 가지를 할 수 있는 고용주의 능력은 일반적으로 자산의 규모, 다시 말해 자산을 통하여 확보할 수 있는 노동 인력에 비례한다. 따라서 어느 국가에서나 자산 증가에 따라 노동량이 함께 증가할 뿐 아니라, 동일한 노동량으로 훨씬 더 많은 분량을 생산해 내는 것이 가능해진다.

이것이 바로 자산의 증가가 일반적으로 노동과 그 생산력에 미치는 효과이다.

제2권에서는 자산의 특성, 자산이 축적되어 다양한 종류의 자본(capital)이 되는 효과, 그리고 자본들의 다양한 사용 효과를 설명하고자 한다. 2권은 다섯 개의 장으로 구성되어 있다. 제1장에서 개인이나 사회 소유의 자산이 어떠한 부분이나 부문으로 자연스럽게 나누어지는지를 살펴볼 것이다. 제2장에서는 사회 전체 자산의 한 독특한 부문으로 여겨지는 화폐의 특성과 작용을 설명한다. 축적되어 자본이 되는 자산은 그것을 소유한 사람이 사용하거나 다른 사람에게 빌려줄 수도 있을 것이다. 제3장과 제4장에서는 이 두 상황에서 그 자본이 작용하는 방식을 살펴본다. 마지막 제5장에서는 자본의 다양한 사용이 국가 산업과 토지, 노동의 연간 생산량에 즉각적으로 미치는 여러 가지 효과에 대해 다룬다.

자산의 분류

(제1장)

누군가 자신이 소유한 자산(stock)이 단지 며칠이나 몇 주간 자기 혼자 먹고사는 정도밖에 되지 않는다면, 좀처럼 자산을 이용하여 수입을 늘릴 생각을 하지 않는다. 자산을 최대한 아껴 쓰며 모두 소진하기 전에 다시 채울 수 있도록 노동을 통하여 자산 확보에 힘쓴다. 이 경우 수입은 노동에서만 발생한다. 어느 국가를 막론하고 대다수 노동 빈곤층이 처한 상태는 이러하다.

그러나 이와는 달리 몇 달 혹은 몇 년간 지낼 수 있을 만큼 자산이 충분하다면 그 자산의 대부분을 이용해 수입을 얻으려고 노력할 것이다. 한편 그 수입이 들어오기까지 살아가는 데 필요한 일부 자산을 직접적인 소비로 남겨 놓을 것이다. 그러므로 그의 전체 자산은 두 부분으로 나뉜다. 하나는 수입이 발생하리라고 기대하는 부분이다. 이것을 자본(capital)이라고 한다. 다른 하나는 그의 직접적인 소비와 관련된 부분이다. 이 직접적인 소비와 관련된 것은 다음 세 가지 것들로 구성될 수 있다. 첫째로 전체 자산 중 애당초 직접적인 소비를 목적으로 비축해 둔 것, 둘째, 그 원천이 무엇이든 조금씩 들어오는 수입, 셋째로는 이 두 가지 분류 중 하나를 가지고 이전에 구입했으나 다 소비하지 않고 남은 옷, 가구 등이다. 이 세 가지가 일반적으로 사람들이 자신의 직접적인 소비를 위해 유보해 두는 자산이다.

자본이 사용자로 하여금 수입이나 이윤을 낳도록 쓰이는 방법에는 두 가지가 있다.

첫째, 자본은 재화를 구매·생산·제조하여 거기에 이윤을 붙여 다시 파는 데 쓰인다. 이런 방식으로 쓰이는 자본은 수중에 그대로 있거나 계속 같은 형태를 유지할 경우 아무런 수입이나 이윤이 발생하지 않는다. 상인의 재화는 화폐를 받고 판매하기 전까지는 아무 이윤이나 수입이 되지 않고, 그 화폐 역시 재화로 다시 교환될 때까지 이윤이나 수입을 거의 가져다주지 않는다. 자본은 끊임없이 한 형태로 나갔다가 다른 형태로 다시 돌아오는 유통 방식, 즉 계속하여 교환이 이루어질 때만 이윤을 낳을 수 있다. 이러한 자본을 '유동자본'이라 한다.

둘째, 자본은 토지개량, 유용한 기구나 기계 구입, 또는 사용자를 바꾸지 않고(즉 더 이상 유통하지 않고) 수입이나 이윤을 가져다주는 데 사용될 수 있다. 이와 같은 자본을 고정자본이라 한다.

직종에 따라 고정자본과 유동자본의 비율이 매우 다를 것이다.

예를 들어 상인의 자본은 모두 유동자본이다. 상인은 직업상 기계나 용구와 같은 고정자본을 필요로 하지 않는다. 가게나 창고가 고정자본에 속하지 않는다면 말이다.

모든 수공업자나 제조업자의 자본은 그 일부가 직업과 관련된 용구에 고정적으로 쓰여야만 한다. 고정자본에 드는 금액은 직종마다 다르다. 재봉사에게는 직업상 바늘꾸러미 외에 필요한 용구가 없다. 제화공에게 필요한 도구는 그보다는 약간, 아주 약간이지만 더 비싸다. 직조공에게 필요한 도구는 제화공의 도구보다 훨씬 비싸다. 이러한 모든 수공업자들의 자본 가운데 상당 부분이 노동자의 임금이나 원료비로 유통되었다가 이윤과 함께 제품 가격으로 회수된다.

고정자본이 훨씬 많이 필요한 직종도 있다. 예를 들어 제철소에서 광석을 녹이는 데 사용되는 용광로, 괴철로, 절단기 등은 아주 큰돈을 들이지 않고는 마련할 수 없는 도구들이다. 탄광이나 모든 광산에서 필요한 배수용 시설 및 기타 기계 설비들은 그보다 훨씬 더 비싸다.

농부의 자본을 따져 보면, 농기구에 들어간 자본은 고정자본이며 일꾼들을 유지하고 임금을 지급하는 데 사용하는 자본은 유동자본에 속한다. 고정자본은 '보유'함으로써 이윤이 발생하고 유동자본은 '사용'함으로써 이윤이 발생한다. 농사를 짓는 데 이용한 가축의 가치나 가격은 농기구의 경우와 마찬가지로 고정자본이다. 가축을 돌보는 데 드는 비용은 일꾼들의 경우와 마찬가지로 유동자본이다. 농부는 농사짓는 데 동원되는 가축을 보유함으로써, 그리고 관리·유지하는 데 비용을 씀으로써 이윤을 창출한다. 가축에 드는 비용은 그 목적에 따라 부류가 달라지는데, 만약 일을 시키기 위해서가 아니라 판매할 목적으로 구입하고 사육한다면 그때 가축에 드는 비용은 모두 유동자본이다. 농부는 가축의 가격과 유지비를 지출함으로써 이윤을 얻는다. 축산업에서도 자본을 분류하는 기준은 동일하다. 판매할 목적이 아니라 양털과 우유, 새끼로 이윤을 얻으려 양떼나 소떼를 구입한다면 그때 드는 비용은 고정자본이다. 양털과 우유, 새끼에서 얻는 이윤은 가축을 보유함으로써 얻기 때문이다. 그러나 가축을 관리하고 유지하는 데 드는 비용은 유동자본이다. 그 이윤은 비용을 씀으로써 얻어진다. 즉 축산업에서의 자본은 그 자체의 이윤과 가축의 전체 가격에 대한 이윤과 함께 양털과 우유와 새끼의 가격으로 회수된다. 농업에서 사용하는 씨앗의 전체 가치도 마땅히 고정자본이다. 씨앗이 토지와 창고 사이를 넘나들지만, 그 주인이 바뀌는 것은 아니다. 그러므로 꼭 유통된다고 볼 수는 없다. 농부는 씨앗을 팔아서 이윤을 얻는 것이 아니라 발아시켜 자라게 하여 이윤을 얻는다.

국가 및 사회의 총자산은 전체 국민이나 구성원의 자산을 모두 합한 것과 같다. 그러므로 총자산 역시 자연히 세 부분으로 나뉘며 그 각각에는 독특한 기능과 역할이 있다.

첫째는 직접적인 소비를 위해 유보된 자산이다. 이 자산의 특징은 수입이나 이윤을 창출하지 않는다는 점이다. 소비자가 구매했지만 아직 소비하지 않은 식품, 의복, 가구 등의 자산이 여기에 해당한다. 또한 어느 시점에서 한 국가 내 존재하는 주거용 주택의 총량 역시 이 부류에 속한다. 만일 주택 용도가 소유자의 주거용이라면 그 주택은 그 순간부터 자본으로서의 기능을 상실한다. 즉 소유자에게 아무런 수입을 낳지 않는다. 이처럼 주거용 주택은 국민 전체에 아무런 수입을 제공하지 못한다. 그것은 옷이나 가구처럼 의심할 여지없이 매우 유용하지만 비용을 초래하는 것이지 수입을 창출하지는 않는다. 만약 주택 소유주가 누군가에게 임대료를 받고 주택을 빌려주게 된다면 주택 자체로는 아무것도 생산해 내지 못하므로 세입자는 그 임대료를 노동, 토지, 자산에서 얻는 수입으로 지불해야만 한다. 따라서 주택이 소유자 개인에게는 수입을 가져다줄 수 있고 자본으로서 기능을 하지만, 사회 전체에는 아무런 수입을 가져다주지 않고 자본의 기능도 하지 않는다. 그로 인해 국민 전체의 수입이 올라가는 일도 없다. 의복과 가구도 마찬가지로 때로는 특정 개인에게 수입을 가져다주어 자본의 기능을 한다. 가장무도회가 일상인 나라에서는 무도회 의상을 하룻밤씩 빌려주는 사업이 있다. 가구상은 흔히 가구를 월 단위 또는 연 단위로 임대해 주기도 한다. 장의사는 장의용품을 며칠 또는 몇 주씩 빌려준다. 혹자는 가구가 딸린 채로 주택을 빌려주고 주택만이 아니라 가구 임대료까지 합하여 거주 비용을 받기도 한다. 그러나 그렇게 발생하는 수입은 궁극적으로 또 다른 수입원에서 나오는 것이 분명하다. 개인이건 사회건 직접적인 소비를 위해 유보된 자산 중에서 주택에 투입된 부분이 가장 천천히 소비된다. 의복은 모두 소비되기까지 몇 년이 걸리고, 가구는 50년 내지 100년이 걸리지만, 잘 짓고 잘 관리한 주택은 몇 세기를 간다. 모두 소비될 때까지 장구한 시간이 걸리긴 해도 주택 역시 의복이나 가구처럼 실제로는 직접적인 소비를 위해 유보된 자산에 속한다.

사회 총자산의 세 가지 분류 중 두 번째는 고정자본이다. 고정자본의 특징은 유통되거나 주인이 바뀌지 않는 채로 수입이나 이윤을 제공한다는 점이다. 주로 다음 네 가지가 여기에 속한다.

첫째는 작업을 간소화하여 노동을 쉽게 하는 모든 업종의 유용한 기계 및 도구이다.

둘째는 수익성 건물이다. 이것은 임대료를 받고 빌려주는 소유주에게 뿐만 아니라 빌려서 사용하며 임대료를 내는 사람에게도 수입을 낳게 하는 수단이다. 이를테면 가게, 창고, 공장, 농장, 축사 등 업종에 필요한 건물이 여기에 속한다. 이들은 주택과는 전혀 다르다. 이것들은 일종의 생산도구이다.

셋째는 개량된 토지이다. 즉 토지를 개척하고, 배수하고, 둘러막고, 거름

주고, 변형하여 경작과 재배에 가장 알맞은 상태로 만들어 이윤을 얻을 수 있도록 토지에 투입된 자본을 말한다. 개량된 농장은 노동을 쉽게 하고 작업 과정을 줄여 똑같은 유동자본으로 훨씬 더 많은 수입을 제공하는 유용한 기계와 같다고 보아도 무방하다. 개량된 농장은 그런 기계들만큼 이로우면서도 내구성은 더 뛰어나다. 경작에 투입되는 농부의 자본 중 가장 큰 수익을 낳으며 어떠한 수리도 필요로 하지 않는다.

넷째는 사회 모든 주민이나 구성원들이 얻은 유용한 능력이다. 그런 재능을 습득하는 데는 교육과 학습, 연마 기간 동안 습득자가 생계유지를 해야 하기 때문에 항상 실질적인 비용이 든다. 여기에 들어간 비용은 그 사람 속에 고정되어 실현되는 자본이 된다. 그렇게 습득한 재능이 개인에게 재산이 되는 것과 마찬가지로 그가 속한 사회의 재산이 된다. 노동자의 기량이 개선되면 노동이 쉬워지고 노동 과정을 단축하면서도 효율적으로 일하게 되므로 비록 기량이 개선되기까지 일정 비용이 들지만 이윤으로 그 비용을 변제하는 도구나 기계와 같다고 볼 수 있다.

사회 총자산의 세 가지 분류 중 마지막 세 번째는 유동자본이다. 유동자본의 특징은 오직 유통에 기반하여, 즉 소유주가 바뀌어야만 수입이 발생한다는 점이다. 이 역시 네 종류로 이루어진다.

첫째는 화폐다. 아래 살펴볼 나머지 세 가지가 유통되고 적절한 소비자에게 배분되도록 하는 수단이다.

둘째는 저장된 식료품이다. 이는 정육점 주인, 목축업자, 농부, 곡물상인, 양조업자 등의 직종에 해당되는 자본으로서, 판매하여 이윤을 낼 목적으로 소유한 자본이다.

셋째는 의복, 가구, 건물 등에 쓰이는 원료로서, 원래 상태 그대로이거나 약간 가공된 상태의 원료를 말한다. 이는 완제품 형태를 갖추지 않았지만, 재배자, 가공업자, 상인, 직물상, 목재상, 목수, 벽돌제작자의 수중에 있는 자본이다.

마지막으로 넷째는 다 만들어져 바로 사용 가능한 완제품으로, 아직 적절한 소비자에게 팔리거나 배분되지 않아 여전히 상인이나 가공업자의 수중에 있는 자본이다. 이는 대장간, 가구상, 금세공상, 보석상, 도자기상에서 흔히 발견뒤다.

이와 같이 유동자본은 각종 상인들의 수중에 있는 모든 식료품, 원료, 완제품, 그리고 그것들을 최종적으로 사용할 소비자에게 다다르기까지 유통시키고 배분하는 데 필요한 화폐로 이루어져 있다. 이 중 식료품, 원료, 완제품은 해마다, 또는 1년 안팎의 기간을 두고 규칙적으로 유동자본에서 나와 고정자본이나 직접적인 소비를 위해 유보되는 자산으로 들어간다.

모든 고정자본은 원래 유동자본에서 나왔으며, 유동자본에 의해 계속 유지되어야만 한다. 직업상 필요한 모든 유용한 도구나 기계는 원래 유동자본에서 나왔다. 유동자본은 도구나 기계들이 만들어지는 원료와 그것들을 만드는 노동자의 생활유지비를 제공한다. 그뿐만 아니라 도구나 기계들을 끊임없이 보수·유지하기 위하여 역시 유동자본이 필요하다.

그 어떤 고정자본도 유동자본을 쓰지 않고서는 아무런 수입도 올릴 수 없다. 직업상 필요한 가장 유용한 도구나 기계도 그것이 가공할 원료와 그것을 사용할 노동자의 생활비를 제공하는 유동자본이 없으면 쓸모가 없다. 아무리 토지가 개량되어도 농작물을 재배하고 수확하는 노동자들을 유지할 유동자본이 없이는 어떤 수입도 올릴 수 없을 것이다.

이러한 고정자본과 유동자본의 유일한 목적과 목표는 직접적인 소비를 위한 자산을 계속하여 유지하고 늘리는 것이다. 사람들에게 의식주를 제공하는 것이 바로 이 자산이다. 부와 빈곤은 직접적인 소비를 위한 자산에 제공할 수 있는 자본이 많은가 적은가에 달려 있다.

사회의 총자산 중에서 꽤 많은 유동자본이 고정자본과 직접적 소비 부분에 편입되기 위하여 지속적으로 빠져나가기 때문에 유동자본 또한 고갈되지 않으려면 지속적인 공급이 필요하다. 이러한 공급은 주로 세 가지 원천, 즉 토지, 광산, 어장의 생산물로부터 나온다. 이들은 식료품과 원료를 지속적으로 공급하는데, 그 일부는 나중에 완제품으로 가공되고, 유동자본에서 계속 빠져나간 식료품과 원료, 완제품을 교체하는 데 쓰인다. 유동자본 중 화폐를 유지하고 늘리는 데 필요한 것은 광산에서 나온다. 대개 화폐는 다른 세 가지(식료품, 원료, 완제품)와는 달리 사회의 총자산 중 고정자본과 직접적인 소비 부분에 편입되기 위해 유동자본에서 반드시 빠져나가는 것은 아니다. 그러나 화폐 역시 다른 것(식료품, 원료, 완제품)들과 마찬가지로 결국은 마모되고, 때로 분실되거나 외국으로 유출된다. 그러므로 다른 세 가지보다는 아주 적은 양이라 할지라도 지속적인 공급을 필요로 한다.

토지, 광산, 어장을 개발하려면 고정자본과 유동자본 둘 다 필요하다. 그리고 그 생산물은 이윤을 창출하며 그런 자본뿐만 아니라 사회의 모든 자본을 교체한다. 그리하여 농부는 해마다 제조업자가 전년도 한 해 동안 소비한 식료품과 가공한 재료를 교체해 준다. 마찬가지로 제조업자는 농부에게 같은 기간 동안 농부가 소모하거나 마모시킨 완제품을 교체해 준다. 이것이 각각 서로 다른 부류에 속한 사람들 사이에서 해마다 이루어지는 실제 교환이다. 그러나 한쪽의 원생산물과 다른 쪽의 제조품이 서로 직접 물물교환되는 일은 별로 없다. 왜냐하면 농부가 곡물, 가축, 아마, 양모 등을, 자신이 가지고 싶은 옷, 가구, 농기구를 판매하는 상인에게 직접 팔지는 않기 때문이다. 농부는 자신이 수확한 농산물을 화폐와 교환하여 팔고, 그 화폐로 어디 가서든 자신에게 필요한 제조품을 구매한다. 토지는 심지어 어장과 광산 개발에 들어간 자본까지 일부 교체해 준다. 물고기를 물에서 건져 올리는 것이 바로 토지의 생산물이고, 땅속 깊은 곳에서 광물을 캐내는 것이 바로 지표면의 생산물이기 때문이다.

자연적인 비옥도가 동일하다면 토지, 광산, 어장의 생산물은 거기에 사용되는 자본의 크기와 운용에 비례한다. 자본의 크기가 같고 동일하게 잘 운용될 경우 생산물은 자연적 비옥도에 비례한다.

안전이 잘 보장되어 있는 국가에서는 일반 상식 수준의 사람들은 대개 자기가 마음대로 쓸 만큼 자산을 보유했다면 종류가 무엇이든 현재의 즐거움이나 미래의 이윤을 얻는 데 쓰고자 할 것이다. 만약 현재의 즐거움을 위해 쓴다면 그것은 직접적인 소비를 위한 자산이다. 미래 이윤을 얻고자 사용한다면 보유하거나 지출해야 이윤을 얻을 수 있는데, 이윤을 위해 보유하는 자산은 고정자본이고 이윤을 위해 지출하는 자산은 유동자본이다. 안전이 보장된 사회에서, 누군가 자기 것이든 남에게서 빌린 것이든 자기가 마음대로 처분할 수 있는 자산을 가졌는데도 불구하고 이 세 가지(직접적인 소비를 위한 것, 고정자본, 그리고 유동자본) 가운데 어느 한 방법으로라도 자산을 사용하지 않는다면 그야말로 제정신이 아닌 것이 분명하다.

권력자들이 포악을 일삼아 국민 사이에 두려움이 만연한 불행한 국가에서는 국민들이 대체로 자산 대부분을 땅속에 묻어 두거나 감추어 둔다. 언제든 직면할 수 있으리라고 염려하는 어떤 재난을 당할 경우 바로 가지고 피신할 수 있도록 본인과 가까이 두기 위함이다. 이러한 현상은 터키나 인도에서 흔히 있는 일이라 들었으며 나는 아시아권 국가 대부분에서도 크게 다르지 않으리라고 믿는다. 봉건 통치 아래 폭정 시대에 살았던 우리 조상들에게도 흔했던 일이었을 것이다. 그 시대 매장물은 유럽 절대 군주들의 무시할 수 없는 수입으로 여겨졌다. 땅속에 감추어져 있던 매장물이 발견되면 어느 특정인이 그에 대해 권리를 주장할 수 없었다. 그 당시 매장물은 매우 귀중한 물건이라 여겨 항상 군주의 것으로 생각했다. 매장물에 대한 권리가 발견자나 그 토지소유자에게 양도된다고 인가서 조항에 명기되지 않는 한 그들의 것이 아니었다. 그런 매장물들은 금은의 광맥과 동등하게 다뤄졌던 것이다. 금은의 광맥은 인가서에 특별한 조항이 없으면 토지의 일반적인 양도재산에 포함되지 않는 것으로 여겨졌다. 그러나 납, 구리, 주석, 석탄 등의 광맥은 그 가치가 덜 중요하게 여겨져 토지의 일반적인 양도재산에 포함되었다.

사회의 총자산 중 특정 부문으로 여겨지는 화폐와 국가자본의 유지비용 (제2장)

제1권에서 살펴보았듯이 상품 가격 대부분은 그 상품이 만들어져 시장에 나오기까지 들어간 세 종류의 비용, 즉 노동임금, 자산이윤, 지대로 구성된다. 물론 노동임금과 자산이윤만으로 구성된 상품도 있고 아주 드물지만 노동임금으로만 형성된 상품도 있기는 하다. 그러나 모든 상품 가격은 반드시 이 세 부분 중 어느 한 가지 또는 세 가지 모두가 반영되어 구성된다. 지대로도 임금으로도 들어가지 않는 부문은 반드시 누군가에게 이윤이 되기 때문이다.

개별로 분리하여 하나씩 관찰했을 때 모든 상품이 그러하므로 한 국가의 토지와 노동의 연간 총생산물을 구성하는 모든 생산물 역시 동일하게 적용될 것이다. 다시 말해 연간 생산물의 총가치, 즉 교환가치 역시 세 부분으로 나뉘어 노동임금이나 자산이윤, 혹은 지대로 그 나라에 속한 각기 다른 구성원들에게 분배될 것이다.

그러나 모든 나라의 토지와 노동 생산물의 총가치가 이와 같이 분할되어 구성원들에게 수입으로 돌아가지만, 개인 소유지의 지대를 총지대와 순지대로 구별하듯이 국가 전체 구성원의 수입도 그와 같이 구별된다.

개인 소유지의 총지대는 차지인(farmer)이 지불하는 모든 비용을 포함한다. 순지대는 지주가 관리비, 보수비, 기타 비용을 공제하고 남은 금액으로, 지주 마음대로 사용 가능한 금액이다. 다시 말해 지주가 자신의 소유지를 건드리지 않고 자신의 직접적인 소비를 위한 자산에 넣을 수 있는 부분이다. 즉 식탁, 마차, 집이나 가구의 장식품, 오락이나 심심풀이에 지출할 수 있는 부분이다. 따라서 개인의 실질적인 부는 총지대가 아니라 순지대에 비례한다.

국가 전체 구성원의 총수입은 구성원들의 토지와 노동의 연간 총생산물을 모두 합한 것이다. 순수입은 고정자본과 유동자본에 드는 유지비용을 공제하고 구성원들이 마음대로 사용할 수 있는 부분이다. 다시 말해 자신의 자본을 잠식시키지 않고 직접적인 소비를 위한 자산에 넣을 수 있는 부분, 즉 생필품·편의용품·오락 등을 위해 지출할 수 있는 부분이다. 구성원들의 실질적인 부 역시 총수입이 아니라 순수입에 비례한다.

고정자본을 유지하는 총비용도 사회의 순수입에서 제외되어야만 한다. 직업상 필요한 도구와 기계, 임대 건물 등을 유지하는 데 드는 원료와 그 원료를 적절한 형태로 가공하는 데 필요한 노동 생산물은 모두 결코 순수입에 포함될 수 없다. 그렇지만 그 노동가격은 순수입의 일부가 될 수도 있다. 왜냐하면 그런 일에 종사하는 노동자들이 자신의 전체 임금을 직접적인 소비를 위한 자산에 넣어 놓을 수 있기 때문이다. 다른 업종에서는 노동가격(노동임금)과 노동 생산물 모두 직접적인 소비를 위한 자산에 들어간다. 즉 노동임금은 해당 노동자의 자산에 들어가고, 노동 생산물은 다른 사람들의 자산에 들어간다. 다른 사람들이 쓸 수 있는 생필품과 편의용품, 오락거리가 증가하게 되는 것이다.

고정자본의 목적은 노동 생산력을 증가시키는 것, 즉 동일한 노동 인원이 훨씬 많은 일을 할 수 있도록 하는 것이다. 건물, 담장, 배수로, 통신수단 등 노동에 필요한 환경을 완벽하게 갖춘 농장에서는 동일한 크기와 지질이지만 이런 시설들을 갖추지 않은 농장에 비해 같은 인력과 가축으로 훨씬 많은 농산물을 생산해 낼 것이다. 최고의 기계 설비를 갖춘 공장에서는 기계 설비가 불완전한 공장보다 동일한 노동 인원으로 훨씬 더 많은 제품을 생산해 낼 것이다. 어떤 종류의 고정자본이든 거기에 적절하게 투입된 비용은 항상 훨씬 큰 이윤을 낳으며, 이러한 개량에 들어간 비용 이상으로 연간 생산물을 증가시킨다. 그러나 이러한 개량 역시 생산물의 일정 부분을 필요로 한다. 그것은 의식주, 즉 사회의 생필품과 편의용품을 늘리는 데 직접 투입되어 일정량의 원료와 일정량의 노동력이 더 많은 이익을 창출하는 데에 전환되어 사용된다. 모든 기계 발전이 언제나 사회에 유익하다고 여기는 이유는 바로 동일한 노동 인원이 동일한 작업량을 더 저렴하면서도 다루기 편리한 기계로 작업할 수 있기 때문이다. 비싼 데다 작동 방법이 복잡한 기계를 사용하는 데 들었던 원료와 노동력이 이제는 새롭고 편리한 기계로 작업량을 늘리는 데 사용될 수 있다. 1년에 1,000파운드를 기계 유지비로 쓰는 대형 제조 공장의 경영주가 이 비용을 500파운드로 줄일 수 있다면, 그는 당연히 나머지 500파운드로 노동자를 더 많이 고용하고 원료를 더 많이 구입할 것이다. 이로써 새로운 기계로 제작한 생산량이 자연히 증가하며 사회가 얻는 이득과 편리함 역시 증가한다.

한 국가 내 고정자본에 들어가는 유지비는 사유지에 들어가는 수리비와 비교될 수 있다. 수리비는 흔히 사유지의 생산물, 결과적으로 지주의 총지대와 순지대를 유지하는 데 필요하다. 그러나 좀 더 효율적인 방법을 써서 생산물을 감소시키지 않고도 수리비를 줄일 수 있을 경우 적어도 총지대는 종전과 같겠지만 순지대는 반드시 늘어난다.

그러나 고정자본의 총유지비용은 사회의 순수입에 들어가지 않지만 유동자본의 유지비용은 그렇지 않다. 이미 살펴본 바와 같이 유동자본을 구성하는 네 부분인 화폐, 식료품, 원료, 완제품 중 화폐를 제외한 나머지는 대개 규칙적으로 인출되어 사회의 고정자본에 편입되거나 직접 소비를 위한 자산에 편입된다. 소비 가능한 재화들 중 고정자본의 유지에 쓰이지 않는 부분은 모두 직접 소비를 위한 부분으로 들어가며 사회 전체 순수입의 일부가 된다. 따라서 고정자본을 유지하는 데 필요한 것을 제외하고는 유동자본의 세 부분을 유지하는 데 쓰이는 부분은 사회의 순수입에서 빠지지 않는다.

이런 점에서 사회의 유동자본은 개인의 유동자본과는 다르다. 개인의 유동자본은 그의 순수입에 전혀 포함되지 않는다. 개인의 순수입은 오직 그의 수익으로만 이루어진다. 모든 개인의 유동자본은 자신이 속한 사회의 유동자본의 일부를 이룰지라도 자신의 순수입이 될 수는 없다. 상인의 가게에 구비된 재화는 결코 상인 자신의 직접적인 소비를 위한 자산에 포함되지는 않지만, 다른 사람들의 직접적인 소비를 위한 자산이 될 수는 있다. 다른 사람들은 이 상인의 자본이나 자신의 자본을 조금도 감소시키지 않고 다른 원천에서 얻은 수입으로 그 재화를 구입한다. 그렇게 되면 상인은 이윤과 함께 그 재화의 가치를 회수할 수 있는 것이다.

그러므로 사회의 유동자본 중에서 그것의 유지비가 사회의 순수입을 감소시킬 수 있는 유일한 부분은 화폐이다.

고정자본과 화폐로 구성된 유동자본 부분은 사회의 수입에 영향을 미친다는 점에서 서로 매우 유사하다.

첫째, 업종과 관련된 도구와 기계 등은 설치하고 유지하는 데 비용이 든다. 이 유지비용은 사회 총수입의 일부를 이룰지라도 사회의 순수입에는 들어가지 않는다. 마찬가지로 한 국가에서 유통되는 화폐를 모으고 유지하는 데 비용이 든다. 이 비용 역시 총수입의 일부이긴 하지만 사회의 순수입에는 들어가지 않는다. 화폐는 사회의 모든 개인이 생필품, 편의용품, 오락거리를 적절한 비율로, 그리고 규칙적으로 분배받을 수 있는 중요한 상거래 수단이긴 하나 매우 비싼 상거래 수단이기도 하다. 금은과 같이 매우 값비싼 재료와 매우 특수한 노동이 직접적인 소비를 위한 자산에 사용되는 대신 화폐 수단을 유지하는 데 사용되기 때문이다.

둘째, 개인이나 사회의 고정자본을 구성하는 직업 관련 도구 및 기계는 개인이나 사회의 총수입이긴 하지만 순수입을 이루지 않는다. 마찬가지로 화폐 그 자체는 수입에 속하지 않는다. 화폐는 사회의 총수입을 규칙적으로 구성원 모두에게 분배하는 수단이다. 이 중요한 유통 수단은 화폐를 수단으로 유통되는 여타 재화와는 완전히 다르다. 사회의 총수입은 모두 이와 같은 재화로 구성되어 있는 것이지 그것들을 유통시키는 수단에 있지 않다. 사회의 총수입이나 순수입을 계산할 때 우리는 항상 화폐와 재화의 연간 총유통량에서 화폐의 총액을 빼야 한다. 단 1파싱도 총수입이나 순수입을 구성할 수 없다.

이 명제가 미심쩍고 역설적으로 보이는 이유는 오직 언어의 모호성 때문이다. 제대로 설명되어 이해된다면 이 명제는 아주 분명해진다.

우리가 어떠한 특정 화폐액을 말할 때, 이것은 때로 그 금액을 구성하는 금속 조각에 지나지 않거나 또는 그 금액과 교환할 수 있는 재화, 그리고 그 금액만큼 얻을 수 있는 구매력을 의미한다. 따라서 몇몇 저술가들이 영국의 화폐 유통량이 1,800만 파운드로 측정되었다고 말하는 것은 해당 국가에서 유통되고 있다고 측정한, 혹은 추정하는 금속 조각의 양을 의미한다. 반면 어떤 사람의 연간 소득이 50파운드 또는 100파운드라고 말하는 것은 보통 매년 그에게 지급되는 금속 조각의 양뿐만 아니라 그가 매년 구매 또는 소비할 수 있는 재화의 가치를 의미한다. 이로써 보통 그의 생활 수준이 어떤지, 어떠해야 하는지, 즉 그가 적절히 누릴 수 있는 생필품과 편의용품의 질과 양이 어느 정도인지를 의미한다.

어떤 특정 화폐액이 그것을 구성하는 금속 조각의 양을 표현하는 것뿐만 아니라 막연히 그 금액과 교환될 수 있는 재화를 가리키는 경우, 그 금액이 나타내는 부와 수입은 두 가지 중 어느 것을 시사하는지 매우 모호해진다. 그러나 더 정확하게 부와 수입을 나타내는 것은 전자가 아닌 후자다. 즉 화폐 자체보다는 화폐의 가치인 것이다.

만약 어떤 사람의 주급이 1기니라면 그것으로 1주일 동안 생필품, 편의용품, 오락거리를 일정량 살 수 있다. 그 구입량이 많고 적음에 따라 그의 실질적인 부나 실질적인 주간 소득이 늘기도 하고 줄기도 한다. 그의 주간 소득은 1기니 자체와 그것으로 구입할 수 있는 재화, 두 가지 모두가 아니라 두 가지 중 어느 하나와 같을 뿐이다. 더 자세하게 말하자면 전자보다는 후자 쪽이, 즉 1기니 그 자체가 아니라 1기니의 가치와 같다.

만약 그 사람이 금이 아닌 1기니짜리 어음으로 주급을 받았다면, 그의 수입은 그 종잇조각이라기보다 1기니로 교환할 수 있는 재화로 여기는 것이 더 적절하다. 달리 말하여 1기니는 인근 상인들에게서 필수품과 편의용품 일정량을 얻기 위한 어음이라고 여길 수 있다. 화폐를 임금으로 받은 사람의 수입은 금은 또는 종잇조각이 아니라 화폐로 그가 손에 넣을 수 있는 것, 즉 화폐와 교환할 수 있는 재화로 보는 것이 적절하다. 만약 화폐로 교환할 것이 아무것도 없다면, 부도어음처럼 쓸모없는 종잇조각에 불과하다.

마찬가지로 전 세계 각양각색의 모든 국민이 주급이나 연봉을 화폐로 받지만 그들의 실제 부, 실제 임금의 총합은 개개인이 화폐로 구입하여 소비할 수 있는 재화 전체 양의 많고 적음과 비례할 것이다. 그들 모두를 합한 총수입은 분명히 화폐 자체와 화폐로 소비할 수 있는 재화, 이 두 가지 모두가 아니라 그중 하나, 더욱 적절하게는 화폐 자체보다 화폐로 소비할 수 있는 재화와 같다.

우리는 종종 어떤 사람의 수입을 말할 때 그에게 매년 지불되는 금속 조각으로 표현한다. 그 이유는 금속 조각의 액수가 그의 구매력, 즉 그가 매년 소비할 수 있는 재화의 가치를 결정하기 때문이다. 그러나 우리는 여전히 그의 수입을 그 수입에 따른 구매력이나 소비력으로 생각하지 그 금액을 나타낸 금속 조각으로 생각하지 않는다.

이것이 개인 측면에서 아주 명백하다면 사회 전체로 볼 때는 더욱 그렇다. 한 개인에게 매년 지불되는 금속 조각은 그 액수가 대개 그의 수입과 정확히 일치하며 수입의 가치를 가장 간단하고도 적절하게 표현하는 방법이다. 그러나 한 사회에서 유통되는 금속 조각의 총액은 사회 구성원 전체의 수입과 결코 같을 수 없다. 이를테면 오늘 어떤 사람에게 주급으로 지불된 1기니 화폐가 내일은 다른 사람에게 지불되고, 모레는 또 다른 사람에게 지불될 수 있다. 따라서 한 국가에서 한 해에 유통되는 금속 조각의 총액은 항상 지급된 화폐 급여의 총액보다 훨씬 적다. 그러나 구매력, 즉 화폐 급여가 순차대로 지급됨에 따라 그 화폐 급여로 차례차례 구매할 수 있는 재화들은 언제나 화폐 급여의 총액과 정확하게 같다. 화폐 급여를 받는 각 사람들의 수입 역시 마찬가지이다. 그러므로 모든 사회 구성원의 수입은 그 수입 총액보다 적게 측정되는 금속 조각의 액수가 아니라 구매력, 즉 금속 조각이 손에서 손으로 유통됨에 따라 차례차례 구매될 수 있는 모든 재화이다.

그러므로 중요한 유통 수단이자 상거래 수단인 화폐는 모든 업종에서의 도구처럼 매우 유용한 자본이기는 하지만, 사회 전체 수입의 일부분도 될 수 없다. 또, 금속 조각으로 이루어진 화폐는 유통 과정에서 모든 사람에게 매년 수입으로서 분배되지만 그 자체로는 그 사회 전체 수입에 속할 수 없다.

그리고 마지막으로, 고정자본을 구성하는 작업 도구나 기계들은 유동자본 중 화폐로 구성된 부분과 비슷한 점들이 있다. 노동 생산력을 감소시키지 않는 기계를 도입하고 유지비용을 절감하면 사회의 순수입이 증가한다. 마찬가지로 화폐를 모으고 유지하는 데 드는 비용을 절감하면 역시 사회의 순수입이 증가한다.

고정자본을 유지하는 데 비용이 절감되면 사회의 순수입이 증가한다는 사실은 너무도 명백하며, 일부는 앞에서 이미 설명했다. 모든 업종의 기업가가 가진 총자본은 반드시 고정자본과 유동자본으로 나뉜다. 총자본이 동일하다면 한 부분이 줄어들수록 다른 부분이 그만큼 늘어난다. 유동자본은 원료와 노동 임금을 제공하여 산업이 돌아가도록 만든다. 그러므로 노동 생산력을 감소시키지 않는 고정자본의 유지비를 절감한다면 산업을 돌아가게 하는 자원 역시 증가시킬 수 있다. 이는 연간 토지와 노동 생산물, 즉 사회의 실질 수입도 함께 증가시킨다.

이전에 금화와 은화로 사용했던 화폐가 지폐로 대체되었다. 이는 편리하긴 했지만 제작 비용이 매우 비쌌던 상거래 수단에 견주어 편리함은 같으면서도 비용이 적게 들도록 발전된 것이다. 이제 유통은 새로운 수단을 사용하면서 화폐 제작과 유지에 드는 비용을 훨씬 절감하게 되었다. 그러나 이런 과정이 어떻게 시행되었고 어떻게 사회의 총수입 또는 순수입을 증가시키게 되었는지는 아직 분명하지 않으므로 좀 더 설명할 필요가 있다.

지폐는 여러 종류로 나뉜다. 은행이나 은행가의 어음이 가장 잘 알려져 있으며 또한 이 장에서 알아보려는 목적에 가장 적합하다.

만약 특정 은행가가 특정 국민에게 약속어음을 제시했을 때 언제라도 그 요구에 따라 지불하리라고 믿을 만큼 은행가의 재산, 정직성, 신중함을 보고 상대방이 깊게 신뢰하는 경우 그 어음은 금화나 은화와 같은 통화가 된다. 그러한 화폐는 언제나 금화나 은화로 교환될 수 있다는 신뢰가 있기 때문이다.

어떤 은행가가 자기 고객들에게 10만 파운드에 달하는 약속어음을 대부해준다고 가정해 보자. 그 어음들은 화폐의 모든 목적에 부합하므로 채무자들은 은행가가 같은 액수의 화폐를 빌려준 것처럼 은행가에게 이자를 지불한다. 이 이자는 은행가가 얻는 이득의 원천이다. 그 어음들 중 일부는 상환을 요구하며 은행가에게 지속적으로 돌아오지만 일부는 몇 달 혹은 몇 년간 계속 유통된다. 그러므로 은행가의 어음이 전체적으로는 10만 파운드 정도 유통되고 있지만 간헐적인 지불 요구에 대처하는 데에는 금화와 은화로 2만 파운드만 보유해도 충분하다. 이러한 운용방식에 따라 금화와 은화로 이루어진 2만 파운드가, 10만 파운드가 수행할 수 있는 역할을 충분히 해내게 된다. 금화 및 은화 10만 파운드로 이루어질 교환이 10만 파운드짜리 약속어음으로 동일하게 이루어질 수 있다. 즉 금은 통화로 소비 가능한 재화 수효와 동일하게 약속어음으로 적절한 소비자에게 유통되고 배분될 수 있는 것이다. 이러한 방식에 따라 금화 및 은화 8만 파운드가 국가의 유통에서 절약될 수 있다. 그리고 만약 이런 방식을 여러 은행과 은행가가 동시에 시행한다면 전체 유통은 그렇지 않은 경우와 비교하여 금은의 $\frac{1}{5}$ 만으로 이루어질 수 있다.

예를 들어 어떤 특정 국가의 총화폐량이 특정 시기에 1백만 파운드이며 이 금액은 연간 토지와 노동 생산물을 유통시키는 데 충분하다고 가정하자. 또한 얼마 후 여러 은행과 은행가들이 소지자에게 지불하는 약속어음을 1백만 파운드 정도 발행하고 간헐적인 상환 요구에 대처하고자 금고에 남겨둔 금은 통화가 20만 파운드라고 가정하자. 그렇다면 금은 통화 80만 파운드와 어음 100만 파운드, 즉 지폐와 화폐를 모두 합해 총 180만 파운드가 유통되는 셈이다. 하지만 그 나라의 토지와 노동 생산물이 유통되고 소비자에게 분배되는 데에 이전에 100만 파운드만 필요했다면, 통화 발행이 일어난 후에도 동일하게 유통 과정에는 100만 파운드면 충분할 것이다. 왜냐하면 연간 생산물이란 이러한 은행 조작에 따라 즉각 증가할 수 있는 부분이 아니기 때문이다. 매매되는 재화가 이전과 완벽하게 동일하므로 그것을 매매하는 데는 동일한 화폐량으로도 충분하다. 이런 말을 써도 될지 모르지만, 유통의 수로(channel of circulation)는 이전과 정확히 같을 것이다. 이 수로를 채우기 충분한 양이 1백만 파운드라고 가정할 때 얼마이건 그 이상으로 수로에 쏟아부으면 흐르지 못하고 넘쳐버릴 것이다. 이 수로에 쏟아부은 금액이 180만 파운드이다. 그러므로 80만 파운드는 그 나라의 유통에서 수용될 수 있는 금액을 넘어서기 때문에 넘쳐버릴 것이다. 그러나 그것이 국내에서 쓰일 수 없어 통용하지 않고 놔두기에는 너무 귀중하다. 그리하여 국내에서는 발견할 수 없는 수익성을 찾아 외국으로 내보낼 것이다. 그러나 어음은 외국으로 나갈 수 없다. 왜냐하면 어음을 발행한 은행에서 멀리 떨어진 곳이나 어음 지불을 법으로 인정하는 국가가 아닌 곳에서는 통상적인 지불로 받아들이지 않기 때문이다. 그러므로 금은 통화 80만 파운드가 내보내질 것이고 국내 유통의 수로는 이전에 수로를 채웠던 100만 파운드의 금속 대신 100백만 파운드의 지폐가 채워져 흐를 것이다.

그러나 그렇게 많은 양의 금과 은이 국외로 내보내졌을지라도 우리는 그것이 아무런 보상 없이 내보내졌다거나, 소유자들이 외국에 선물을 보낸 것쯤으로 여겨서는 안 된다. 그 소유자들은 외국이나 자국의 소비를 충족시키기 위해 그 금은을 여러 외국 재화들과 교환할 것이다.

그들이 금은으로 외국에서 재화를 구매하여 또 다른 외국에서 요구하는 소비에 맞추어 공급한다면, 즉 이른바 중계무역(中繼貿易)을 한다면, 그들이 얻는 이윤은 자국의 순수입을 증가시키게 될 것이다. 이것은 새로운 사업을 수행하기 위해 창출된 새로운 재원과 같다. 국내 사업은 이제 지폐로 이루어지고 금은은 새로운 무역의 재원으로 사용되기 때문이다.

만약 그들이 금은을 국내 소비를 위해 외국 상품을 사들이는 데 사용한다면, 두 경우 중 하나일 것이다. 하나는 아무런 생산활동을 하지 않고 놀고먹는 사람들이 소비하도록 외국산 와인, 외국산 실크 등의 상품을 구매하는 것이고, 둘째는 이윤을 창출하면서 연간 소비의 가치를 위해 재생산하는 근면한 사람들을 더 고용하기 위해 원료, 도구, 식료품을 추가적으로 구매하는 것이다.

금은이 첫째 방식으로 사용된다면 생산은 늘리지 않고 낭비를 촉진하여 소비와 비용만 증대시킨다. 그리고 그 비용을 충당할 영구적인 재원을 준비하지 않기 때문에 모든 면에서 사회에 해를 입힌다.

둘째 방식으로 쓰인다면 금은이 산업을 발전시킨다. 비록 사회의 소비를 늘리지만 그 소비를 지탱할 영구적인 재원도 마련한다. 소비하는 사람들은 이윤을 창출하며 자신들의 연간 총소비량을 재생산한다. 사회의 총수입, 즉 토지와 노동의 연간 총생산량은 노동자들이 사용한 원료에 노동을 가하여 창출한 부가가치만큼 증가된다. 또한 노동자의 순수입 역시 작업에 필요한 도구나 기계를 유지하는 비용을 공제한 나머지 가치만큼 증가된다.

은행의 운용방식에 따라 국내 소비를 증진하려 외국 재화를 구입하는 데 사용되는 금은은 대부분이 두 번째 경우와 같이 사용된다. 또 이렇게 사용되는 것이 타당할 뿐만 아니라 불가피해 보인다. 몇몇이 때때로 자신의 수입이 전혀 늘어나지 않아도 과소비를 할 수 있지만 계층과 직업을 막론하고 그러한 경우가 거의 없다고 확신한다. 왜냐하면 언제나 모든 개인이 일반적인 검약의 원칙에 따라 행동하는 것은 아니지만, 계급과 계층을 막론하고 대다수 사람들은 그 원칙에 따라 행동하기 때문이다. 그러나 놀고먹는 사람들을 한 계급 혹은 계층으로 볼 때 그들의 수입이 이러한 은행 운용방식으로 인해 증가될 리는 조금도 없다. 따라서 그들 가운데 몇몇의 지출은 증가할 수 있고 실제로도 종종 증가했지만 전반적으로 그들의 지출이 은행의 운용방식 때문에 증가하는 일은 없다. 따라서 게으른 사람들을 대상으로 한 외국 재화는 그 수요가 이전과 같거나 이전 수준에서 크게 벗어나지 않으므로 이러한 재화를 구입하는 데 사용되는 화폐량은 매우 적을 것이다. 화폐 대부분은 자연히 게으른 사람들의 소비를 유지하는 데가 아니라 근면한 사람들을 고용하는 데에 사용될 것이다.

자본의 축적과 생산적 노동 및 비생산적 노동

(제3장)

노동 중에는 그것이 투입된 대상의 가치를 올리는 노동이 있는가 하면 전혀 그렇지 못한 노동도 있다. 전자는 가치를 생산하므로 생산적인 노동이며 후자는 비생산적 노동이라고 할 수 있을 것이다. 일반적으로 제조공이 하는 노동은 그가 가공한 원자재의 가치, 자신의 생활비, 고용주의 이윤을 증대시킨다. 이와는 달리 가사를 돕는 하인의 노동은 아무런 가치도 부가하지 못한다. 제조공이 고용주에게 임금을 지급받기는 하지만, 고용주에게는 사실상 아무런 비용이 발생되지 않는다. 제조공이 받는 임금은 노동이 투입된 대상이 이윤과 함께 가치가 증대되어 회수되기 때문이다. 그러나 가사를 돕는 하인을 유지하는 비용은 결코 회수되지 않는다. 제조공을 고용하면 부를 늘릴 수 있지만 집안일을 돕는 하인을 늘려서는 빈곤해질 뿐 부를 늘릴 수 없다. 물론 후자의 노동도 가치가 있으며 전자처럼 보수를 받는다. 하지만 제조공의 노동은 노동이 투입된 뒤에도 적어도 얼마동안 존속하는 어떤 물건이나 판매 가능한 상품에 실현되어 남아 있다. 말하자면 그 상품은 다른 경우의 고용에 필요한 노동량을 저장하고 비축하고 있는 것이다. 그 상품으로, 같은 말이지만 그 상품으로 가격을 치루고, 처음 그것을 생산한 것과 같은 양의 노동을 나중에 필요에 따라 획득할 수 있는 것이다. 반면 하인의 가사 노동은 어떤 특정 물건이나 판매 가능한 상품에 실현되어 남아 있는 것이 아니다. 그의 노동은 보통 그것이 수행된 바로 그 순간 소멸된다. 나중에 같은 양의 서비스를 획득할 수 있는 흔적이나 가치를 남기는 일이 거의 없다.

사회에서 가장 존경받는 계층에서 이루어지는 노동도 하인의 노동과 마찬가지로 가치를 생산하지 않는다. 또 노동이 완료된 후에도 존속되고 나중에 같은 양의 노동을 획득할 수 있는 어떤 영속적인 물건이나 판매 가능한 상품으로 남거나 실현되지 않는다. 예를 들어 국왕을 비롯하여 휘하에 있는 모든 사법 및 군사 관료, 그리고 육해군은 모두 비생산적 노동자이다. 그들은 국가의 공무원으로, 국민들이 생산한 연간 생산물의 일부로 유지된다. 그들의 일이 아무리 명예롭고, 유용하고, 필요할지라도 결과적으로는 추후에 동일한 노동량을 얻을 수 있는 어떤 물건도 생산하지 못한다. 그들이 한 해에 수행해 낸 국가의 보호, 안전, 국방으로 다음 해의 국가의 보호, 안전, 국방을 구매할 수 없다. 이와 같은 직업군에는 보통 근엄하게 여기는 직업과 예능 계통의 직업이 여기에 속한다. 전자에는 성직자, 판사, 의사, 모든 종류의 문필가 등이 있고, 후자에는 배우, 광대, 음악가, 오페라 가수, 무용수 등이 있다. 예능 계통의 노동도 일정한 가치를 가지며 여타 노동에 적용되는 것과 마찬가지로 동일한 원리에 따라 가치가 정해진다. 근엄하게 여기는 직업의 노동 또한 나중에 동일한 노동량을 구입하거나 얻을 수 있는 물건을 생산하지 못한다. 배우의 대사나 웅변가의 열변, 음악가가 내는 소리처럼 이들 모두의 일은 생산된 바로 그 순간 사라져 버린다.

생산적 노동자, 비생산적 노동자, 그리고 전혀 노동하지 않는 사람들 모두 그 나라의 토지와 노동의 연간 생산물로 유지된다. 이 생산물이 아무리 많더라도 무한할 수는 없으며 한계가 있기 마련이다. 따라서 해마다 비생산적 인구를 먹여 살리는 데 들어간 비중에 따라서 생산적인 일에 지원할 수 있는 금액이 적을 수도 많을 수도 있다. 또 그에 따라 다음 해의 생산량이 많을 수도 적을 수도 있다. 땅에서 자생적으로 나오는 생산물을 제외하면, 연간 총생산물은 생산적 노동에 따른 결과물이기 때문이다.

각 국가의 토지와 노동의 연간 총생산물은 의심할 여지없이 궁극적으로는 국민의 소비를 충당하는 것이고, 그들에게 수입을 가져다주기 위한 것이다. 그러나 처음에 토지에서 나왔건, 생산적 노동자의 손에서 나왔건, 그것은 자연스럽게 두 부분으로 나뉜다. 우선 그중 가장 큰 부분은 자본을 교체하는 것, 즉 자본에서 빠져나간 식료품, 원료, 완제품을 새롭게 만드는 데에 쓰인다. 또 다른 부분은 자본 소유자에게는 이윤 형태의 수입, 지주에게는 지대 형태의 수입으로 돌아간다. 그렇기 때문에 토지 생산물 가운데 일부는 차지인의 자본을 교체하는 데 쓰이고, 또 일부는 차지인의 이윤과 토지소유자의 지대가 됨으로써 자본소유자에게는 자산이윤으로서, 그리고 지주에게는 지대로서 수입을 형성한다. 대형 제조업의 생산물도 같은 방식에 따라 항상 가장 큰 부분은 기업가의 자본을 교체하는 데 쓰이고, 다른 부분은 그에게 이윤을 가져다줌으로써 이 자본소유자에게 수입을 제공하게 된다.

한 국가의 노동과 토지 생산물 중 자본을 교체하는 부분은 생산적인 노동자가 아닌 사람을 유지하는 일에 직접 사용되는 일은 없다. 오직 생산적인 노동자의 임금만 지불한다. 그러나 이윤이나 지대로서의 수입을 구현하는 데 직접적으로 사용되는 부분은 생산적인 노동자이든 비생산적인 노동자이든 구분하지 않고 그들을 유지하는 데 쓰일 수도 있다.

자산의 어떠한 부분을 자본으로 사용하든지, 소유자는 그것이 항상 이윤과 함께 교체되길 기대한다. 따라서 그는 자본을 생산적인 일손을 유지하는 데만 사용한다. 자산이 그렇게 자본기능을 하면 그것은 생산적 노동자들에게 수입을 제공하게 된다. 그 자산의 어떤 부분이라도 비생산적인 노동자를 유지하는 데 쓰는 경우, 바로 그 순간부터 그 부분은 그의 자본에 들어가지 않고 직접적인 소비를 위한 자산에 편입된다.

비생산적 노동자나 전혀 노동을 하지 않는 사람은 아래 살펴볼 두 가지 수입 중에 한 가지로 유지된다. 첫째는 연간 생산물 중 원래부터 토지의 지대나 자산의 이윤으로서 특정인의 수입으로 들어가는 부분이다. 둘째는 원래는 자본을 교체하여 생산적 노동자들만 유지하는 데 쓰이도록 되어 있었지만, 그것이 생산적 노동자의 손에 들어온 이후 그중 생활에 필요한 수준을 초과한 부분이 생산적이건 비생산적인 사람이건 구분하지 않고 그들을 유지하는 데 쓰이는 부분이다. 그리하여 대지주나 부유한 상인뿐만 아니라 일반 노동자도 임금이 상당히 많다면 가사를 맡길 하인을 둘 수 있다. 또는 때때로 연극이나 인형극을 보러 갈 수도 있는데, 이를 통하여 비생산적 노동자들의 생계유지에 도움을 주기도 한다. 또한 세금을 납부함으로써 명예롭고 중요한 직업이지만 역시나 비생산적인 부류에 속하는 또 다른 무리를 유지하게 한다. 그러나 연간 생산물 중 원래 자본을 교체하는 데 할당되던 부분은 모든 생산적 노동을 움직이게 한 이후, 즉 모든 것이 목적대로 사용된 이후가 아니라면 비생산적인 노동자에게 쓰이지 않는다. 노동자 대부분은 일을 하여 임금을 벌고 나서야 그 임금의 일부를 비생산적인 노동자에게 쓸 수 있다. 물론 쓸 수 있는 부분은 매우 적다. 이는 여분의 수입일 뿐이며, 생산적인 노동자들이 여분의 수입을 많이 갖기는 매우 어렵다. 그럼에도 불구하고 그들은 일반적으로 조금씩은 가지고 있고, 내는 세금도 적다. 물론 노동자 수가 많아 노동자들이 내는 세금을 합한 전체 금액이 적지는 않다. 그래서 어느 국가에서나 비생산적인 사람들이 먹고살 수 있는 주 원천은 자산에 대한 이윤과 토지에 대한 지대다. 이 두 가지가 일반적으로 그 소유자들이 수입 중 가장 많이 남겨 놓을 수 있는 종류이다. 그것들은 생산적인 사람과 비생산적인 사람을 구별하지 않을 수도 있다. 하지만 통상적으로 비생산적인 사람들을 약간 편애하는 듯하다. 대영주의 지출 형태만 보더라도 보통 생산적인 사람보다는 비생산적인 사람에게 더 도움이 되기 때문이다. 부유한 상인도 자기 자본으로는 생산적인 사람만 부양하지만 그의 지출, 즉 자신의 수입을 사용하는 데에는 대영주와 같이 비생산적인 사람들을 먹여 살리는 데 이바지하는 경우가 많다.

그러므로 생산적인 노동자층과 비생산적인 노동자층 간의 비율은 어느 나라에서건 연간 생산물 중에서 자본을 교체하는 부분과 지대나 이윤으로서 수입에 들어가는 부분, 이 두 부분 간의 비율에 지배받을 수밖에 없다. 이 비율은 부유한 국가와 가난한 국가 사이에 차이가 크다.

그리하여 현재 부유한 유럽 국가들에서는 토지 생산물이 부유한 자영농부의 자본을 교체하는 데 제일 많이 쓰이도록 되어 있고, 다른 부분이 그의 이윤과 지대로 돌아간다. 그러나 예전에 봉건 통치가 만연하던 시절에는 생산물 중 극히 일부만을 경작에 사용된 자본을 교체하는 데 사용했다. 자본이라고 해 봐야 대개 비루한 소나 말 같은 가축 몇 마리에 불과했다. 그 가축들은 개간되지 않은 땅에서 자생적으로 자란 풀을 먹었기에 어쩌면 자생적 생산물의 일부로 간주되었을지도 모른다. 그 자본 역시 영주 소유였고 토지사용자에게 대여해주는 방식으로 사용했다. 나머지 모든 생산물도 토지 지대나 가축 자본을 이용한 이윤으로서 당연히 영주 소유였다. 토지사용자들은 일반적으로 농노였고, 그의 신체와 소유물도 모두 영주의 재산에 속했다. 농노가 아닌 사람들은 임의해약 소작인(tenants at will)이었다. 그들이 지불하는 지대는 명목상으로는 면역지대(免役地代, quit-rent, 부역 대신 납부하는 지대-역자주)보다 약간 많았지만 실제로는 토지의 전체 생산물에 달했다. 영주는 언제라도 그들에게 평화시에는 노동을, 전시에는 병역을 명령할 수 있었다. 그들은 영주와 멀리 떨어진 곳에서 살았지만 영주 집에서 함께 사는 영주의 하인들과 마찬가지로 영주에게 종속되었다. 토지에서 나는 모든 생산물은 의심할 여지없이, 그것을 먹고 사는 사람들의 노동과 병역을 마음대로 처리할 수 있는 영주의 소유물이었다. 현재 유럽에서는 지주의 몫이 토지 생산물의 $\frac{1}{3}$을 넘는 경우가 거의 없으며, $\frac{1}{4}$도 채 안 될 때가 있다. 그러나 오늘날 일구어진 모든 지방의 토지는 그 지대가 봉건시대와 비교하여 3~4배 가량 뛰었다. 또한 현재 지대로 책정된 연간 생산물의 $\frac{1}{3}$~$\frac{1}{4}$분량은 옛날의 전체 생산량보다 오히려 3~4배 많은 듯하다. 발전이 이루어지는 과정에서 지대가 규모로는 증가하였지만 토지 생산물과의 비율 면에서는 감소하였다.

유럽의 부유한 국가에서는 현재 막대한 자본이 상업과 제조업에 쓰이고 있다. 과거 국가에서는 매우 적은 자본이 작은 규모의 상업과 가내의 조악한 제조업에 쓰였다. 그럼에도 불구하고 이들은 큰 이윤을 낳았던 것이 분명하다. 이자는 어디서나 10% 이하로 내려가지 않았다. 발생하는 이윤은 분명 이러한 높은 이자를 감당하기에 충분했을 것이다. 오늘날 유럽의 발전된 지역에서 이자가 6% 이상 되는 곳이 없고 매우 발전한 지역에서는 2~4% 정도로 낮은 곳도 있다. 국민의 수입을 차지하는 부분 중 자산 이윤에서 발생하는 수입 비중이 가난한 나라보다는 늘 부유한 나라에서 훨씬 큰데, 그 이유는 자산이 훨씬 많기 때문이다. 그러나 자산 대비 이윤은 일반적으로 훨씬 적다.

따라서 자본을 교체하는 데에 토지나 생산적 노동자에게서 나오는 연간 생산물이 바로 투입되는 정도는 가난한 국가보다 부유한 국가가 훨씬 많다. 그뿐만 아니라 그 자본은 지대 수입이나 이윤 수입에 들어가는 부분보다 훨씬 큰 비율을 차지한다. 생산적 노동자를 유지하는 데 사용될 재원의 규모 역시 가난한 국가보다 부유한 국가에서 훨씬 크다. 이 재원은 생산적인 사람이나 비생산적인 사람을 유지하는 데 사용될 수도 있지만, 일반적으로 비생산적인 사람들을 위한 재원보다는 훨씬 큰 비율을 차지한다.

그런 재원 간의 비율은 반드시 어느 나라에서건 그 나라 국민의 특성이 대체로 부지런한지 게으른지를 결정한다. 우리는 우리 조상들보다 부지런하다. 그 이유는 현재 부지런한 사람들을 유지하는 데 쓸 재원이 2, 3세기 전 게으른 사람들을 유지하는 데 들어간 재원에 비해 훨씬 많은 비중을 차지하고 있기 때문이다. 우리 조상들은 게을렀다. 부지런함에 대한 동기유발이 충분하지 않았기 때문이다. 속담에도 "거저 일할 바에는 노는 것이 낫다"라는 말이 있지 않은가. 영국과 네덜란드의 도시 대부분에서 볼 수 있듯 주로 자본을 사용하여 먹고사는 상공업 도시에서는 하층민도 대체로 부지런하고 성실하며 부유하다. 한편 로마나 베르사유(Versailles), 콩피에뉴(Compiegne), 퐁텐블로(Fontainebleu)에서처럼 주로 영구적 또는 일시적으로 궁정의 소재지가 되어 그것 때문에 유지되는 도시, 그리고 주로 세입지출 때문에 유지되고 있는 도시에서는 하층민들이 대개 게으르고 방탕하며 가난하다. 루앙(Rouen)과 보르도(Bordeaux)를 제외하면 프랑스의 행정도시에는 상업이나 산업이 거의 발달해 있지 않다. 하층민들은 주로 재판소에 간청하러 오는 이들이 지불하는 비용으로 먹고살아가는데, 대체로 게으르고 가난하다. 루앙과 보르도의 상업이 성한 이유는 위치 요소가 크게 좌우하는 듯하다. 루앙 지역은 대도시인 파리의 소비를 목적으로 외국과 해안 지방으로부터 각종 상품이 들어오는 곳에 위치해 있다. 보르도 지역 역시 가론 강(Garonne)과 그 줄기가 이어진 여러 하천의 강변 지역에서 생산된 와인들이 모이고 흩어지는 집산지이다. 이곳은 세계에서 가장 부유한 와인 생산지로 수출에 가장 적당한 와인, 즉 외국인 입맛에 가장 잘 맞는 와인을 생산하는 곳이다. 이런 지리적 이점이 거대한 자본을 끌어들였다. 이러한 자본 사용에 따라 두 도시의 산업이 발달하게 된 것이다. 프랑스의 다른 행정 도시들에서는 도시 자체 소비를 충당하는 데 자본이 필요 이상으로는 거의 사용되지 않는 듯하다. 파리, 마드리드, 비엔나도 사정은 마찬가지다. 이 셋 중 파리가 가장 산업화되어 있다. 그러나 파리 자체가 파리에 위치한 모든 제조업의 주된 시장이며, 파리에서 이루어지는 소비가 파리 내 모든 상업의 주요 목표이다. 아마도 유럽에서 궁정이 소재하고 있으면서 동시에 상업도시로 발달한 도시는 런던, 리스본, 코펜하겐뿐일 것이다. 즉 이 세 도시가 자체 소비뿐만 아니라 외국이나 다른 도시의 소비를 대상으로 상업이 활발히 이루어지고 있는 도시이다. 세 도시 모두 원거리 소비가 이루어지는 집산지가 되기에 적합한 지리적 이점을 가지고 있다. 막대한 세입이 지출되는 도시에서 그 도시의 소비를 충당하는 것이 아닌 다른 목적으로 자본을 유리하게 사용하는 것은 하층민이 자본을 사용해 살아가는 길 이외에 달리 살아갈 길이 없는 도시에서보다 어쩌면 훨씬 더 어려울 것이다. 많은 사람들이 세입의 지출에 의존하여 살아가면서 발생한 게으름은 자본을 사용하여 먹고살아야 하는 사람들의 부지런함을 타락시키며, 그런 지역에서 자본을 사용하는 것이 오히려 더 불리하게끔 만든다. 에든버러에는 합병 이전에 상업이나 산업이 거의 없었다. 그러나 스코틀랜드 의회가 더 이상 그곳에서 열리지 않고, 스코틀랜드 상류층과 귀족의 주 거주지로서의 역할이 중단되자 상업과 산업이 점차 발달하게 되었다. 하지만 지금도 그곳은 스코틀랜드 법원과 국세청, 관세청 등이 위치한 주요 소재지다. 따라서 상당량의 세입이 그곳에서 쓰이고 있다. 상공업에 있어서 에든버러는 주민들이 주로 자본을 사용하여 생활하는 글래스고(Glasgow)보다 훨씬 뒤떨어진다. 제조업에서 상당한 발전을 이룬 큰 마을의 주민들이 인근에 대영주가 주거한 이후 게으르고 가난해지는 걸 이따금 볼 수 있다.

그러므로 어디서든 자본과 세입의 비율이 부지런함과 게으름의 비율을 결정하는 듯 보인다. 자본 비율이 높은 곳에서는 주민의 특성이 대체로 부지런하지만, 세입 비율이 높은 곳에서는 대부분 게으르다. 따라서 자본의 증감은 당연히 실제 노동량, 생산적 노동자의 수, 그리고 결과적으로 그 나라의 토지와 노동에 따른 연간 생산량의 교환가치, 즉 모든 주민의 부와 수입을 증감시키는 경향이 있다.

자본은 절약하면 증가하고, 낭비하거나 잘못 사용하면 감소한다.

사람이 자신의 수입에서 얼마를 저축하건 저축 자체가 그의 자본을 늘린다. 그리고 그가 스스로 생산적인 노동자를 몇 명 더 고용하는 데 그것을 사용하거나 이자를 받고 빌려주어 다른 사람이 그렇게 하도록 할 수 있다. 개인의 자본이 연간 수입이나 연간 소득 중에서 일정 부분을 저축해야만 증가하듯이 사회 구성원 전체의 자본을 아우르는 사회의 자본 역시 똑같은 방법으로만 증가한다.

자본 증가의 직접적 원인은 근면이 아니라 절약이다. 사실 근면하면 절약하여 축적할 것이 생긴다. 그러나 근면으로 무엇을 획득하든지 그것을 절약하여 저축하고 모으지 않는다면 자본은 결코 증가하지 않을 것이다.

절약은 생산적인 노동자를 유지할 수 있는 자금을 증가시킴으로써 그 노동자의 수를 늘려 노동이 투입되는 대상의 가치를 높이는 경향이 있다. 그러므로 절약은 국가 내 토지와 노동에 따른 연간 생산물의 교환가치를 증가시키는 경향이 있다. 절약은 더 많은 노동량을 활동시켜 연간 생산물의 가치를 높인다.

매년 저축되는 것은 매년 지출되는 것에 따라 일정하게 소비되며 저축과 거의 동시에 소비되기도 한다. 그러나 그것을 소비하는 사람들은 다른 부류의 사람들이다. 부유한 사람은 수입의 일부를 대개 놀고먹는 손님이나 가사 노동을 하는 하인들에게 지출하여 소비한다. 그러나 이러한 소비로 남는 것은 아무것도 없다. 부유한 사람들이 수입 가운데 저축하는 부분은 즉각 이윤을 위한 자본으로 사용되면서 다른 사람들, 즉 노동자, 제조업자, 수공업자들이 그것을 거의 동시에 이윤을 내는 목적으로 소비하게 된다. 거의 저축과 동시에 소비가 이루어지는 것이다. 그러나 이들은 이윤을 내며 연간 소비를 재생산해 낸다. 부유한 사람의 수입이 화폐로 지불된다고 가정하자. 만일 그가 수입 전액을 지출했다면 그 전액으로 구매할 수 있었던 의식주는 놀고먹는 손님이나 하인들에게 돌아갔을 것이다. 그러나 만일 그 일부를 저축했다면 그 부분은 이윤을 목적으로 즉시 자신이나 다른 사람들이 자본으로 사용할 수 있기 때문에 그것으로 구입되는 의식주는 당연히 노동자, 제조업자, 수공업자들에게 돌아갈 것이다. 소비는 동일하지만 소비하는 사람들이 다른 것이다.

절약하는 사람은 매년 저축한 것으로 그 해나 다음 해에 더 많은 생산적인 노동자를 부양할 수 있다. 그뿐만 아니라 그는 공공 보호 시설을 설립한 사람처럼 앞으로도 줄곧 그만큼의 노동자를 부양할 수 있는 영구적인 재원을 마련하는 것이나 다름없다. 사실 이 영구적인 재원의 분배와 용도는 어떤 명시적인 법이나 어떤 신탁권, 영구양도증서(부동산을 종교단체 등에 영구 양도한다는 증서 – 역자주)로 반드시 보장된 것은 아니다. 그것을 보장하는 것은 암묵적이지만 언제나 강력하게 작용하는 원칙, 즉 그것의 일정한 몫을 소유하게 되는 분명하고도 명백한 개인의 이익이다. 이 재원의 일부분이라도 훗날 처음 목적과는 다르게 생산적인 사람들이 아닌 사람들을 부양하고자 사용하는 사람이 있다면 그는 분명히 손해를 입을 것이다.

낭비자는 다음과 같이 재원을 남용한다. 그는 지출을 수입 범위 내에 제한하지 않고 자신의 자본을 허비한다. 종교 단체의 수입을 불경스러운 목적에 오용하는 사람처럼, 그는 조상들이 절약하여 근면한 사람들을 유지하는 데 쓰도록 남겨 놓은 재원을 놀고먹는 사람들에게 급여로 지급한다. 재원을 사용하는 것이 낭비자의 결정에 달려 있는 한 생산적인 노동자를 고용해야 할 재원이 줄어든다. 그렇게 되면 재원이 투입되는 대상의 가치를 늘릴 수 있는 노동량 또한 필연적으로 줄어든다. 그리하여 국가 전체적으로 토지와 노동에 따른 연간 생산물의 가치, 즉 주민의 실질적인 부와 수입이 감소된다. 어떤 사람의 낭비가 다른 사람들의 절약으로 상쇄되지 않는다면, 낭비자는 근면한 사람들이 벌어놓은 식량으로 게으른 사람들을 먹여 살리는 꼴로 자기 자신을 가난하게 만들 뿐만 아니라 나라를 빈곤에 빠뜨린다.

낭비자의 지출이 모두 국산품에만 쓰이고 외국 상품에는 전혀 지출되지 않더라도 사회의 생산적 재원에 대한 결과는 여전히 동일하다. 매년 생산적인 노동자들을 유지하는 데 쓰여야 할 생필품 일정량이 비생산적인 사람들을 먹여 살리는 데 들어갈 것이다. 그러므로 매년 국가의 토지와 노동 생산물의 가치가 상당히 감소할 것이다.

혹자는 이러한 지출이 외국의 재화를 구입하는 데 들어가지도 않고 금은의 유출을 야기하지도 않기 때문에 이전과 똑같은 양의 화폐가 국내에 남는 것이라고 말할지도 모르겠다. 그러나 비생산적인 사람들이 소비한 식량과 의복이 생산적인 사람들에게 배분되었더라면, 그들은 자신이 소비한 것의 가치만큼을 이윤과 함께 재생산했을 것이다. 이 경우 화폐량이 국내에 동일하게 남을 뿐만 아니라 동일한 가치의 소비재가 재생산되었을 것이다. 즉 가치가 증가하여 하나가 아닌 둘이 되는 것이다.

그뿐만 아니라 연간 생산물의 가치가 줄어드는 나라에서는 화폐량이 오래도록 동일하게 남아 있을 수 없다. 소비재를 유통시키는 것이 화폐의 유일한 용도다. 그 수단을 통해 식료품, 원료, 완제품이 사고 팔리며 적절한 소비자에게 배분되는 것이다. 그러므로 한 국가에서 연간 사용될 수 있는 화폐의 양은 국가 내에서 연간 유통된 소비재의 가치에 따라 결정되지 않을 수 없다. 소비재는 토지와 노동의 직접적인 생산물이거나 그 생산물의 일부로 구매하여 구성할 수밖에 없다. 따라서 생산물의 가치가 감소함에 따라 소비재의 가치 역시 떨어질 수밖에 없으며 그것들을 유통시키는 데 든 화폐의 양도 함께 줄어들 수밖에 없다. 이렇게 해마다 생산물이 감소하여 국내 유통에서 퇴출된 화폐가 그냥 놀고 있지는 않을 것이다. 누구건 그것을 소지한 사람의 이해관계에 따라 사용될 것이다. 그러나 국내에서는 쓰일 데가 없기 때문에 법으로 금지함에도 불구하고 외국에 내보내 국내에서 약간 쓸모 있는 소비재를 구입하는 데 쓸 것이다. 이러한 연간 유출은 한동안 지속되어 그 나라의 연간 소비가 국내의 연간 생산량을 초과하게 될 것이다. 번영기에 연간 생산물에서 일부 저축하여 그것으로 구매해 놓은 금은은 쇠퇴기에 소비를 지탱하는 데 일시적으로 도움이 될 것이다. 이 경우 금은(화폐)의 유출은 쇠퇴의 원인이 아니라 결과이며 일시적으로 쇠퇴에 따른 어려움을 완화해 줄 수도 있다.

반대로 화폐량은 어느 나라에서든 연간 생산물의 가치가 증가하면 자연히 증가한다. 한 사회에서 매년 유통되는 소비재의 가치가 더 커지면 이를 유통시킬 화폐가 더 많이 필요하게 된다. 그러므로 증대된 생산물의 일부는 자연스럽게 생산물을 유통시키는 데 더욱 많이 필요하게 된 금은을 구매하는 데 쓰일 것이다. 이 경우 화폐량의 증가는 번영의 결과이지 원인이 아니다. 금은이 구매되는 방식은 어디서든 같다. 영국에서도 페루에서도, 금은을 광산에서 시장으로 가져오기까지 노동력과 자산을 투입한 사람들의 의식주, 즉 수입과 생활비가 금은에 지불되는 가격이다. 이 가격을 지불할 수 있는 나라가 곧 필요한 만큼의 금은을 보유하게 될 것이며, 어느 나라도 필요하지 않는 금은을 오랫동안 보유하는 일은 결코 없을 것이다.

그러므로 한 나라의 실제 부와 수입을 단순하게 생각하여 토지와 노동이 매년 생산한 가치라고 보든, 통속적인 편견에 따라 국내에 유통되는 귀금속의 양이라고 하든 무엇이라 여겨도, 낭비하는 모든 사람은 공공의 적이고 절약하는 사람은 공공의 선이다.

방만한 경영에 따른 결과는 흔히 낭비로 빚어지는 결과와 동일하다. 농업, 광업, 수산업, 무역, 제조업 등 업종을 가리지 않고, 무분별하고 대책 없이 세운 사업계획은 낭비와 마찬가지로 생산적 노동자를 유지하는 데 들어갈 재원을 감소시킨다. 이러한 사업계획에서는 생산적 노동자들만이 자본을 사용할지라도 생산적 노동자들을 고용하는 방식이 무분별하기 때문에 그들이 소비하는 전체 가치만큼을 재생산하지 못한다. 그리하여 항상 사회 전체적으로 생산적 재원이 어느 정도 감소되는 결과가 초래된다.

물론 한 나라의 상태가 개개인의 낭비나 방만한 경영에 크게 영향받는 일은 거의 드물다. 대부분의 사람들의 검약과 성실한 행동은 언제나 몇몇 사람의 낭비나 무분별함을 상쇄하고도 남는다.

낭비에 대해서 살펴보면 지출은 향락에 빠지려는 욕망에서 비롯된다. 이 욕망은 매우 난폭하고 억제하기 힘들 때도 있지만 대부분 순간적이고 일시적이다. 그러나 저축은 우리의 처지를 개선하려는 욕구에서 비롯된다. 그 욕구는 대체로 차분하고 감정에 좌우되지 않으며 태내에서부터 우리와 함께 태어나서 무덤에 들어갈 때까지 우리를 떠나지 않는다. 태어나서 죽을 때까지, 어떤 개선이나 변화도 바라지 않을 만큼 자신의 처지에 완전히 만족해하는 사람은 없을 것이다. 재산을 늘리는 것은 대부분의 사람들이 자신의 처지를 더욱 개선하고자 할 때 계획하는 수단이다. 이는 세상에 널리 알려져 있는, 또 가장 명백한 수단이다. 재산을 늘릴 가능성이 가장 큰 방법은 정기적으로 매년 임금이나 특별한 경우에 얻은 소득의 일부를 저축하는 것이다. 그러므로 지출하려는 욕망이 거의 모든 사람에게 만연하고 어떤 이에게는 가득하다 하여도, 사람들 대부분은 생애를 통틀어 절약하려는 욕구가 더 지배적일 뿐만 아니라 매우 압도적이다.

방만한 경영에 관해 살펴보면, 사려 깊은 경영 방식으로 성공하는 기업이 무분별하여 실패로 끝나는 기업보다 그 수가 훨씬 많다. 빈번한 파산에 대한 우려에도 불구하고 이런 불행에 처한 사람은 무역이나 다른 모든 사업에 종사하는 사람들 전체에 비하면 아주 적다. 아마 1,000명 중 1명도 되지 않을 것이다. 파산은 아마도 아무 죄도 짓지 않은 사람에게 닥칠 수 있는 가장 치욕적인 재앙일 것이다. 그러므로 사람들 대다수가 파산을 면하려고 매우 조심한다. 물론 교수형에 처해도 피하려 하지 않는 사람이 있듯 자포자기한 채 파산을 피하려 하지 않는 사람도 있다.

한 나라가 결코 개인적인 낭비나 방만한 경영에 따라 가난해지지는 않지만 정부의 낭비나 방만한 운영으로는 그럴 수 있다. 정부수입의 전부 혹은 상당 부분은 대부분의 국가에서 비생산적인 사람들, 예컨대 왕실에 종사하는 직원, 성직자, 그리고 평상시는 물론 전시에도 자신들에게 발생하는 비용을 일절 생산하지 못하는 군인들을 부양하는 데 쓰인다. 스스로가 아무것도 생산하지 못하는 이들은 모두 다른 사람들의 노동 생산물로 부양된다. 따라서 그들의 수가 무분별하게 많아지면 생산물이 불필요하게 많이 소비되어 다음 해에 재생산해야 하는 생산적 노동자를 유지하는 데 부족하게 된다. 그러면 다음 해의 생산량은 전년도보다 적을 것이며, 이런 상황이 지속되면 내후년에는 또다시 전해보다 더 줄어들 것이다. 이는 여분의 수입 중 일부만으로 부양되어야 하는 비생산적 사람들이 전체 수입 중 너무 많은 부분을 소비하여 벌어지는 현상이다. 그렇게 되면 많은 사람들이 자본, 즉 생산적 노동을 유지하는 데 쓸 재원을 불가피하게 사용해야 한다. 끝내는 극심하고 강제적인 이러한 잠식 현상 때문에, 개개인이 절약하고 성실하게 경영하여도 허비되고 손실된 생산물을 더 이상 메우지 못하기에 이른다.

그러나 경험한 바에 따르면, 이런 개인의 절약과 성실한 경영은 대체로 개인적 낭비와 방만한 경영뿐만 아니라 정부의 공적인 낭비까지 메우기에 충분하다. 자신의 삶을 더 낫게 하려는 한결같고, 변함없고, 끊임없는 모든 노력은 개인적인 부를 넘어 공공과 국가의 부를 창출하는 원천이기도 하다. 그런 노력은 정부의 낭비와 치명적인 행정 실수에도 불구하고 발전을 향하여 원활히 진전하는 데 충분할 만큼 강력한 경우가 많다. 그것은 마치 질병이나, 의사의 엉터리 처방에도 불구하고 처음의 건강과 활력을 되찾는, 동물의 신체 능력에 관하여 밝혀지지 않은 원리와 같다.

한 나라의 연간 생산물의 가치를 증대시키려면 오로지 생산적 노동자의 수를 늘리거나 이미 고용되어 있는 노동자들의 생산력을 향상시키는 것 이외에는 다른 방법이 없다. 그러나 생산적 노동자를 부양할 재원이 증가하지 않는다면, 즉 자본이 증가하지 않는다면 고용을 많이 할 수 없다는 사실은 자명하다. 동일한 노동 인원으로 노동력을 향상시키려면 작업을 간소화하여 보다 쉽게 만들 도구나 기계를 개발하거나 또는 노동자의 역할을 세분화하고 그들을 알맞게 배치해야만 한다. 그 어느 경우에도 대체로 추가 자본이 필요하다. 추가 자본이 있어야만 고용주는 더 좋은 기계를 제공하거나 노동자들을 좀 더 알맞게 배치할 수 있다. 작업이 여러 공정으로 구성되어 있는 경우, 경우에 따라 한 노동자에게 여러 공정을 맡기는 것보다 노동자들이 각각 한 가지 작업에만 전념하도록 하는 데 자본이 더 많이 들어간다. 한 국가를 대상으로 서로 다른 두 시기를 비교해 보면, 옛날보다 후대에 그 나라의 토지와 노동의 연간 생산량 규모가 확실히 크다. 토지가 더 잘 경작되고, 제조업이 더 다양해지고 번성하며, 무역은 더 광범위하게 확대되었음을 알 수 있다. 이로써 우리는 두 시기 사이에 국가의 자본이 증가했다고 확신할 수 있는데, 이는 정부의 공적인 낭비나 개인의 방만한 경영이 갉아먹은 자본보다 또 다른 개인의 절약과 성실한 경영에 따라 더 많은 자본이 추가된 결과라고 확신할 수 있다. 그러나 비록 근검절약에 바탕을 둔 정부가 아니더라도 평화롭고 조용한 시기에는 대개 모든 나라에서 자본이 증가하는 현상을 볼 수 있다. 정확한 판단을 위해서 우리는 서로 상당히 떨어진 두 시기를 비교해 보아야만 한다. 진보는 보통 매우 느리게 진전되므로 가까운 시기를 견주어 살펴보면 그 발전이 감지되지 않는다. 그뿐만 아니라 전반적으로는 나라 전체가 호황기인데도 어떤 부문이나 일부 지방의 쇠퇴를 보고 나라 전체의 부와 산업이 병든 것은 아닌가 하는 의문을 가질 때가 있다.

예를 들어 현재 잉글랜드의 토지와 노동의 연간 생산물은 1세기 전 찰스 2세의 왕정복고 때보다 훨씬 많다. 현재 이 사실을 의심하는 사람은 없겠지만, 그 당시만 해도 거의 5년 주기로 국가 경제가 급속도로 기울며 인구가 줄어들었다. 게다가 농업이 방치되고 제조업은 쇠락하며 무역은 아예 전무하다는 사실이 수많은 출판물들을 통해 입증되었다. 이 출판물들은 대중에게 상당한 권위를 얻었다. 그렇다고 출판물들이 매수되거나 거짓을 퍼뜨리는 질 나쁜 당파적 산물도 아니었다. 대부분 매우 솔직한 지식인들이 썼는데, 그들은 자기가 믿는 사실 외에는 쓰지 않았고, 자신이 믿고 있다는 이유만으로 썼다.

그런데 이러한 왕정복고 때의 연간 생산물도 그보다 100년 전인 엘리자베스 여왕 즉위 시기와 비교해 보면 생각 이상으로 훨씬 많다는 사실을 알 수 있다. 물론 엘리자베스 여왕 즉위 시기에도 그로부터 약 1세기 전 요크가와 랭카스터가 간의 분쟁이 끝나가던 무렵보다 훨씬 큰 발전을 이루었다고 믿을 만한 이유가 충분히 있다. 더 이전 시기를 살펴보면 노르만의 정복 시기보다는 좋았고, 노르만의 정복 시기도 색슨 7왕국의 시기보다는 더 나았다. 이 시기 역시 줄리어스 시저가 침략했던 때보다는 훨씬 발전한 상태였다. 그때 주민의 삶은 북미 원주민들의 삶과 거의 같았다.

그러나 이러한 각각의 시기에도 개인 또는 공공 낭비, 고비용이 드는 불필요한 전쟁이 많아 생산적 인구에게 돌아가야 할 연간 생산물이 비생산적 인구에게 돌아가는 일이 잦았다. 그리고 때로는 내란이 일어나 혼란한 틈에 자산이 막대하게 낭비되고 파괴되기도 했다. 이것은 분명 순리대로 이루어졌을 부의 축적을 퇴보시켰을 뿐만 아니라 말기에 가서는 초창기보다 더 가난한 나라로 만들어 버렸다. 그렇다면 그중에 가장 평탄해 보이는 왕정복구 이후의 시기에는 어땠을까? 역시 이때에도 극심한 불경기를 초래하고 국가 상태를 전면적으로 마비시킬 무질서와 불운이 다수 발생했다. 런던의 페스트와 대화재, 두 번의 네덜란드 전쟁, 혁명에 따른 무질서, 아일랜드와의 전쟁, 1688년·1702년·1742년·1756년 총 네 번에 걸쳐 큰 비용을 치룬 프랑스와의 전쟁, 1715년과 1745년 두 차례에 걸친 폭동 등이 여기에 포함된다. 네 번의 프랑스 전쟁을 겪으면서 영국은 해마다 비정상적으로 필요했던 비용 외에도 1억 4,500파운드의 부채를 기록했으니 모두 합치면 족히 2억 파운드는 넘었을 것이다. 혁명 이후 국가의 연간 생산물 중 많은 부분이 기하급수적으로 발생한 비생산적 인구를 먹여 살리는 데 쓰였던 것이다. 이 전쟁들로 인해 거대한 자본이 이와 같은 특수한 경우로 쓰이지 않았더라면, 생산물 대부분은 자연히 생산적인 인구를 부양하는 데 쓰였을 것이며 그들의 노동은 이윤을 만들어 내고 자신들이 소비한 모든 것을 보충해 놓았을 것이다. 영국의 토지와 노동에 따른 연간 생산물의 가치는 그로 인해 해마다 눈에 띄게 증가했을 것이며, 그 증가는 다음 해, 또 그다음 해의 증가로 이어졌을 것이다. 더 많은 주택이 건설되었을 것이며, 더 많은 농지가 개간되었을 것이고, 이전에 개간된 경작지에서는 소출을 더 많이 냈을 것이다. 공장이 더 많이 설립되었을 것이고 이전에 설립된 공장은 더욱 확장되었을 것이다. 그리하여 나라의 실제 부와 수입이 얼마나 크게 성장했을지는 지금에 와서 상상하기조차 힘들 정도였을 것이다.

그러나 이토록 정부의 낭비가 부의 증진을 저해하고 발전을 지연시킨 것은 분명하지만, 완전히 멈추게 하지는 못했다. 현재 잉글랜드의 연간 생산량은 왕정복고 시기나 혁명 시기에 비해 분명히 많다. 그러므로 농경지를 경작하고 그 노동력을 유지하는 데 해마다 들어간 자본도 역시 훨씬 많아졌을 것이다. 정부가 혹독하게 수탈하여도 이 자본은 개인들의 절약과 성실 경영, 그리고 자신의 삶을 개선하려는, 지속적이며 중단 없는 노력을 통해 조용히, 점진적으로 쌓여 갔다. 이전 시대부터 줄곧 행해 왔던 풍요와 번영을 향한 잉글랜드의 진보를 유지하고, 또 앞으로도 계속 되리라고 기대할 수 있는 것은 오로지 이 노력이 가장 유리한 방식으로 행사되도록 법으로 보호받고 자유롭게 허용되었기 때문이다. 그러나 잉글랜드의 역대 정부가 검약한 적이 없었듯 국민 사이에서도 검약이 제대로 자리 잡힌 적이 없었다. 그리하여 역대 왕들과 대신들이 개인의 지출을 억제하겠다고 사치금지법이나 외국산 사치품 수입금지 규제 등으로 개인의 경제 활동을 감시하고 나섰는데, 이 규제야말로 최고로 뻔뻔하며 주제넘은 행동이다. 그들이야말로 언제나 그 어떤 예외도 없이 사회 최악의 낭비자였다. 자신 먼저 스스로 주의를 기울이고, 국민 개개인의 지출은 각자에게 믿고 맡겨야 한다. 그들이 낭비하여 나라를 망하게 하지 않는 한 단언컨대 백성이 결코 망하게 하는 일은 없다.

절약은 국가 자본을 증진하고 낭비는 국가 자본을 감소시킨다. 한편 사람들이 수입만큼 지출하는 방식은 자본을 축적하지도 않고 잠식하지도 않아 국가의 자본을 증진하지도 감소시키지도 않는다. 그러나 국가의 부를 증진하는 데 더 많이 기여하는 지출 방식이 있다.

개인의 수입은 즉시 소비되는 것, 즉 어느 날의 지출이 다른 날의 지출을 절감하지도, 또는 보조하지도 않는 것에 쓰이거나, 내구성이 좋아 오래 가는 것, 즉 축적되거나 선택에 따라서는 다음 날의 소비 효과를 증대하고 보충하거나 완화하는 것에 쓰일 수도 있다. 예를 들어 돈 많은 사람은 식탁을 풍성하게 차리려 사치를 부리고 수많은 하인과 개, 말 등을 부양하는 데 자신의 수입을 쓸 수 있다. 아니면 검소한 식탁에 만족하고 하인도 없이 집과 시골의 별장을 꾸미고, 훌륭하고 잘 꾸며진 건물이나 가구에, 그리고 책, 조각, 그림들을 수집하는 데 쓰는 사람도 있다. 아주 쓸모없는 보석, 싸구려 물건들, 각종 모조 장신구들을 구매할 수도 있으며, 몇 해 전 죽은 왕이 총애한 신하(의상 콜렉션으로 유명했던 폴란드의 브륄(Bruhl) 백작을 가리키는 것 같음 – 역자주)처럼 좋은 옷으로 옷장을 가득 채우는 데 쓸 수도 있다. 만약 부의 정도가 동일하나 소비 유형이 전혀 다른 두 사람이 있다면, 오래 쓸 수 있는 물건들을 구입하는 데 주로 소비한 사람은 지출하여도 나날이 지출 효과가 증대되므로 더욱 근사해질 것이다. 반대로 쉽게 소모되거나 오래 가지 않는 재화를 주로 구입하는 경우, 일정 기간이 지난 후에도 부의 정도가 처음과 다르지 않을 것이다. 그러므로 시일이 얼마간 지나고 보았을 때 전자가 후에는 둘 중 더 부자가 되어 있을 것이다. 전자는 재화로서의 자산을 보유하는 것이며 살 때만큼은 아닐지라도 얼마간 값이 나갈 것이다. 그러나 후자의 지출은 아무런 흔적도 남지 않을 것이고 이 같은 낭비적인 지출을 10년 내지 20년간 지속한다면, 아무것도 남지 않게 되어 마치 아무것도 존재하지 않았던 것처럼 될 것이다.

개인의 부에 좀 더 유리한 지출 방식이 있듯이 나라의 부에 관해서도 마찬가지다. 부자들의 가옥, 가구, 의복들은 시간이 조금 흐르면 하층민이나 중산층에게 쓸모가 있게 된다. 하층민이나 중산층은 부유층이 얼마간 쓰다 싫증난 의식주를 구입할 수 있으며, 이러한 지출 방식이 부유층 사이에서 널리 퍼지면 국민 모두의 전반적인 주거 설비가 점차 개선된다. 오랫동안 부를 누린 국가에서는 하층민도 온전하고 좋은 가구와 집을 가지고 있는 것을 볼 수 있다. 하층민이 소유한 질 좋은 의식주 중 어느 것도 처음부터 그들을 대상으로 짓거나 만들어진 것은 없다. 한때의 시모어(Seymour) 가문 저택이 지금은 바스(Bath) 거리에서 여인숙으로 사용된다. 영국의 제임스 1세 황제가 신혼 때 사용하던 침대는 결혼 당시 상대국에게 주는 적합한 선물로 그의 왕비가 덴마크에서 가져온 것인데, 몇 해 전부터 던펌린(Dunfermline)에 있는 맥주집의 장식품이 되었다. 오랜 문명이 깃들어 있는 고대 도시를 보면 현재 거주자를 위해 지었으리라 여길 만한 집은 단 한 채도 찾기 힘들다. 또한 집을 살펴보면 거주자가 잘 사용하는 가구들이 하나같이 낡았지만 여전히 기품이 그대로인 모습을 볼 수 있다. 이러한 가구들 역시 현재의 거주자를 위해 만들어진 것이 아니다. 훌륭한 궁궐, 웅장한 교외 주택, 수집된 서적, 조각, 그림과 기타 골동품들은 주위 사람들에게 뿐만 아니라 그 나라 전체의 명예이며 자랑거리이다. 베르사유는 프랑스의 영예이며 자랑이고, 스토우(Stowe)와 윌튼(Wilton)은 영국의 자랑이자 영예다. 이태리는 여전히 현재까지도 수많은 기념물이 보존되어 있어 경탄의 대상이 되고 있다. 비록 기념물을 만들었던 부가 이미 쇠퇴하고 그것들을 기획한 천재들은 이제 그 같은 일거리가 없어 사라져 버렸지만 말이다.

오래 쓸 수 있는 재화, 즉 내구재에 투입되는 지출은 축적뿐만 아니라 절약에도 아주 유리하다. 만일 누군가 내구재를 지나치게 많이 사들인다 하더라도 그는 공공의 비난을 받지 않고 쉽게 시정할 수 있다. 예컨대 하인 수를 대폭 줄인다거나 지나치게 호화롭던 식탁을 검소하게 바꾸는 것, 그리고 잘 장비된 마차를 처분하는 것 등은 주위 사람들의 시선을 피할 수 없어 마치 자신의 이전의 그릇된 행동을 인정하고 시정하는 것으로 보일 수도 있다. 그 때문에 이런 데에 지나치게 지출한 사람들 중에는 망하거나 파산하여 어쩔 수 없이 처분하기 전에는 스스로 처분하는 용기를 가진 사람이 그리 많지 않다. 그러나 어떤 사람이 건물, 가구, 책, 그림 등에 상당한 지출을 했다면 그가 행동을 급작스럽게 바꾼다 해도 이전의 소비 습관이 무분별했다고 주위에게 손가락질 받는 일은 없다. 이러한 재화의 경우 재화를 구매한 후에는 더 이상 지출이 불필요한 경우가 많기 때문이다. 그리고 지출을 갑자기 중지했다 하더라도 자신의 재산을 탕진했기 때문이 아니라 자신의 취미를 만족시켰기 때문인 것처럼 보인다.

더욱이 내구재에 지출하면 지나치게 낭비적인 접대에 지출할 때보다 더 많은 사람들에게 생활비가 돌아간다. 거대한 파티에는 보통 200~300파운드의 식자재가 쓰이고 아마 그중 절반은 쓰레기장에 버려질 것이며 항상 낭비와 남용이 막대할 것이다. 그러나 만약 이 파티 비용이 석조공, 목수, 소파 덮개 같이 숙련공(upholsterer), 기술자 등에게 일을 시키는 데 쓰였다면 동일한 가치의 식료품이 더 많은 사람에게 배분되었을 것이다. 그들은 페니의 가치와 무게를 따져 식료품을 구매했을 것이고 단 1온스도 잃어버리거나 그냥 내버리지 않았을 것이다. 내구재 지출은 생산적인 사람들을 먹여 살리는 데 소비한 것이고 접대 지출은 비생산적인 사람들을 먹여 살린 격이다. 전자는 그 나라 전체 연간 생산물의 교환가치를 증대했지만 후자는 그렇지 못하다.

그러나 이상의 모든 사항을 미루어 내구재 지출이 즉시 소비되어 없어지는 지출보다 항상 더 옳다거나 도량이 있는 정신을 나타낸다고 속단해서는 안 된다. 어떤 재산가가 자기 수입을 주로 접대에 지출하는 경우 그는 수입의 대부분을 친구들이나 동료들과 함께 나누는 셈이 된다. 그러나 그가 내구성 있는 상품들에만 쓴다면 그는 주로 수입 전체를 자기 자신만을 위해 사용하며 대가 없이는 누구에게도 나누어 주지 않는 셈이 된다. 그러므로 내구재 지출에는 허튼 지출이 많거나 속되고 이기적인 성향을 드러내는 지출이 많다. 특히 사소한 물건들, 즉 옷이나 가구의 장식물, 보석, 싸구려 장신구 등이 그러하다. 내가 말하고자 하는 것은, 어떠한 지출은 늘 가치 있는 상품을 축적하게 하고 개인적인 절약에도 도움이 되며, 결과적으로 생산적인 사람을 부양하기 때문에 다른 지출보다 국가의 부를 증가시키는 데 더 많이 기여한다는 사실이다.

3.

각 나라 국부의 증진 차이

(제1장, 제2장, 제3장, 제4장)

The Wealth of Nations

국부의 자연적 증진(제1장)

로마제국의 멸망 후 고대 유럽에서 농업의 퇴보(제2장)

로마제국의 멸망 후 대도시와 소도시의 발생과 발달(제3장)

도시 상업이 어떻게 농촌의 발전에 기여했는가?(제4장)

국부의 자연적 증진

(제1장)

모든 문명사회에서는 도시 주민과 농촌 주민 사이에 대규모의 상업적 거래가 이루어진다. 이 거래에서는 가공되지 않은 농산물과 제조품이 직접 교환되거나 화폐 또는 화폐를 대신하는 지폐를 매개로 교환된다. 농촌은 도시에 생활 수단과 제조품에 필요한 원료를 공급하고, 도시는 이 공급의 대가로 농촌 주민에게 제조품을 제공한다. 도시가 기본적인 먹거리를 재생산하지도 않고, 할 수도 없기 때문에 도시 내 전체 부와 생필품을 농촌에서 얻고 있다고 말해야 옳을 것이다. 그러나 도시가 이처럼 농촌에서 이득을 얻어가기 때문에 농촌이 손실을 입는다고 생각해서는 안 된다. 이러한 교환을 통해 도시와 농촌 모두 이득을 얻는다. 여기에는 분업에 따른 효과가 적용된다. 작업이 세분화되어 각종 직업에 종사하는 사람들이 모두 이익을 보듯이 농촌 주민 역시 마찬가지로 이익을 본다. 자신이 직접 제조품을 만들 경우 들여야 할 노동량보다 적은 노동량으로 생산한 생산물을 가지고 훨씬 더 많은 제조품을 구입할 수 있다. 도시는 농촌에서 발생하는 잉여 생산물, 즉 경작자가 생활에 필요한 만큼 쓰고 남은 나머지에 대한 시장을 제공한다. 농촌 주민들은 잉여 생산물로 도시에서 얻을 수 있는 필요 물품과 교환한다. 도시 인구와 수입이 증가하면 농촌에 제공하는 시장이 커지며, 시장이 커질수록 언제나 더 많은 사람들이 이익을 본다. 시장에서는 산출물의 생산지가 도시에서 1마일 반경쯤 떨어진 지역이든 20마일 떨어진 지역이든 상관없이 두 산출물이 팔리는 가격이 동일하다. 그렇지만 20마일 멀리 떨어진 농산물이라 해도 그것이 팔리는 가격은 경작비와 운송비뿐만 아니라 농부에게 돌아가는 통상적인 농업이윤을 제공할 만큼 높다. 따라서 도시 근교 농촌의 경작자와 소유주들은 거리가 멀리 떨어진 지역보다 운송비가 덜 들기 때문에 판매 가격이 동일하여도 운송비 차이만큼 이득을 본다. 그뿐만 아니라 그들이 도시에서 제조품을 구매할 때에도 운송비가 덜 들어 그만큼 이익을 본다. 대도시 근교에서 땅을 경작하는 것과 도시에서 멀리 떨어진 곳에서 경작하는 것을 한번 살펴보라. 그러면 도시의 상업을 통해 농촌이 얼마나 혜택을 받는지 쉽게 이해할 수 있다. 교역의 차액에 관하여 말도 안 되는 여러 억측들이 떠돌아다닌다. 그러나 도시와 농촌이 서로 상거래를 함으로써 어느 한쪽이 손해를 본다는 말은 어불성설이다. 농촌은 도시를 지탱해 주고, 도시는 농촌에 제조품을 제공하면서 서로서로 이익을 본다.

생활물자는 그 성격상 편의품이나 사치품에 우선하므로 생활물자를 조달하는 산업이 편의품이나 사치품과 관련된 산업보다 반드시 우선해야만 한다. 그 때문에 생활물자를 조달하는 농촌의 경작과 개간이 반드시 편의품이나 사치의 수단만을 제공하는 도시의 성장보다 우선되어야 한다. 도시 내 생활물자는 오직 농촌에서 발생하는 잉여 생산물, 즉 경작자들이 소비하고 남은 부분이므로, 도시의 생활물자가 증가하려면 농촌의 잉여 생산물이 증가해야만 한다. 사실 도시에서 사용하는 모든 생활물자는 반드시 인근 농촌이나 국내에서만 얻을 수 있는 것이 아니라 먼 외국에서도 가져올 수 있다. 그리고 이것은 시대와 국가를 막론하고 국부 증진 과정에 커다란 차이가 생기는 원인이 되어 왔다.

상황이 발생하는 데는 순서(order of things)가 있다. 어느 나라에서나 다 그런 것은 아니지만 그 순서는 필요가 만들어 낸다. 그리고 그 순서는 어느 나라에서나 인간이 가진 자연적 성향에 따라 촉진된다. 만약 인간이 만든 제도가 그 자연적 성향을 제어하지 않았다면 도시의 발전은 어디에서나 주변 지역의 개량과 경작이 지원할 수 있는 범위에 한정되었을 것이다. 적어도 전 지역이 완전히 경작되고 개량될 때까지는 그랬을 것이다. 이윤이 같거나 비슷하다면 대부분의 사람들은 제조업이나 국제무역보다는 토지개간과 경작에 자신의 자본을 사용하려 할 것이다. 자본을 토지에 쓰면 무역 상인과 달리 자본을 직접 감시하고 통제할 수 있으며 이로써 그의 재산이 사고 위험에 덜 노출되기 때문이다. 반면 무역상인은 성격이나 사정을 속속들이 알 수 없는 먼 나라 사람을 상대해야 하기 때문에 인간의 안 좋은 속성(예컨대 사기나 부정)과 사고가 언제 일어날지 모를 불확실한 요소에 쉽게 노출된다. 이러한 점을 비추어 보면 자본을 토지개량에 투자하는 것이 사고 날 위험이 낮아 가장 안전한 듯하다. 게다가 농촌에는 매력적인 요소가 다분한데, 농촌이 가진 아름다움, 농촌 생활의 즐거움, 거기에서 오는 마음의 안정, 그리고 강제적인 법의 부당성이 미치지 않는다면 어디든 누릴 수 있는 농촌만의 독립성 등은 모든 사람을 끌어들이는 것 같다. 어쩌면 토지경작이 인류가 정착한 최초의 목적지였으므로, 인간이 살아가면서 매번 이 원시적인 일을 동경하는 것 같다.

사실 기능공들의 도움이 없이는 토지를 경작하기가 매우 불편하며, 원활히 진행되지 않아 중단될 수밖에 없다. 농부에게 필요한 것을 제공하는 기능공들을 꼽자면 매우 다양하다. 대장장이, 목수, 수레 만드는 사람, 쟁기 만드는 사람, 석공, 벽돌 쌓는 사람, 가죽 다듬는 사람, 구두 만드는 사람, 옷 짓는 사람들이 바로 그들이다. 이 기능공들은 이따금 서로의 도움을 필요로 한다. 게다가 그들은 농부와 달리 어떤 한 곳에 지정되어 있을 필요가 없으므로 자연스레 서로 이웃하여 거주하면서 작은 도시나 마을을 형성한다. 푸줏간 주인, 술 만드는 이, 제빵사가 들어오고 이후에도 이따금씩 생기는 여러 수요를 충족할 만한 다양한 업종의 기능공들과 소매상들이 모여들면서 도시가 더 확대된다. 도시 주민과 농촌 주민들은 서로에게 봉사하는 사람들이다. 도시는 농촌 주민이 수확물을 제조품과 교환하고자 지속적으로 찾는 장터 또는 시장이다. 그리고 이 시장에서 이루어지는 상거래를 통해 도시 주민들에게 원재료와 생활 수단이 공급된다. 도시 주민들이 살 수 있는 원자재와 식료품 양은 농촌 주민들에게 완제품을 얼마나 파느냐에 따라 결정된다. 그러므로 도시 주민에게 필요한 고용이나 생필품도 완제품을 필요로 하는 농촌의 수요가 증가하지 않고서는 늘어날 수 없다. 그리고 이 수요는 개간과 경작이 확대되어야만 증가할 수 있다. 따라서 인간이 만든 제도가 상황이 전개되는 자연스러운 흐름, 즉 순서를 거스르지 않았더라면 모든 사회에서 이루어지는 부의 증가와 도시 발전은 지역 혹은 농촌의 개간과 경작에 따라 결정되었을 것이며 그것에 비례하여 이루어졌을 것이다.

아직 경작하지 않은 토지를 쉽게 확보할 수 있는 북미 식민지에는 원거리 판매를 위한 제조업이 어느 도시에도 자리 잡지 않았다. 북미에서는 수공업자가 자기 사업을 영위하는 데 필요한 양보다 자산을 더 많이 보유하게 되면, 원거리 판매를 위한 공장을 세우기보다는 개간하고 경작할 땅을 사는 데 투자한다. 이에 따라 그는 수공업자가 되기보다는 지주가 되며, 그 나라에서 수공업자가 높은 임금과 안락한 생활을 누린다고 하더라도 그는 다른 사람들을 위해 일하기보다는 자기 자신을 위해 일하고자 한다. 그는 수공업자란 고객의 하인이고 고객으로부터 생활물자를 얻는 사람이지만, 지주는 자신이 소유한 토지에서 가족을 위한 노동을 하고 필요한 식량을 마련하는, 이 세상으로부터 독립한 진정한 주인이라고 느끼는 것이다.

그와 반대로 거의 모든 토지가 다 경작되어 미경작지를 쉽게 확보할 수 없는 나라에서는 수공업자가 자산을 조금 더 많이 보유하게 될 경우 그는 원거리 판매를 할 수 있는 일거리를 마련하고자 애쓴다. 대장장이는 철공장을, 직조공은 마직물 또는 모직물 공장을 세운다. 시간이 지나면서 각종 공장이 들어서고 노동이 점점 더 세분화되어 더욱 다양한 방법으로 발전하고 세련되어 가는데, 이는 쉽게 이해할 수 있으므로 더 이상 설명할 필요가 없겠다.

자본의 사용처를 선택할 때 이윤이 같거나 비슷하면 국제무역보다는 제조업이 더욱 선호된다. 이는 농업이 제조업보다 자연스레 더욱 선호되는 것과 같은 이유에서이다. 지주나 차지농의 자본이 제조업자의 자본보다 훨씬 안전한 것처럼, 제조업자의 자본은 본인이 항상 관찰하고 지시할 수 있다는 점에서 국제무역 상인의 자본보다 훨씬 더 안전하다. 사실 어떤 사회, 어떤 시기를 막론하고 농산물과 제조품의 잉여분, 즉 국내에서 수요가 없는 부분은 국내에 수요가 있는 것들과 교환되기 위해 외국에 내보내져야만 한다. 그러나 이 잉여 생산물을 외국으로 운송할 때 드는 자본이 외국 자본인지 국내 자본인지는 별로 중요하지 않다. 만약 사회가 모든 토지를 경작하고 국내에서 생산되는 원생산물 전량을 제조할 만한 자본이 없다면, 사회 자산이 더 유용한 목적으로 사용될 수 있도록 원생산물을 외국에 수출하는 편이 더 낫다. 고대 이집트, 중국, 인도가 부를 쌓은 과정을 보면 외국인이 수출 무역의 상당 부분을 수행하더라도 이 수출 무역을 통해 국가가 부를 높은 수준으로 축적할 수 있다는 점을 알 수 있다. 북미와 서인도 식민지의 발전은 그들이 잉여 생산물 수출에 외국 자본을 들이지 않았다면 더욱 늦어졌을 것이다.

그러므로 모든 성장하는 사회를 관찰하면 자본이 가장 먼저 농업, 그다음으로 제조업, 끝으로 외국무역에 투자된다. 이것이 세상의 이치이다. 이러한 순서는 매우 자연스러운 것이어서 영토가 있는 국가라면 어디에서나 이러한 순서로 어느 정도 진행되어 왔다. 어떠한 대도시라도 대도시가 건설되기 전에는 토지 일부가 경작되었을 것이며, 외국무역 일자리가 들어서기 전에는 투박한 제조업들이 도시에서 운영되었을 것이다.

발전을 이룬 국가 대부분이 이러한 자연스러운 발전 과정을 거쳐 왔겠지만, 유럽의 모든 근대국가에서는 여러 가지 측면에서 완전히 반대로 진행되어 왔다. 몇몇 도시에 거점을 둔 외국무역은 세련된 제조업, 즉 원거리 판매에 적합한 제조업들을 도입했으며 이러한 제조업과 외국무역이 농업을 발전시키는 데 중요하게 작용했다. 발전이 이토록 부자연스럽고 역행적인 순서로 이루어질 수밖에 없었던 이유는 그들의 최초의 통치체제가 도입했던 풍습 및 관행 때문이었고, 통치체제가 크게 바뀐 이후에도 풍습과 관행이 계속 남아 있었기 때문이었다.

로마제국의 멸망 후 고대 유럽에서 농업의 퇴보

(제2장)

게르만(German)과 스키타이(Scythian) 민족들이 로마 제국의 서부 지방을 침략하면서 대변혁이 일어났다. 그 변혁에 따른 혼란이 수세기 동안 지속되었다. 야만족이 고대 거주민들에게 행한 약탈과 폭력으로 도시와 농촌 사이의 상업이 뿌리째 뽑혔다. 도시는 텅 비어 황량해지고, 농촌은 경작되지 않은 채 방치되었다. 로마 제국 아래 상당한 부를 누린 서유럽 지역은 최악의 빈곤을 맞아 추락하며 야만 상태에까지 이르렀다. 혼란기 동안 토지 대부분은 침략 민족들의 수장이나 지도층의 수중에 들어갔다. 그들 수중에 들어간 토지의 대부분은 경작되지 않은 채 방치되었다. 그러나 경작되건 경작되지 않건 간에 소유주가 없는 토지는 단 한 평도 없었다. 그 대부분은 소수 대지주가 독차지하였다.

이러한 전례가 없는 미경작지에 대한 독차지가 끼친 해악은 컸다. 그러나 그 해악은 일시적인 것으로 끝날 수도 있었다. 독차지한 토지들이 곧 상속과 양도를 통해 분할되고 작은 구획으로 나누어졌더라면 그랬을 것이다. 그러나 상속 과정에서 분할될 수 있는 토지가 장자상속법(the law of primogeniture) 때문에 분할되지 않았고, 양도 과정에서 작은 구획으로 나뉠 수 있는 토지가 한사상속제(限嗣相續制, entails) 때문에 나뉘지 않았다.

토지가 동산(動産)처럼 생존과 안락한 생활의 수단으로만 여겨졌을 때는 자연상속법(the natural law of succession)에 따라 토지가 동산과 마찬가지로 자녀에게 분할되었다. 아버지에게는 똑같이 모든 자녀들이 생존하고 안락한 생활을 누리는 것이 중요할 수 있었기 때문이다. 따라서 로마인들은 이 자연상속법을 따랐다. 그들은 우리가 동산을 구분하지 않았던 것처럼 토지 상속에 대해서 장유와 남녀를 구분하지 않았다. 그러나 토지가 생계수단만이 아니라 권력과 보호의 수단으로 인식되면서 토지를 분할하지 않고 한 사람에게 전체를 물려주는 편이 유리하다고 생각하게 되었다. 이와 같은 무질서한 시대에서 대영주들은 작은 군주와 다름없었다. 소작인들은 그의 신하요, 대영주는 소작인들의 재판관이었다. 평상시에는 입법자였고 전시에는 지휘자였다. 그는 자신의 판단에 따라 때때로 이웃에, 때로는 자신의 국왕에 대항하여 전쟁을 일으켰다. 이 같은 상황에서 영지의 안전, 즉 영지 내 거주자들에게 소유주가 제공할 수 있는 보호는 영지의 규모에 달려 있었다. 영지를 분할하는 것은 영지를 멸망시키는 일이었고, 이웃이 침입하여 영지에 속한 모든 것을 억압하고 점령하도록 내맡기는 일이었다. 그리하여 바로 시행되지는 않았지만 시간이 차츰 지나면서 영지를 상속하는 문제와 관련해 장자상속법이 시행되었다. 마찬가지 이유로 왕국에서도 처음부터 항상 그러한 것은 아니었지만 시간이 지나면서 장자상속법이 일반적으로 시행되었다. 분할로 인해 왕국의 힘과 안전이 약해지지 않도록 자식 한 명에게 전체를 상속해 주어야만 했다. 여러 자녀 중 상속자 한 명을 정해야 하는 이 중요한 문제는 일반적인 원칙에 따라 정해야만 했다. 이 원칙은 개인적인 장점과 같이 객관적으로 증명할 수 없는 불확실한 특징에 근거를 두는 것이 아니라 논란의 여지가 없이 분명하고 명백한 차이에 입각한 것이어야 했다. 한 가정 내 자녀 사이에서 논란의 여지가 없으려면 성별과 나이 차밖에는 명백한 근거가 없었다. 남성은 보편적으로 여성보다 선호되었고, 모든 조건이 같다면 어디서나 장자가 동생보다 우선되었다. 이러한 이유로 장자상속권과 직계상속권이라는 법이 생겨났다.

법이란 한 번 제정되고 나면, 법이 필요할 수밖에 없었던 당시 상황이 지나간 이후에도 오랫동안 계속 시행되는 경우가 많다. 현재 유럽에서는 1에이

커(acre) 소유주나 10만 에이커 소유주나 소유권을 확실하게 보호받고 있다. 그러나 장자상속권은 여전히 존중되고 있다. 그것은 모든 제도를 통틀어 가문의 명예를 유지하는 데 가장 적합하므로 앞으로도 몇 세기는 더 지속될 것이다. 그러나 그뿐이다. 장자상속권은 자식 한 명을 부유하게 만들고자 다른 자녀들을 모두 가난으로 내몰기 때문에 이 제도만큼 가족 모두의 진정한 이익을 추구하는 데 있어 그릇된 것은 없을 것이다.

한사상속제는 장자상속법에 따른 자연스러운 결과이다. 한사상속제는 특정 직계상속을 유지하기 위해 도입되었다. 이 제도의 근원은 장자상속법이었다. 증여나 유증 또는 양도의 방식으로, 아니면 계승자의 어리석음이나 불행으로 인해, 영지의 어떤 부분도 혈통을 벗어나 제3자에게 이전되는 것을 방지하기 위함이었다. 이러한 제도는 로마인에게서는 찾아볼 수 없는 것이었다. 로마인들에게는 대체상속(substitution)이나 신탁유증제(fideicommissum)가 있었지만 그것은 한사상속과 유사한 점이 전혀 없다. 비록 프랑스의 몇몇 법률가들이 그 근대제도(한사상속제)를 옛날 로마의 제도들의 용어와 형식으로 적당히 포장하려고 생각했지만 말이다.

거대한 영지가 일종의 공국(公國)이었던 시대에는 한사상속이 불합리하지 않았을 수도 있다. 이른바 몇몇 왕국의 기본법처럼 오히려 이 제도가 한 사람의 일시적인 기분이나 낭비 때문에 위협받을 수 있는 수천 명의 안전을 보호해 주었을지도 모른다. 그러나 대규모뿐 아니라 소규모 영지까지도 법으로 보호하는 유럽의 현재 상황에 비추어 보면 이보다 더 불합리한 제도가 없을 것이다. 한사상속은 모든 가정 가운데에서도 가장 불합리한 가정에 근거한다. 그 불합리한 가정이란 다름 아닌 모든 후계자들이 토지와 토지에 속한 모든 권리를 똑같이 가질 수 없다는 것이고, 그리고 현 세대의 소유권은 500년 전 조상들의 관습에 따라 억제되고 제한되어야 한다는 것이다. 그런 불합리함에도 불구하고 한사상속제는 유럽 대부분의 지역에서 여전히 존중되고 있다. 특히 귀족 출신인 점이 문무관직의 명예를 누리는 데 필수 자격 조건이 되는 나라들에서 대개 그러하다. 이처럼 한사상속제는 귀족이 고위직과 명예에 대한 배타적인 특권을 유지하는 데 필요하다고 여긴다. 그리고 그 계급이 다른 시민보다 우위를 차지하여 불공평함에도 귀족층이 가난하면 그들을 우습게 여길 수 있으므로 이를 막기 위해서는 귀족층이 마땅히 우위를 차지해야 한다고 여긴다. 사실 잉글랜드는 관습법에 따라 영대(永代, perpetuity) 소유권을 용납하지 않는다. 그리하여 잉글랜드에서는 영대 소유권이 유럽의 다른 어느 국가보다 엄격하게 제한되어 있다. 그렇지만 그러한 잉글랜드에서도 한사상속제가 전혀 없지는 않다. 현재 스코틀랜드에서는 전체 국토의 약 $\frac{1}{5}$이상 내지 $\frac{1}{3}$이상이 엄격한 한사상속제하에 있다고 추측된다.

위와 같은 방식으로 거대한 미경작지가 특정 가문에게 독점되었을 뿐만 아니라 다시 분할될 가능성조차 아예 없어졌다. 그러나 토지를 잘 개량하려고 했던 대영주는 거의 없었다. 이런 야만적 제도를 낳은 무질서한 시대에 대영주는 자기 영토를 방어하고 이웃의 영토에 대한 지배권과 통치권을 확장하는 데 온 힘을 기울였다. 그 때문에 정작 토지를 개량하고 경작하는 데에는 신경 쓸 여유가 없었다. 법과 질서가 확립되어 토지를 살펴볼 여유가 생겼을 때에도 토지개량에 힘 쓸 마음이 전혀 없을 뿐더러 그에 맞는 능력도 갖추고 있지 않았다. 자신의 집과 사람들을 유지하는 데 드는 비용이 수입과 같거나 초과할 경우 토지개량에 쓸 수 있는 자산이 없었다. 그러한 일은 비일비재했다. 반대로 지출을 절약하여 수입에 여유가 있다 하더라도 그것을 토지개량에 들이기보다는 토지를 새로 구입하는 편이 더 이익이라고 여겼다. 토지를 개량하여 이윤을 올리려면 다른 업종과 마찬가지로 아주 적은 절약과 이득에도 세심하고 꼼꼼한 주의를 기울여야 한다. 그런데 태어날 때부터 많은 재산이 확보되어 있는 사람들은 설령 절약 정신이 타고 났더라도 대개 그렇지 못하다. 이러한 연유로 그들은 자연히 이윤이 발생할지 장담할 수 없는 일보다는 자신의 만족감을 높일 장신구에 마음을 쏟는다. 어릴 때부터 옷이나 마차, 집, 가구 등을 우아하게 꾸미는 데 관심을 가졌기 때문에 이러한 사고방식에 익숙하다. 이 같은 습성은 토지를 개량할 때에도 그대로 나타난다. 예컨대 집 주변 땅 400~500에이커를 개량하는 데 토지 가치의 10배에 달하는 비용을 들인다. 이런 식으로 영지 전체를 개량하고자 한다면, 비록 다른 데 전혀 돈을 쓰지 않더라도 아마 $\frac{1}{10}$도 채 꾸미기 전에 파산할 것이다. 잉글랜드와 스코틀랜드 지역에는 봉건왕국 시대 이래 한 가문이 줄곧 소유해 온 몇몇 대영지들이 그대로 남아 있다. 그런 영지와 그 주변의 소지주들이 가지고 있는 토지를 비교해 보라. 그러면 그와 같이 드넓은 영지가 개량에 얼마나 불리한지 쉽게 납득할 수 있을 것이다.

대영주에게서 개량을 기대할 수 없다면 그들 밑에서 토지를 사용하여 일하는 사람들에게서는 더욱더 기대하기 어렵다. 유럽의 고대 국가에서는 토지를 사용해 일하는 사람들 모두가 소작인이었다. 대부분이 노예상태나 다름 없는 농노였으나 고대 그리스나 로마 또는 서인도 식민지의 노예보다는 형편이 나았다. 주인에게보다는 토지에 직접적으로 예속된 상태였기 때문에 토지와 함께 팔리며 분리되어 팔리지는 않았다. 그들은 주인에게 동의를 얻으면 결혼도 할 수 있었다. 그렇다고 주인이 나중에 부부를 각기 다른 사람에게 팔아 결혼 상태를 파기할 수는 없었다. 만약 주인이 그들 중 누군가에게 상해를 입히거나 사망에 이르게 한다면 대체로 가벼운 형벌일지라도 일정한 벌을 받아야만 했다. 그러나 농노가 재산을 취득할 수는 없었다. 그들이 취득하는 것은 모두 주인에게 속하며 주인은 그것을 마음대로 빼앗을 수 있었다. 농노가 농토를 일구었음에도 마치 주인이 일구어 낸 듯 몫이 오롯이 주인에게 돌아갔다. 종자, 가축, 농기구도 모두 주인의 전유물이었고, 주인의 이익을 위한 것들이었다. 농노들은 하루 일용할 양식 외에는 아무것도 취할 수 없었다. 그러므로 이런 경우 차라리 토지 소유주 자신이 땅을 차지하고 농노를 시켜 경작했다고 말하는 편이 더 적절할 것이다. 이 같은 농노제도가 아직도 러시아, 폴란드, 헝가리, 보헤미아, 모라비아 및 독일의 여러 지역에 존재하고 있으며 서유럽과 남서유럽에서는 전체적으로 점차 폐지되고 있다.

그러나 농노 대신 노예를 부리는 경우에는 토지개량을 더욱더 기대하기 힘들다. 나라와 시대를 막론하고 노예를 부린 경험을 비추어 보면 외관상으로는 그들의 생계비밖에 들지 않은 것처럼 보이지만 사실상 가장 비싼 비용이 든다는 사실이 증명되고 있다. 재산을 취할 수 없는 사람은 가능한 한 많이 먹고, 될 수 있는 한 적게 일하는 것 외에는 관심을 가지지 않는다. 생계유지에 충분한 분량 이상으로 노동을 한다면, 자발적으로 이익을 얻고자 함이 아니라 오직 폭력에 따라 강요되는 것이다. 로마의 정치가 플리니우스(Pliny)와 농업에 관한 저술로 저명했던 콜루멜라(Columella)는 고대 이탈리아에서 곡물 경작이 노예 노동으로 운영되었을 때 소출이 얼마나 줄었으며 주인에게 얼마나 손해가 났는지를 설명하기도 했다. 아리스토텔레스 시절의 고대 그리스도 상황은 마찬가지였다. 아리스토텔레스는 플라톤(Plato)의 『법률』에 묘사되어 있는 '이상국가'에 관하여 언급하면서 아무 일도 하지 않는 남성 5,000명(당시 국방에 필요한 전사 인원)과 그들의 아내, 하인들을 먹여 살리려면 바빌로니아의 평야와 같이 끝없이 넓고 비옥한 영토가 필요하다고 말했다.

인간의 우월하고자 하는 성질은 권세 부리기를 좋아하고 아랫사람을 설득하기 위해 창피를 무릅쓰고 굽혀야 할 일이 있을 경우 이를 굴욕으로 여긴다. 따라서 합법적인 범위 내에서 작업상 여건이 된다면 사람들은 일반적으로 자유인을 고용하기보다 노예 부리기를 더 선호한다. 사탕수수와 담배 재배는 노예경작 비용을 충당할 수 있었다. 그러나 오늘날 곡물재배는 노예경작 비용을 충당하기가 어려운 것 같다. 주산물이 곡물인 영국의 식민지에서는 거의 대부분의 일을 자유인이 하고 있다. 최근 펜실바니아의 퀘이커 교도들이 모든 흑인 노예를 해방하기로 결의할 수 있었던 데에는 작업에 종사하는 흑인 노예가 많지 않았던 요인도 있다. 만약 흑인 노예의 노동이 자신들의 재산에 큰 비중을 차지했다면 그 결의는 결코 합의될 수 없었을 것이다. 반면, 우리의 사탕수수 식민지에서는 모든 일을 노예가 하고 있다. 담배 식민지에서도 노동 대부분을 노예가 한다. 서인도 식민지 내 모든 사탕수수 농장에서 발생하는 이윤은 일반적으로 유럽이나 아메리카에서 알려진 어느 경작보다 훨씬 크다. 담배 농장의 이윤 역시 사탕수수 농장에는 못 미치지만 앞에서 살펴본 바와 같이 곡물의 이윤보다는 훨씬 크다. 둘 다 노예경작 비용을 충당할 수는 있지만 사탕수수가 담배보다 훨씬 더 낫다. 이 같은 이유로 담배 식민지보다 사탕수수 식민지에 흑인 노예가 더 많다.

고대 노예 경작자의 뒤를 이어 차츰 등장한 차지농의 부류는 오늘날 프랑스어로 메타이어(metayer)라고 알려진 분익 차지농이다. 그들은 라틴어로 콜리니 파르티아리(Coloni Partiarii)라고도 불렸으며 영국에서는 이 개념이 사라진 지 오래여서 오늘날 이를 나타내는 영어 단어는 없다. 분익 차지농은 토지소유자에게 종자, 가축 및 농기구 등 농장 경작에 필요한 모든 자산을 제공받았고, 생산물은 자산을 유지하는 데 필요한 만큼을 제외한 후 토지소유자와 똑같이 나누어 가졌다. 단, 그 자산은 그 차지농이 그만두거나 쫓겨날 때 토지소유자에게 반환해야 했다.

사실 위와 같은 소작인들이 사용하는 토지는 노예의 경우와 마찬가지로 토지소유자의 비용으로 경작된다. 그러나 여기에는 아주 중요한 차이가 있다. 분익 차지농과 같은 소작인은 자유인으로서, 재산을 취득할 수 있고 토지 생산물의 일정 비율만큼 차지할 수 있기 때문에 자신의 몫을 늘리기 위해서는 가능한 한 총생산물이 많아야 한다는 분명한 이해관계를 가진다. 하지만 노예는 먹고살 식량 외에 아무것도 취득하지 못하므로 생계유지 이상으로 생산하기를 가급적 멀리하고 자신의 안락을 도모한다. 나중에 유럽 대부분에 걸쳐 농노제도가 사라지게 된 데에는 아마도 부분적으로는 이런 이해관계 탓도 있을 것이다. 또 다른 한편으로는 늘 대영주를 시기한 국왕이 농노들을 지속적으로 부추겨 영주에게 저항하도록 하여 마침내 이러한 예속 제도에 거부감을 느끼도록 만든 영향도 있을 것이다. 그러나 이같이 중요한 개혁인 농노제도 폐지가 언제 어떻게 일어났는지는 현대사에서 불명확한 부분으로 남아 있다. 로마교회는 이 개혁과 관련하여 큰 공헌을 했다고 주장한다. 일찍이 12세기에 교황 알렉산더(Alexander) 3세가 보편적인 노예해방에 관한 교서를 반포한 것은 사실이다. 그러나 이 교서는 신자들에게 복종을 요구하는 엄격한 법이라기보다는 경건한 권고였던 것으로 보인다. 농노제도는 그 이후에도 수세기 동안 거의 모든 곳에서 존재했다. 그리고 마침내 앞에서 언급한 두 가지 이해관계, 즉 한편으로는 토지소유자의 이해와 다른 한편으로는 국왕의 이해가 함께 작용하면서 점차 폐지되어 갔다. 농노는 해방과 동시에 토지를 소유하는 것이 점차 가능해졌지만 자기 자산이 없었기에 토지소유자한테 빌려 경작할 수밖에 없었다. 따라서 프랑스어로 메타이어(metayer)라 부르는, 분익 차지농이 될 수밖에 없었다.

그러나 자기 몫을 저축해 만든 얼마 되지 않는 자산을 토지개량을 위해 사용하기란 분익 차지농에게 결코 이득이 되지 않는 일이었다. 왜냐하면 영주는 아무것도 투입하지 않고도 토지 생산물의 절반을 가져갔기 때문이다. 생산물의 $\frac{1}{10}$에 불과한 십일조(tithe)조차도 개량에 큰 장애가 되었으므로, 절반이나 되는 세금은 개량을 막는 매우 커다란 장애가 되었다. 분익 차지농에게 이득이 되려면 분익 차지농의 자산을 투입하는 것이 아니라 해당 토지를 소유한 자의 자산으로 개량하여 생산물을 최대로 거두어야 했지만, 프랑스에서는 전국의 $\frac{5}{6}$가 여전히 이런 식으로 경작되고 있었다고 한다. 그래서인지 프랑스의 토지소유자들은 때때로 분익 차지농은 기회만 있으면 본인들의 가축을 경작하는 데 쓰지 않고 오히려 수송하는 데 썼다고 툴툴거렸다. 왜냐하면 분익 차지농들이 가축을 경작에 쓰면 그 결과물을 주인인 본인과 나누지만, 수송에 쓸 경우 거기서 나오는 이익은 분익 차지농들이 모두 차지하게 되기 때문이었다. 이러한 분익 차지농들이 아직도 스코틀랜드 일부에 남아 있다. 그들은 스틸보우(steel－bow) 소작인이라고 불린다. 길버트(Gilbert) 남작과 블랙스톤(Blackstone) 박사가 차지농이기보다는 지주에게 속한 토지 관리인이라 부르는 편이 더 적합하다고 했던 고대 잉글랜드 소작인들도 아마 이와 같은 부류였을 것이다.

이러한 소작인의 뒤를 이어 비로소 차지농이라 부르기에 적합한 이들이 서서히 등장했는데, 이들은 토지소유자에게 일정 지대를 지불하고 자신의 자산으로 토지를 경작하였다. 이러한 차지농들은 일정 햇수 동안 임차계약을 할 경우 자신의 자본으로 해당 농장을 개량하는 편이 더 이익이 된다는 사실을 알았을지 모른다. 잘하면 계약 기간이 끝나기 전에 투자한 자본을 회수할 수 있을 뿐만 아니라 큰 이윤도 기대할 수 있었기 때문이다. 그러나 이들이 사용할 수 있는 권한마저도 오랜 기간 매우 불안정했고, 지금도 유럽의 많은 지역에서 여전히 그러하다. 임차계약 기간이 끝나기도 전에 토지의 주인이 바뀌어 버릴 경우 새 주인이 법적으로 임차권을 빼앗을 수도 있었기 때문이다. 잉글랜드에서는 법적간주(legal fiction)의 부동산사용회수소송(action of common recovery)으로도 그렇게 될 수 있었다. 차지농들이 지주에게 폭력을 당하며 불법적으로 쫓겨났을 경우에도 그들을 구제할 법적 조치는 매우 불완전했다. 소송을 하여도 토지사용권을 반드시 되찾을 수 있으리란 보장을 할 수 없었고, 손해배상금을 받는다 하더라도 결코 실제 손해 정도에 미치지 못했다. 유럽 국가들 중 자영농민(yeomanry)이 항상 존중받았던 잉글랜드에서도 헨리(Henry) 7세 14년 무렵에서야 부동산사용회복소송(action of ejectment)이 생겼다. 이 법적 조치로 임차인은 손해배상뿐만 아니라 사용권도 되찾을 수 있게 되었다. 또한 이 소송은 간략히 이루어지는 순회재판 단 한 번으로 종결되는 것이 아니었기에 소작인에게는 매우 효과적인 구제책으로 알려졌다. 그리하여 지금의 소송절차에서도 지주가 토지사용권에 관해 소송할 일이 발생할 경우, 지주로서 그에게 보장된 소송권, 즉 권리영장(writ of right)이나 출입영장(writ of entry)을 이용하는 일이 드물고, 대개 소작인의 이름으로 부동산사용회복영장(writ of ejectment)을 이용하여 소송을 건다. 이와 같이 잉글랜드에서는 임차인의 권리보호가 토지소유자와 동일하게 보장되고 있다. 그 외에도 잉글랜드에는 종신임대 계약이 있는데, 이는 연 40실링 가치에 해당하는 자유토지보유권(freehold)으로, 해당 임차인에게 의회의원 선거권도 부여한다. 따라서 자유토지보유권이 주는 정치적 배려 때문에 자영농민 중 상당수가 이러한 자유토지보유권을 가지고 있었고 이들 계층 전체는 지주들로부터 존중받게 되었다. 임차인이 임차하지 않은 토지를 개량하면서 자신이 잘 개량해 놓은 토지를 지주가 빼앗지 않으리라고 믿는 경우는 아마 잉글랜드 외에는 유럽 어디에도 없을 것이라고 나는 확신한다. 자영농민에게 유리했던 법률과 관습은 아마도 잉글랜드가 뽐내는 모든 상업규제를 합친 것보다도 현재 잉글랜드가 누리는 영광에 더 많이 기여했을 것이다.

내가 아는 한, 상속자에 상관없이 장기간 임차권을 보장하는 법이 있는 나라는 영국이 유일하다. 이 법은 일찍이 1449년 제임스 2세가 법률로 제정하면서 스코틀랜드에 도입되었다. 그러나 그 장점이 한사상속제 때문에 많이 훼손되었다. 한사상속권을 지닌 상속인은 보통 1년 이상 토지를 장기 임대하지 못하도록 되어 있었다. 이런 이유로 최근 의회입법을 통해 그 제한이 다소 완화되었지만 여전히 너무 엄격하다. 게다가 스코틀랜드에서는 임차인에게 의회의원 투표권을 주지 않아, 잉글랜드의 자영농과 비교하여 지주의 존중을 덜 받았다.

이미 유럽의 여러 나라에서는 토지 상속인과 구매자로부터 임차인의 권리를 보장해 주는 편이 유리하다고 밝혀졌지만 여전히 임차인들을 보장하는 기간은 단기간으로 제한되었다. 예를 들어 프랑스에서는 임차계약이 시작한 시점부터 9년까지로 계약기간을 제한했었다. 최근 그 기간을 27년으로 연장했지만 이 기간 역시 임차인에게 중요한 토지개량 작업을 장려하기에는 턱없이 부족한 기간이다. 옛날에는 유럽 어느 곳에서나 토지소유자가 입법자였다. 그래서 토지와 관련된 법들은 모두 토지소유자에게 이익이 되는 쪽으로 입안되었다. 그 조상 중 누군가가 허용한 임차계약이라 할지라도 그 계약이 자기 토지에 관한 자신의 권리를 온전히 행사하는 데에 오랫동안 방해해서는 안 된다고 여겼다. 인간의 탐욕과 그로 빚어지는 부당성은 인간으로 하여금 언제나 멀리 내다보지 못하게 만든다. 그들은 이 같은 제제가 토지개량을 얼마나 방해하고,

결국에는 실제 본인에게 돌아갈 이익이 얼마나 감소할지 내다보지 못했다.

옛날에는 차지농들 역시 임대료를 지불하는 것 외에도 주인에게 갖가지 노역을 제공했어야 했다. 계약서에 명시하거나 어떤 구체적인 원칙이 있는 것은 아니었지만 그럼에도 노역을 해야 했던 이유는 귀족이나 영주의 관습 때문이었다. 이러한 노역은 순전히 귀족과 영주가 내키는 대로 시키는 일이었기 때문에 임차인에게는 고역이 아닐 수 없었다. 이 같은 관례를 끊고자 스코틀랜드에서는 계약서에 명확히 규정되지 않은 노역들을 폐지하였고, 그 후 몇 해만에 스코틀랜드 자작농(yeomanry)의 처지가 크게 개선되었다.

그러나 자작농에게 부과된 공적인 노역도 사적인 노역만큼이나 임의적이었다. 도로를 건설하고 유지하는 일은 여전히 시행되는 노역이었다. 확신하건대, 나라마다 그 억압의 정도만 다를 뿐 어디서나 행해졌을 것이다. 그러나 이것만이 유일한 공공노역이 아니었다. 왕의 가족, 군대 및 관료들이 어느 지역을 통과할 때면 자작농은 그들에게 말, 마차, 식량을 징발관이 정한 값으로 제공해야만 했다. 유럽 내 군주 국가에서는 영국만이 징발권자의 횡포를 유일하게 없앴으며 프랑스와 독일에는 아직도 남아 있다.

그들에게 부과된 공공세금 역시 노역만큼이나 자의적이고 억압적이었다. 옛날 영주들은 자신이 국왕에게 상납금을 바치는 것을 끔찍이 싫어하면서도 국왕이 자신의 소작인에게 이른바 소작세를 부과하는 것은 쉽게 인정했다. 그들은 그것이 결국 자기 수입에 얼마나 큰 영향을 끼치는지 내다보지 못했다. 프랑스에 아직도 남아 있는 타이유(tallie, 영주 소유의 토지에 부과하는 세 – 역자 주)가 이와 같은 소작세의 한 사례이다. 그것은 차지인의 추정 이윤에 매기는 세금으로서 차지인이 농장에 투입한 자산으로 추정한다. 따라서 차지인으로서는 가능한 한 자산을 적게 가지고 있는 것처럼 보이는 것, 즉 자산을 경작에는 될 수 있는 한 조금 사용하고 개량하는 데는 아예 쓰지 않는 것이 이익이다. 결국 타이유는 프랑스 차지인이 어쩌다 자산을 축적하더라도 그 자산을 토지에 쓰지 못하도록 금지하는 일이나 매한가지다. 남의 토지를 임차하는 사람은 누구나 이 세금을 내야 했다. 그러나 이 세금을 내는 사람은 누구든지 불명예스러운 사람으로 간주됐다. 그를 상층계급 이하는 물론 시민 신분 이하로 격하시키는 것으로 됐다. 그 때문에 재산을 소유한 귀족이나 시민, 어느 누구도 이러한 수모를 당하지 않으려 했다. 타이유는 축적되는 자산이 토지개량에 사용되지 못하게 할 뿐만 아니라 다른 모든 자산을 토지에서 몰아내었다. 이전에 영국에서 매우 일반적이었던 $\frac{1}{10}$ 세금이나 $\frac{1}{15}$ 세금은 토지에 영향을 미치는 점에서 타이유와 같은 성질의 세금이라고 생각된다.

이렇듯 토지개량을 가로막는 모든 방해 요소하에서는 토지사용자들에게서 토지개량을 기대하기가 어려웠다. 법의 보호로 토지사용자들이 모든 자유와 안전을 가졌지만, 토지개량에 있어서는 매우 불리한 위치에 있었다. 토지소유자와 차지농을 각각 비유하자면, 자기 돈으로 사업하는 상인과 돈을 빌려서 사업하는 상인이라 할 수 있다. 두 사람 모두 사업을 통해 자산이 증가한다. 그러나 돈을 빌려서 사업하는 상인은 똑같이 사업을 잘해도 자기 돈으로 사업하는 사람보다 항상 자산을 모으는 데 더디다. 이는 이윤의 많은 부분이 빌린 돈에 따른 이자로 지불되기 때문이다. 따라서 차지농이 경작하는 토지는 똑같이 경작을 잘해도 토지소유자가 경작하는 토지보다 잘 개량되지 않는다. 토지소유자였더라면 토지를 더 우수하게 개량하는 데 사용했을 생산물 중 큰 몫이 지대로 나가기 때문이다. 게다가 차지농은 일의 성질상 토지소유자보다 그 지위가 낮다. 유럽 대부분의 지역에서 자영농은 낮은 계급으로 취급받는다. 상인이나 기능공, 대상인이나 공장장보다 낮은 지위로 여긴다. 자산을 어느 정도 가지고 있는 사람이 낮은 지위가 되기 위해 더 높은 지위를 버리는 일은 일어나지 않는다. 그러므로 현재 유럽의 상태라면, 어떤 자산도 농경을 위한 토지개량에 쓰이는 일은 거의 없을 것이다. 어쩌면 영국은 다른 나라에 비하여 토지개량에 자본을 투자하는 정도가 조금 더 많을 수는 있으나, 이러한 영국에서조차도 경작에 투자하는 대자본은 일반적으로 모든 산업 중에서 자산 축적 속도가 가장 느린 농경에서 나오고 있다. 그러나 어느 나라에서건 소규모 토지소유자 다음으로 가장 중요한 토지개량자는 부유한 대규모 차지농들이다. 아마 그러한 대규모 차지농들은 유럽의 어느 군주국보다 잉글랜드에 많을 것이다. 네덜란드 공화국과 스위스 베른 공화국의 차지농들은 잉글랜드 차지농에 뒤지지 않다고 한다.

그러나 토지경작과 개량을 차지인이 수행하건 토지소유자가 수행하건 불문하고, 이 모든 요인보다도 토지경작과 개량에 가장 큰 장애 요소는 유럽의 오래된 정책이었다. 이 정책은 첫째, 특별한 허가가 없이는 일반적으로 곡물 수출을 금지했다. 이는 매우 보편적인 규제였다. 둘째, 국내 상업에서는 곡물뿐 아니라 거의 모든 농업생산물에 관하여 규제를 두었다. 이는 독점가, 매점상인, 투기자를 대상으로 비합리적인 법률을 제정하고 정기시장과 상설시장에 특권을 부여함으로써 그렇게 했다. 곡물의 수출을 금지하고 외국 곡물의 수입을 장려하면서 고대 이탈리아의 농경이 어떠한 지경에 이르렀는지는 앞에서 이미 살펴보았다. 고대 이탈리아는 당시 강력한 제국권에 속해 있었으며 유럽에서 토지 자체가 가장 비옥했던 나라였다. 하지만 전반적으로 수출을 금지하고 곡물의 국내 상업을 제한하는 잘못된 정책으로 토지경작에 막대한 손해를 입었다. 하물며 사정이 열악한 데다 이탈리아처럼 비옥하지도 않은 나라라면 그러한 정책 때문에 경작이 어느 정도 훼손되었는지는 쉽게 상상할 수 있을 것이다.

로마제국의 멸망 후 대도시와 소도시의 발생과 발달

(제3장)

로마제국의 멸망 후 대도시 및 소도시에 사는 주민들이 농촌 주민들보다 혜택을 더 받은 것은 아니었다. 사실 그 도시 주민들은 고대 그리스와 로마에 공화정이 처음 들어설 당시 거주하던 주민들과는 다른 계층에 속했다. 공화정 초기 주민들은 주로 토지소유자로, 본래 국토를 나누어 가지고 있었다. 그들은 공동방어를 하는 데 서로 이웃하여 집을 짓고 담으로 둘러치는 것이 효과적이라는 사실을 깨달았다. 그러나 로마 제국이 멸망한 후에는 토지소유자들이 일반적으로 자기 영지에 요새와 같은 성을 쌓아 놓고 그 안에서 소작인들과 그들에게 딸린 식구들과 함께 살았던 것 같다. 도시에는 주로 상인과 수공업자들이 살고 있었다. 당시 그들은 예속 상태나 예속에 가까운 상태에 있었던 것으로 보인다. 유럽의 몇몇 주요 도시의 주민들에게 특권을 부여한 고대의 인가장(charter)을 보면 인가를 받기 이전에 그들의 삶이 어땠을지 충분히 짐작할 수 있다. 특권을 인가받은 사람은 영주의 동의 없이 딸을 출가시킬 수 있었고 사망 시 영주가 아닌 자식에게 재산을 상속할 수 있으며, 유언에 따라 처분할 수도 있었다. 이러한 특권이 부여되기 전에는 그저 농촌의 토지사용자나 농노에 지나지 않았음을 알 수 있다.

그들은 실제로 정말 가난했고 미천한 사람들이었던 것 같다. 그들은 오늘날의 행상처럼 재화를 가지고 이곳에서 저곳으로, 이 장터에서 저 장터로 떠돌아다녔다. 당시 유럽의 모든 나라에서는 중국의 타타르족과 같이 사람과 재화에 세금을 매기곤 했었다. 어떤 장원을 지날 때, 어떤 다리를 건널 때, 시장을 찾아 한 장소에서 다른 장소로 재화를 옮겨 갈 때, 물건을 팔고자 매점이나 가판대를 세울 때 어김없이 세금이 부과되었다. 이런 각각의 세금은 잉글랜드에서 통행세, 교량세, 적하세, 노점세라는 이름으로 불렸다. 가끔 국왕이, 때로는 권한을 가진 것으로 여겨지는 대영주가 특정 상인, 특히 자기 영내에 사는 상인에게 이와 같은 세금을 전반적으로 면제해 주는 경우도 있었다. 비록 한편으로는 예속 상태이거나 또는 거의 그런 상태였지만 이런 이유 때문에 위와 같은 상인들은 자유 상인이라고 불렸다. 그 대가로 그들은 보통 자신들의 보호자에게 해마다 일종의 인두세를 바쳤다. 당시에는 비싼 대가 없이는 보호가 주어지지 않았으므로, 인두세는 다른 세금을 면제해 줌으로써 보호자가 입은 손실에 대한 보상 개념이었을 것이다. 처음에는 인두세와 면세 모두 오롯이 개인에게만 적용되는 것이었고, 특정 개인에 한하여 그가 생존하는 동안이나 보호자의 마음이 내키는 동안에만 영향을 미쳤던 듯하다. 중세 토지대장에는 비록 기록 상태가 불완전하긴 하지만 잉글랜드의 몇몇 도시에 관한 기록이 있다. 이를 살펴보면 보호에 따른 대가로 특정 시민들이 어떤 때는 국왕에게, 어떤 때는 영주에게 낸 기록도 있고, 어떤 때는 단순히 전체 세금액을 합한 총액만 기록되어 있기도 하다.

그러나 도시 주민이 아무리 예속 상태에 놓였다고 해도 농촌의 토지사용자보다는 자유와 독립을 훨씬 일찍 얻었던 것이 분명하다. 보통 왕이 거두어들이는 세입 중 인두세 부분은 특정 도시에 한하여 일정 기간 동안 확정납부금을 받고 때로는 지방장관에게, 때로는 다른 사람에게 위탁되었다. 시민 자신들도 도시에서 나오는 이런 종류의 세금 징수를 위탁받을 만큼 신용을 가지게 되었고, 그들은 연대하여 혹은 개별적으로 전체 납부금을 책임질 수 있게 되었다. 이런 방식의 위탁 징수는 유럽의 모든 군주들의 일상적인 재산관리에는 아주 편리한 제도였다고 생각한다. 군주들은 보통 장원 내에 거주하는 소작농들에게 장원 전체를 맡겼고, 그 소작농들은 연대적으로 혹은 개별적으로 전체 납부금을 책임졌다. 그 대신 자신들만의 방법으로 납부금을 모아 자신들의 집행관을 통해 왕실재정에 납부하도록 허가받았다. 그리하여 궁중 관리가 부리는 횡포에서 완전히 벗어나게 되었다. 이 사실은 당시 매우 중요하게 눈여겨보아야 할 부분이었다.

도시의 징세위탁제도는 초기에 다른 위탁자들에게 그러했듯이 시민에게도 일정한 기간만 허가되었던 것 같다. 그런데 시간이 지나면서 확정납부금을 전혀 올리지 않겠다는 약속과 함께 징세위탁권을 그들에게 세습권리로서, 즉 영구히 허용하는 것이 관행처럼 되었다. 그리하여 확정납부금이 영구적인 것이 되자 그 대가로 받는 면세 또한 당연히 영구적인 것이 되었다. 따라서 이후 그 면세는 특정 개인에게 적용되는 것이 아닌 특정 도시에 속한 주민에게 적용되는 것으로 간주되었다. 이런 연유로 해당 도시는 '자유시'라고 불리었고, 그 도시의 주민 역시 같은 이유로 '자유시민' 또는 '자유상인'이라 불리었다.

이러한 특권이 허용되면서 앞서 말한 중요한 특권, 즉 딸을 자유로이 결혼시키고, 자녀에게 자기 소유를 물려주며, 유언으로 자기 재산을 처분할 수도 있는 권리가 도시 주민들에게 전반적으로 주어졌다. 이전에도 그런 특권들이 상업의 자유와 함께 개인으로서의 특정 시민에게 일반적으로 허용되었는지는 잘 모르겠다. 직접적인 증거를 댈 수는 없지만 그렇지 않았을까 생각한다. 어찌 되었든 그들에게서 농노와 노예 신분이 지녀야 할 주요 특성들이 제거되었기 때문에 그들은 이제 적어도 오늘날 자유라는 단어가 의미하는 진정한 자유를 가지게 되었다.

그뿐만이 아니었다. 동시에 그들은 일반적으로 일련의 특권을 가진 공동체와 조합을 조직했다. 그 조직은 자신들의 행정장관과 시의회를 세울 수 있고, 자치를 위한 조례를 제정할 수 있으며, 방어를 위한 방벽을 쌓고, 모든 주민에게 경계를 의무함으로써 주민들을 군사 규율하에 두는 특권을 가졌다. 경계란 과거에 이해되고 있는 것과 같이 밤낮없이 모든 공격과 기습에 대비하여 감시하고 방어하는 것을 말한다. 잉글랜드에서 그들은 일반적으로 도시와 주의 재판소에 고발당하지 않고, 그들 사이에 소송이 발생하여도 형사사건을 제외하고는 모두 자신의 행정관의 결정에 맡겨졌다. 다른 나라에서는 이보다 훨씬 크고 광범위한 사법권이 허용되는 경우가 많았다.

아마도 징세 위탁을 인가받은 도시에는 시민들에게 납세를 강제할 수 있는 일종의 강제적인 사법권을 부여할 필요가 있었을 것이다. 그런 혼란기에는 도시들이 이런 종류의 재판을 다른 법원의 판결에 맡겨 둔다면 매우 불편했을 것이다. 그러나 유럽의 모든 국왕들이 이런 식으로 비용을 들이거나 신경쓰지 않고 가만히 놓아두어도 잘 증가할 세입을 전혀 증액하지 않는 확정납부금과 교환했다는 것, 그리고 자기 영토 한복판에 일종의 독립국을 자발적으로 세웠다는 것은 분명 특이해 보인다.

이것을 이해하려면 그 당시 유럽의 어떤 국왕도 비교적 힘이 약한 자기 신민들을 대영주의 압박으로부터 보호할 수 없었다는 사실을 알아야만 한다. 법이 보호하지 못하고, 또 자신을 방위할 만큼 강하지 못한 사람들은 대영주에 의탁해 보호를 받으며 노예나 가신이 되든지, 아니면 서로의 공동방위를 위해 상호방위동맹을 맺지 않을 수 없었다. 대도시와 소도시의 주민들은 한 개인으로서는 스스로를 방어할 힘이 없었다. 그러나 이웃과 상호방위동맹을 맺으면서 무시할 수 없는 힘을 지니고 저항을 할 수 있게 되었다. 영주는 시민들을 멸시했다. 영주는 시민들을 다른 계층의 집단으로 여겼을 뿐 아니라 자기와는 완전히 다른 부류로 취급하며 해방된 노예로 여겼다. 시민들의 부는 영주의 시기와 분노를 일으키지 않은 적이 없었고 기회 있을 때마다 가차 없이 약탈당했다. 시민들은 당연히 영주를 증오하고 두려워했다. 군주도 역시 영주들을 증오하고 두려워했다. 그러나 시민들을 멸시하기는 했지만 군주에게는 증오하거나 두려워할 이유가 전혀 없었다. 이러한 상호 이해관계로 인해 시민들은 왕을 지지했고 왕은 영주들에 대항하여 시민들을 지지하게 되었다. 시민들은 왕의 적의 적이었다. 왕은 적으로부터 시민들을 가능한 한 안전하게 보호하는 것이 자기에게 이익이 되었다. 시민들에게 시민들 자신의 행정관을 갖도록 허용하고, 자치를 위한 조례를 만들며, 방어를 위한 방벽을 건설하고, 모든 시민을 군사적 규율 아래 두는 특권을 부여함으로써 국왕은 시민들이 영주로부터 안전을 지키고 독립할 수 있는 모든 수단을 주었다. 이런 종류의 적절한 통치체제가 확립되지 않았다면, 즉 시민들을 어떤 계획이나 조직에 따라 행동하도록 시민들에게 강제하는 지휘체계가 없었다면 어떤 자발적인 상호방위연맹도 그들에게 영속적인 안전을 보장하지 못했을 것이며, 시민들이 국왕에게 상당한 지원을 제공할 수도 없었을 것이다. 국왕은 시민들에게 도시 징세위탁권을 영구히 부여함으로써 언젠가 도시의 징세 납부금을 인상하거나 다른 사람에게 징세위탁권을 넘겨 주민들을 억압할지도 모른다는 경계심과 의심의 뿌리를 자신의 친구로부터,이렇게 말해도 될지 모르겠지만, 동맹자로 삼고 싶어 한 사람들로부터 완전히 제거한 것이다.

따라서 귀족과 사이가 가장 좋지 않았던 국왕이 자신이 거느리는 도시들에 이러한 특권을 부여하는 데 가장 너그러웠던 것 같다. 예를 들어 잉글랜드의 존(John) 왕은 도시에 대하여 가장 관대한 후원자였던 것으로 보인다. 프랑스의 필립(philip) 1세는 귀족들에 대한 통제력을 모두 상실했다. 또, 다니엘(Daniel) 신부에 따르면 훗날 비만 왕 루이스(Lewis)로 알려진 그의 아들 루이스는 재위기 말에 대영주들의 횡포를 억제할 가장 적절한 방법을 찾으려 직할령 내 주교들과 논의했다고 한다. 주교들이 준 조언은 두 가지였다. 하나는 국왕의 직할령에 있는 모든 대도시에 행정관과 시의회를 설치하여 새로운 질서의 사법제도를 수립하는 것이었다. 다른 하나는 그 도시의 주민들을 자체 행정관의 지휘하에 두어 필요할 때 왕을 지원하고자 출동할 수 있는 새로운 민병대를 만드는 것이었다. 프랑스 역사 연구가들에 따르면 프랑스의 시의회와 행정관 제도가 생긴 시기가 이때부터라고 한다. 독일의 자유시 대부분이 특권을 부여받은 것도 슈아비아(Suabia) 가문의 군주들의 치세가 부진했던 시대에 일어난 일이다. 또, 유명한 한자동맹(Hanseatic league)이 처음으로 강성해진 것도 이 시기의 일이다.

그 당시 도시 민병대는 국가 군대에 뒤떨어지지 않았다. 그리고 그들은 어떤 갑작스런 경우에도 더 쉽게 소집될 수 있었기 때문에 인근 영주들과의 싸움에서 유리한 경우가 많았다. 이탈리아나 스위스 같은 나라에서는 도시가 통치의 중심지, 즉 국가가 지닌 자연적인 힘의 중심지로부터 멀리 떨어져 있었기 때문에, 혹은 어떤 다른 이유 때문에 도시에 미치는 국왕의 권위가 전혀 없었다. 따라서 도시가 일반적으로 독립공화국이 되었고 인근 귀족들을 모조리 정복해 버렸다. 그리하여 귀족들은 성을 허물고 나와 다른 평화로운 주민들과 마찬가지로 도시에서 살아야만 했다. 이것이 베른(Berne) 공화국과 스위스의 몇몇 도시에 관한 짧은 역사이다. 조금 다른 역사를 가진 베니스(Venice)를 제외하면, 12세기 말부터 16세기 사이에 수도 없이 생겨났다 사라진 이탈리아 공화국의 역사이기도 하다.

프랑스와 잉글랜드에서는 국왕의 권위가 종종 너무 낮기는 했어도 완전히 사라지진 않았기 때문에 도시들이 완전히 독립할 기회는 없었다. 그러나 도시들 역시 매우 강대해졌으므로 국왕은 도시의 일정 징세납부금 외에는 아무런 동의 없이 과세할 수 없었다. 그러므로 도시들은 왕국의 여러 신분으로 구성된 총회에 초청을 받아 대표를 보냈다. 거기에서 그들은 성직자 및 귀족들과 함께 긴급한 경우 왕에게 특별 원조를 제공하는 것을 논의했다. 도시 대표자들은 대체로 국왕이 가진 권력에 매우 우호적이었기 때문에 때때로 그 총회에서 대영주의 권위에 맞서는 대항 세력으로 왕에게 이용되기도 했다. 이렇게 하여 유럽에 속한 모든 대군주국의 의회에 도시대표제도가 시작되었다.

이런 식으로 질서와 선정(善政)체계, 그리고 개인의 자유와 안전이 도시에서 확립되어 가던 때에 농촌의 토지사용자들은 온갖 폭력에 노출되었다. 이런 무방비 상태에 놓일 경우 사람들은 자연히 생계에 필요한 물품에만 만족하게 마련이다. 그 이상 획득하면 억압자들의 횡포만 유발할 수 있기 때문이다. 반대로 자유가 보장되어 자신의 노력으로 얻은 성과를 누릴 수 있다면 사람들은 분명 자신의 처지를 개선하려고 하며, 생필품뿐만 아니라 편의품이나 사치품을 취하려고 한다. 따라서 생계에 필요한 수준 이상을 목표로 경제 활동을 하려는 움직임은 농촌보다 도시에서 먼저 행해졌다. 농촌에서 보편화된 것은 시간이 한참 지난 훗날의 일이었다. 농노 신분으로 예속되어 억압받는 가난한 경작자는 얼마 되지 않는 자산이 조금이나마 축적된다면 이를 숨겨야 했다. 그렇지 않으면 주인의 수중에 들어가므로 주인 모르게 감추려 온갖 주의를 기울였을 터이고, 틈만 나면 도시로 도망갈 기회를 엿보았다. 당시의 법률은 도시 거주자에게 매우 관대했으며 농촌 주민에게 행사하는 영주의 권위를 줄이려고 대단히 애를 썼다. 그래서 그가 영주의 추적을 피하여 1년만 잘 숨어 지내면 그는 영원히 자유로울 수 있었다. 그러므로 농촌에 사는 이들이 열심히 일하여 얼마간의 자산을 손에 쥐게 되면 자연히 피난처를 찾아 도시로 떠났다. 도시는 자산을 획득한 사람들에게 안전을 보장하는 유일한 성역이었던 것이다.

사실 도시 거주자들은 생필품을 비롯하여 작업에 드는 전반적인 수단과 재료를 언제나 농촌에서 얻을 수밖에 없다. 그러나 해안이나 항해가 가능한 강가에 인접하여 사는 도시 주민들은 자신들에게 필요한 것을 반드시 인근 농촌에서 얻어야 하는 것은 아니다. 그들의 활동 반경은 훨씬 넓다. 그들은 자기들이 만든 제조품과 교환하거나 멀리 떨어진 국가 간의 중계무역에 종사하여 한 나라의 생산물을 다른 나라의 생산물과 교환함으로써 지구 반대편에 위치한 나라에서도 얻을 수 있을 만큼 세상 구석구석에서 필요한 물품들을 얻을 수 있다. 인근 농촌뿐만 아니라 거래하는 국가들이 모두 가난과 비참함을 겪고 있을 때 어떤 도시는 이런 방식으로 거대한 부를 축적하여 화려함을 자랑하며 성장해 갈 수 있었다. 어쩌면 거래하는 국가들이 하나하나 개별적으로 제공하는 생필품이나 일거리는 적을 수밖에 없었을지도 모르지만, 그 모두를 합치면 그 도시에 제공되는 생필품과 일거리는 대단히 많을 수 있었다. 그러나 당시의 좁은 상업권 안에서도 부유하고 근면했던 나라가 있었다. 그리스(Greek) 제국은 존속하는 내내 그러했고, 아바사이드(Abassides) 왕조 치하의 사라센(Saracens) 제국도 그러했다. 터키에게 침공당해 멸망하기 전까지의 이집트(Egypt), 바바리(Barbary) 해안의 일부, 그리고 무어인(Moors) 통치하에 있던 스페인의 모든 지역들도 역시 그러했다.

유럽 내에서 처음으로 상업을 통해 상당한 부를 일으킨 곳은 아마 이탈리아의 도시들일 것이다. 그 당시 이탈리아는 세계 문명 발달의 중심에 위치하고 있었다. 십자군이 많은 자산을 낭비하고 주민들을 파멸시키며 유럽 지역 대부분의 발전을 저해시킨 것은 분명하지만 이탈리아 도시에는 이익이 되었다. 성지점령을 위해 곳곳에서 진군해 온 대부대는 베니스(Venice), 제노아(Genoa), 피사(Pisa)의 해운업을 크게 촉진했다. 그곳을 통해 대부대를 수송하는 일이 많았고, 그때마다 그들에게 식량을 공급했기 때문이다. 말하자면 그 도시들은 군대의 병참 기지였다. 그리하여 유럽 민족에게 불어닥친 가장 파괴적인 광란이 그들 공화국에게는 부의 원천이 되었다.

무역 도시에 거주하는 주민들은 부유한 국가로부터 개선된 제조품과 값비싼 사치품을 수입하여 대지주들의 허영심을 만족시켰다. 대지주들은 자기 토지에서 나온 대량의 생산물을 이용하여 그것들을 열심히 사들였다. 따라서 그 당시 유럽 대부분의 상업은 주로 가공되지 않은 생산물과 문명국가의 제조품을 교환하는 방식으로 이루어졌다. 그리하여 잉글랜드의 양모는 프랑스의 와인, 플랑드르의 고급 옷감으로 교환되었는데, 이는 마치 오늘날 폴란드의 곡물이 프랑스산 와인이나 브랜디(brandy), 그리고 프랑스나 이태리에서 나는 실크와 벨벳으로 교환되는 것과 같다.

이런 방식으로 무역을 하면서 그러한 것들이 전혀 만들어지지 않았던 나라에서 더 정교하고 더 개선된 제조품을 선호하는 경향이 생겨났다. 그런데 이런 선호 현상이 매우 보편화되어 그 수요가 증가하자 운송비를 절약하려는 상인들이 자국에 똑같은 종류의 제조업을 설립하려고 노력했다. 그래서 로마제국이 멸망한 후 서유럽 지역에서 원거리 판매를 위한 제조업이 처음으로 설립되었던 것 같다.

주목해야 할 점은 어떤 큰 나라도 국내에서 영위되는 제조업 없이는 존재하지 않았고, 존재할 수 없었다는 사실이다. 그러나 여기서 어떤 나라에 제조업이 없다는 말은 더 정교하고 개량된 제조업, 또는 원거리 판매에 적합한 제조업이 없었다는 것을 의미한다. 어느 나라에서나 대부분의 국민들에게 필요한 의복과 가재도구는 자국에서 생산된다. 그러나 이것은 제조업이 많다는 말을 듣는 부유한 국가보다 제조업이 없다는 말을 듣는 가난한 국가에서 훨씬 더 보편적인 현상이다. 이것은 하층민의 의복이나 가재도구의 외국산 비중이 대체로 가난한 국가보다는 부유한 국가에 더 많다는 사실에서 알 수 있다.

원거리 판매에 알맞은 제조업은 두 가지 방법으로 각국에 도입되었다.

때때로 제조업은 위에서 언급한 것과 같은 방식으로 도입되었다. 즉 동일한 종류의 제조품을 모방하고자 했던 특정 상인이나 사업가의 자산이 무지막지하게(이렇게 말해도 될지 모르겠지만) 투입되어 제조업이 도입되었다. 이러한 제조업은 13세기 루카(Lucca)에서 번성했던 실크, 벨벳, 양단 등과 같은 옛날 제조업들로서 국제무역의 산물이었다. 이 제조업들이 루카에서 사라져 버렸는데, 그것은 마키아벨리의 영웅인 카스트루초 카스트라카니(Castruccio Castracani)의 폭정 때문이었다. 1310년 루카에서 쫓겨나간 세대가 900세대였다. 그중 31세대가 베니스로 넘어가 실크 제조업을 전하겠다고 제안하자 이들의 제안은 받아들여졌고 많은 특혜가 주어졌으며, 300명이 모여 실크를 생산하기 시작했다. 예전 플랑드르에서 성업 중이던 고급 옷감의 제조법이 엘리자베스 여왕 집권 초기에 잉글랜드에 소개된 일이나, 현재 리용(Lyons)과 스피탈필즈(Spital-fields)에 자리 잡은 실크 제조업이나 모두 이 같은 현상이었던 것으로 보인다. 이렇게 도입된 제조업은 외국산 재료를 사용해서 외국 제조업을 모방하는 것이었다. 베니스 공장이 처음 설립되었을 때 원자재는 모두 시칠리아(Sicily)와 레반트(Levant)에서 수입되었다. 그뿐만 아니라 옛 루카의 공장들도 외국산 재료를 사용했다. 뽕나무를 경작하고, 누에를 치는 일은 16세기까지 이탈리아 북부에서는 일상적이지 않았던 것 같다. 프랑스 샤를 9세 때가 되어서야 그 기술이 프랑스에 전해졌다. 플랑드르 제조업은 주로 스페인산과 잉글랜드산 양모를 사용했다. 스페인산 양모는 잉글랜드 최초의 모직물 제조에 사용된 원료는 아니었지만, 원거리 판매에 적합했던 최초의 모직물 원료였다. 오늘날 리용 제조업의 원료 중 절반 이상이 외국산 생사이다. 처음 설립 당시에 사용했던 원료는 거의 전부 외국산이었다. 스피탈필즈 제조업에 사용되는 원료 중 잉글랜드산은 하나도 없는 것 같다. 그런 제조업은 보통 몇몇 개인의 계획과 설계로 추진되어 설립되므로 그 소재지는 그들의 이익이나 판단, 또는 성향에 따라 때로는 해안도시에, 때로는 내륙도시에 자리 잡았다.

원거리 판매를 위한 제조업이 각국에 도입된 또 다른 방식은 그것이 자연스럽게 성장한 경우다. 가난하고 미개한 나라에서도 반드시 있을 수밖에 없는 가내 공업 수준의 투박한 제조업이 점차 정교하게 되면서 발전하는 경우다. 그런 제조업들은 대개 국내에서 생산하는 원료를 사용했다. 아마도 해안에서 완전히 동떨어지지는 않았지만 꽤 거리가 멀어 때때로 해상운송이 불가능한 내륙지방에서 점차 정교해지고 개선된 듯하다. 자연적으로 비옥하고 경작이 쉬운 내륙지방에서는 생활에 필요한 양 이상으로 잉여물이 많이 생산된다. 그러나 육상운송에 드는 비용과 하천운송의 불편함 때문에 그 잉여분을 외국에 보내기는 어려웠을 것이다. 따라서 이러한 풍부한 잉여물 때문에 식량이 값쌌고, 많은 노동자가 인근에 정착하게 되었다. 노동자들은 그런 곳에서 다른 곳에 비해 생필품과 편의품을 쉽게 얻을 수 있다는 사실을 알았다. 노동자들은 토지에서 나오는 원료를 가공하고, 그 완제품을 — 다른 말로 그 가치를 — 더 많은 원자재 및 식량과 교환했다. 노동자들은 가공하지 않은 생산물의 잉여분을 강가나 원거리 시장으로 수송하는 비용을 절약함으로써 거기에 새로운 가치를 부가하였다. 노동자들은 경작자들이 이전에 획득할 수 있었던 것보다 더 유리한 조건으로 경작자들에게 유용하고 적합한 것을 제공하며 잉여물과 교환하였다. 경작자들은 자신의 잉여 생산물을 더 좋은 값에 받고 필요한 편의품을 싸게 살 수 있었다. 그리하여 경작자들은 토지의 경작을 늘리고 더 개량하여 잉여 생산물을 증진하였다. 비옥한 땅이 제조업을 낳았듯이 제조업이 발전하여 다시 토지를 비옥하게 만든 것이다. 제조업자들은 처음에는 그 인근에만 공급하다가 나중에 제품이 개선되고 정교해지면서 더 먼 시장에까지 공급하였다. 왜냐하면 가공하지 않은 생산물이나 투박한 제조품들은 막대한 육로 운송비를 감당하는 데 어려움이 있었지만 세련되고 개선된 제품들은 비용을 쉽게 감당할 수 있었기 때문이다. 그것은 부피는 작으면서도 가공하지 않은 생산물보다 가치가 몇 배는 더 나갔다. 예를 들어 무게가 8파운드밖에 되지 않는 고급 모직물 한 필의 가격은 80파운드 무게의 양모 가격과 맞먹을 뿐만 아니라, 때로는 수많은 노동자와 고용주가 먹고도 남을 수천 파운드의 곡물가격과도 맞먹었다. 이런 식으로 원래 형태 그대로 외국으로 운송하기 어려운 곡물이 완제품 형태로 가공되어 사실상 수출되며 가장 멀리 떨어진 지구 반대편까지 쉽게 보내질 수 있었다. 리즈(Leeds), 핼리팩스(Halifax), 셰필드(Sheffield), 버밍엄(Birmingham), 울버햄프턴(Wolverhampton)의 제조업은 이런 방식으로 자연스럽게, 말하자면 자력으로 성장해 왔다. 이런 제조업은 농업의 산물이다. 근대 유럽 역사에서 농업의 산물인 제조업의 확장과 발전은 외국무역의 산물인 제조업보다 대체로 늦다. 잉글랜드는 스페인산 양모로 만든 고급 모직물 제조업으로 유명하지만, 앞서 언급한 지역에서 모직물 제조업이 외국 판매에 적합한 제조업으로 발전한 것은 1세기가 지난 후라고 기록되어 있다. 지금 번성하고 있는 각종 제조업의 확장과 번성은 농업이 확대되고 토지가 개량된 결과이다. 그런데 농업의 확대와 개량은 외국무역과, 외국무역에 의해 직접 도입된 제조업이 이뤄 낸 최종적이고 가장 큰 효과이다. 지금부터 이를 자세히 살펴보고자 한다.

도시 상업이 어떻게 농촌의 발전에 기여했는가?
(제4장)

상업과 제조업이 번성한 도시는 세 가지 방법으로 그들과 관계되어 있는 농촌의 개량과 경작에 기여했다.

첫째, 농촌의 가공되지 않은 생산물을 언제든지 팔 수 있는 거대 시장을 제공하여 경작과 개선을 촉진하였다. 이 이익은 그 도시가 위치한 지역에만 국한되지 않고 그 도시가 거래하는 모든 곳으로 많든 적든 확산되었다. 도시는 그들 모두에게 가공되지 않은 생산물이나 제조품의 일정 부분을 판매할 수 있는 시장을 제공했고, 결과적으로 모든 농촌의 활동과 개량에 자극을 주었다. 그러나 아무래도 도시 가까이에 위치한 농촌이 인접하고 있다는 조건 때문에 그 시장으로부터 가장 큰 이익을 얻었다. 시장에서 가까운 농촌지방은 거리가 먼 농촌지방보다 생산물을 수송하는 데 비용이 적게 든다. 그래서 상인들은 먼 지방의 재배자보다 가까운 지방의 재배자에게서 더 높은 가격을 지불하고 사들일 수 있었고, 소비자에게는 먼 농촌지방의 생산물과 같은 가격에 가까운 농촌지방의 농산물을 공급할 수 있었다.

둘째, 도시 주민들이 획득한 부는 매물로 나와 있는 토지를 구입하는 데 쓰이는 경우가 많았다. 팔려고 내놓은 토지 대부분은 미경작지였다. 상인들은 보통 농촌의 상류층이 되기를 열망하였다. 그리고 그렇게 되면 그들은 일반적으로 뛰어난 개량가가 되었다. 상인은 주로 수익성 있는 사업에 돈을 쓰는 데 익숙하다. 반면 단순한 농촌의 상류층은 돈을 주로 소비하는 데 익숙하다. 상인은 자기 돈이 나가서 이윤으로 돌아오는 것을 경험하는 경우가 많지만, 농촌의 상류층은 일단 한 번 돈을 내놓으면 다시 거두어들일 수 있으리라고는 전혀 기대하지 않는다. 이러한 습관의 차이가 모든 사업에 있어 그들의 기질이나 성향에 자연스럽게 영향을 미친다. 대개 상인은 대담한 사업가이고, 농촌의 상류층은 소심한 기업가이다. 상인은 비용에 비해 토지가치가 상승할 가능성이 있다고 전망되면 망설이지 않고 토지개량에 거액의 자본을 투입하려 한다. 반면 농촌의 상류층은 자본을 항상 가지고 있지도 않지만, 혹여 있다 해도 그런 식으로 모험하지 않는다. 만약 개량한다고 하더라도 자본을 가지고 하는 것이 아니라 자신의 연간 수입 중 절약할 수 있는 부분으로 한다. 개량되지 않은 지역의 상업도시에서 살아본 사람은 누구든지 농촌 상류층보다는 상인이 이러한 방식으로 얼마나 활기차게 활동하는지를 자주 보았을 것이다. 그뿐만 아니라 상인이 상업을 통하여 자연스럽게 얻은 질서, 절약, 주의력 같은 습관은 그로 하여금 어떤 개량 사업이든 이윤을 내고 성공적으로 더 잘 실행할 수 있도록 만들어 준다.

마지막으로, 상업과 제조업은 농촌 주민들에게 차츰 질서와 선정(善政)체계, 그리고 개인의 자유와 안전을 가져다주었다. 이전에 그들은 이웃들과 끊임없이 전쟁을 치렀고, 영주에게는 노예와 같이 예속되었다. 거의 주목받지 못했지만, 이 점은 상업과 제조업의 발달에서 얻은 가장 중요한 효과이다. 내가 아는 한 데이비드 흄(David Hume)이 이것을 알아본 유일한 학자이다.

외국과의 교역이나 정교한 제조업이 없는 나라의 경우 대지주는 토지 생산물이 경작자를 고용하는 데 쓰고 남아도 그 잉여분과 교환할 것이 없다. 그러므로 그는 잉여분 전부를 집안에서 쓸모없는 향응에 써 버린다. 만약 이 잉여분이 100명 또는 1,000명을 먹여 살리기에 충분하다면 그는 딱 100명 혹은 1,000명을 먹여 살리는 일 이외에는 잉여분을 쓸 방법이 없다. 그러므로 그는 항상 수많은 가신들과 하인들에 둘러싸여 있다. 그들은 자신들의 생계를 부양해 주는 대가로 대지주에게 줄 것이 아무것도 없어서 대지주가 주는 하사품으로 먹고살기 때문에 그에게 복종해야만 한다. 이는 마치 군인들이 급료를 주는 군주에게 복종하는 것과 같은 이치다. 유럽에서 상업과 제조업이 확산되기 전에는 군주에서 군소 귀족에 이르기까지 부자와 귀족들의 향응이 오늘날 우리가 상상할 수 있는 정도를 훨씬 넘어섰다. 웨스트민스터 홀(Westminster Hall)은 윌리엄 루퍼스(William Rufus) 왕의 전용식당이었다. 그곳은 그가 초대하는 손님들에 비하면 결코 그리 넓은 편이 아니었을지도 모른다. 토머스 베켓(Thomas Becket)에 따르면 자리를 잡지 못한 기사나 종사들이 식사하려고 바닥에 앉을 때 그들의 좋은 옷이 더러워지지 않도록 계절마다 깨끗한 건초나 골풀을 홀 바닥에 깔았다고 한다. 이 같은 사실에서 사치스러움의 한 단면을 볼 수 있다. 워릭(Warwick)의 대백작은 자신의 여러 영지에서 날마다 3만 명을 대접했다고 한다. 이 숫자가 과장되었을지 모르지만 이토록 과장할 만큼 매우 많았다는 사실은 분명하다. 이와 유사한 향응 현상이 스코틀랜드의 고지대 곳곳에서 최근까지 성행했다. 이런 현상은 상업과 제조업이 별로 발달되지 않은 모든 나라에서 흔한 일이었던 것 같다. 포콕(Pocock) 박사는 아라비아 족장이 자신의 가축을 팔려고 들른 도시에서조차 거리에서 식사를 하며 행인, 심지어는 거지들까지도 자기와 함께 식사할 것을 권하는 모습을 본 적이 있다고 했다.

토지사용자들은 모든 면에서 대지주의 가신들처럼 종속되어 있었다. 이러한 예속 상태에 있지 않은 토지사용자들은 임의해약 소작인(tenant at will)이었다. 그들은 토지경작으로 얻는 생활물자에 비하여 훨씬 적은 지대를 지불했다. 몇 해 전만 해도 스코틀랜드의 고지대에서 한 가족을 부양할 수 있는 토지에 대한 지대는 보통 1크라운, 반 크라운, 양 한 마리, 염소 한 마리였다. 어떤 지역에서는 지금도 그러한데, 그렇다고 다른 지역보다 더 많은 상품을 구매할 수 있는 만큼의 돈은 아니다. 잉여 생산물이 해당 영지 내에서 소비될 수밖에 없고 그것을 소비하는 사람들이 대지주의 가신이나 하인들처럼 대지주에게 종속되어 있는 지역에서는 그 일부가 대지주로부터 멀리 떨어진 곳에서 소비되는 것이 대지주에게는 더 편리할 수 있었다. 많은 손님과 대가족 때문에 겪게 되는 성가신 일을 덜 수 있기 때문이었다. 면역지대(quit-rent)보다 약간 높은 지대를 지불하면서 가족을 부양하기에 충분한 면적만큼 토지를 사용하는 임의해야 소작인도 대지주의 가신이나 하인과 마찬가지로 대지주에게 종속되어 있어 그에게 무조건 복종하지 않으면 안 되었다. 대지주가 자신의 집에서 가신이나 하인을 먹여 살리듯 자기 소작인들을 그들의 집에서 먹고살게 해 주기 때문이었다. 어느 쪽의 생계이든 모두 대지주의 하사품에서 나오며 그것의 지속 여부는 그의 선의에 달려 있었다.

이런 상황에서 대지주는 필연적으로 소작인과 가신들 사이에서 권위를 가지게 되었다. 옛날 귀족들의 권력은 그 권위 위에 성립되었다. 그는 자기 영지에 사는 모든 사람에 대해 평상시에는 재판관, 전시에는 지휘관이 되었다. 그는 자기 영지 안에서 질서를 유지하고 법을 집행할 수 있었다. 어떤 이가 부당한 일을 저질렀을 때 그 일에 대항하는 데 모든 주민의 힘을 모을 수 있었던 사람은 대지주였기 때문이다. 그 외에는 그럴 만한 권위를 가진 사람은 아무도 없었다. 심지어 국왕조차도 그러한 권위가 없었다. 옛날에 국왕은 단지 자기 영토 안에서 최대 지주에 지나지 않았다. 다른 대지주들이 공동의 적을 공동으로 방위하고자 국왕에게 일정한 존경을 바쳤을 뿐이었다. 모든 주민이 무장하고 있고 서로 돕는 것에 익숙해 있는 대지주의 영지 안에서 국왕이 자기 권위를 이용해 일정한 지불을 강요하려 한다면, 국왕은 내란을 치를 각오를 해야 했다. 그러므로 국왕은 국가 전역에 대한 사법권을 포기하고 그 대부분을 집행할 능력이 있는 사람에게 맡길 수밖에 없었다. 같은 이유로 지방민병의 지휘권을 민병이 복종하는 사람에게 맡기지 않을 수 없었다.

그런 지역적 사법권의 기원이 봉건법에 있다고 생각하면 이는 오산이다. 민사와 형사의 최고 재판권뿐만 아니라 모병권, 화폐 주조권, 자신의 국민에 대한 통치 조례의 제정권까지 모두 유럽에서는 봉건법이 알려지기 수세기 전에 이미 대지주가 완전 사유권으로 보유하고 있던 권리였다. 잉글랜드 색슨영주들의 권위와 사법권은 노르만 정복 이전에도 정복 이후의 노르만 영주가 가진 권위와 사법권 못지않게 컸던 것으로 보인다. 그러나 봉건법은 노르만 정복 이후에서야 비로소 잉글랜드에서 보통법으로 제정된 듯하다. 프랑스에서 가장 광범위한 권위와 사법권을 대영주에 의해 완전 자유권으로 보유하게 된 사실은 봉건법이 그 나라에 소개되기 한참 전의 일이었고, 이는 의심의 여지가 없는 사실이다. 이 권위와 사법권은 모두 앞에서 말한 재산과 관습으로부터 필연적으로 발생한 것이다. 그런 원인에서 그런 결과가 나올 수밖에 없다는 증거는 프랑스나 잉글랜드 왕국까지 거슬러 올라가지 않아도 후대에서 쉽게 구할 수 있다. 스코틀랜드 로카바(Lochabar)의 상류층인 로칠(Lochiel)의 카메론(Cameron)이 아무런 법적 허가도 없이, 또 치안 판사도 아니면서 자기 밑에 있는 사람들에 대해 최고 형사재판권을 행사한 일은 불과 30년 전의 일이다. 그는 당시에 이른바 귀족 영주도 아니고, (국왕이나 영주로부터 직접 받은 토지를 보유하는 - 역자주) 영신(領臣, tenant in chief)도 아니고, 단지 아가일(Argyle) 공의 한 가신에 불과했다. 그는 재판의 정식 절차를 취하지 않았지만 매우 공평했다고 전해진다. 그 당시 그 지역의 상태 때문에 공공의 치안을 유지하려면 그가 이런 권위를 떠맡을 필요가 있었을 것이다. 지대 수입이 1년에 500파운드를 넘지 않은 이 인사는 1745년 자신의 주민 800명을 이끌고 재커바이트의 난(Jacobite rebellion)에 뛰어들기도 했다.

봉건법은 거대 영주가 가진 권위를 확대하기보다는 축소하려는 의도에서 도입되었다고 보인다. 이는 국왕에서부터 소규모 지주에 이르기까지 확실한 종속 관계를 확립했다. 여기에는 봉사와 의무가 수반되었다. 지주가 미성년인 동안 지대는 그 관리권과 함께 직접적인 상급자, 즉 왕의 수중에 들어갔다. 국왕은 피후견인의 부양과 교육을 책임지고, 후견인의 권위로서 신분에 어긋나지 않는 한 결혼을 시킬 수도 있었다. 이런 제도가 분명 국왕의 권위를 강화하고 대지주의 권위를 약화시키기는 하였으나, 국민들 사이에서 질서와 훌륭한 통치를 확립하기에는 충분하지 않았다. 무질서를 야기하는 관습과 재산의 상태를 완전히 바꿔 놓을 수 없었기 때문이다. 이전과 마찬가지로 여전히 윗선인 국왕의 권위는 너무 약한 반면 아랫선인 영주의 권위는 너무 강했다. 아랫선의 힘이 강한 탓에 윗선의 권위가 자연히 약화된 것이다. 봉건적 종속관계가 도입된 후에도, 국왕은 이전처럼 대영주들의 폭력을 억제할 능력이 없었다. 대영주들은 여전히 자기들 판단대로 서로서로 전쟁을 일으켰으며, 때로는 국왕에게 전쟁을 걸어왔다. 대영주들이 좌지우지했던 국가에서 끊이지 않고 지속되었던 것은 폭력과 약탈, 무질서였다.

그러나 봉건제도에서 비롯된 그 모든 폭력도 결코 영향을 미치지 못한 분야가 있었다. 바로 대외 상업과 제조업이었다. 이 두 분야는 점진적으로 서서히 진행되어 의식하지 못한 사이에 자리 잡았다. 대외 상업과 제조업은 대지주들에게 그들 토지의 잉여 생산물과 교환할 수 있는 재화와 대지주들이 소작인이나 가신들과 나누지 않고 그들 자신이 소비할 수 있는 재화를 제공했다. '남에게는 아무것도 주지 않고 내가 다 갖는다'는 말은 전 세계 어느 시대를 막론하고 지배자들이 가지는 아주 좋지 않은 좌우명인 것 같다. 지주들은 지대 전체를 자신들을 위해 소비할 수 있는 방법을 찾자마자 남과 나눌 생각을 아예 거두었다. 예를 들어 그들은 다이아몬드가 박힌 버클이나 그것과 비슷한 하찮은 무용지물을 갖기 위해 1년 동안 1,000명이 먹고살 수 있는 생산물, 같은 말이지만 그 생산물의 가치와 교환했고, 그 생산물이 그들에게 줄 수 있었던 권위와 권력을 내려놓았다. 버클은 온전히 개인 것으로, 이를 구입하면 어느 누구와도 나누어 가질 수 없지만 예전처럼 지출했다면 적어도 1,000명과 나누어 가졌을 것이다. 어떻게 소비할 것인지 판단하는 데에 이 차이가 아주 결정적이지만 그들은 모든 허영심 가운데 가장 유치하고, 가장 천박하며, 가장 지저분한 과시욕을 만족할 수 있는 방식을 선택했고, 그 대가로 자신들의 권력과 권위를 점차 잃어 갔다.

대외 상업이나 우수한 제조업이 없는 나라에서 1년에 1만 파운드를 번다면, 1,000세대를 먹여 살리는 데에 그 돈을 쓸 수밖에 없을 것이다. 이로써 1,000세대 모두는 반드시 그의 지배하에 놓이게 된다. 오늘날 유럽에서는 연간 1만 파운드의 수입이 있는 사람은 자기 수입 전체를 소비할 수 있고, 또 일반적으로 그러하다. 그렇게 소비하게 되면서 그에게는 직접적으로 먹여 살리는 사람이 20명이 채 안 되며 부리는 하인도 10명이 안 된다. 그러나 어쩌면 간접적으로는 예전의 소비방식과 비교하여 훨씬 더 많은 사람을 먹여 살리고 있는지도 모른다. 그가 전체 수입과 교환하는 귀중품의 양은 매우 적을지 몰라도 그 귀중품을 수집하고 가공하는 데 고용된 노동자는 매우 많을 것이기 때문이다. 노동자들의 임금과 그들을 직접 고용하는 모든 고용주의 이윤 때문에 귀중품의 가격은 높다. 그 가격을 지불함으로써 그는 간접적으로 그들의 임금과 이윤을 지불한 것이며 결국 노동자와 고용주의 생활비에 기여한 것이다. 그러나 그가 노동자와 고용주에 기여하는 바는 일반적으로 극히 일부에 불과하다. 그들이 사용하는 연간 생활비의 $\frac{1}{10}$을 차지하는 경우는 매우 드물며 대부분 $\frac{1}{100}$,

어떤 사람에게는 $\frac{1}{1,000}$, 이보다도 더 적게는 $\frac{1}{10,000}$ 수준에도 못 미치는 경우가 많다. 그러므로 그가 노동자와 고용주들의 생활비에 기여한다 할지라도 그들은 그가 없이도 생활해 나갈 수 있으므로 그로부터 독립적이다.

대지주들이 지대를 모두 소작인과 하인들을 고용하는 데 쓴다면, 그들 각각은 자기 소작인과 하인들을 전적으로 부양하고 있는 것이다. 그러나 그들이 상인과 수공업자를 부양하는 데 지출할 경우에는 전체적으로 보면 부양하는 인원수가 비등하거나, 혹은 대지주가 낭비하던 무절제한 향응이 사라진 것까지 고려했을 때 전보다 더 많은 사람들을 부양할지도 모른다. 그러나 지주 한 사람 한 사람으로 따지면 그 많은 상인과 수공업자 개개인의 생존에 기여하는 부분은 실질적으로 매우 적다. 상인과 수공업자 개개인에게 필요한 생계비는 한 사람이 아니라 수백, 수천 명의 고객으로부터 나오기 때문이다. 그러므로 어떤 의미에서는 모든 고객에게 신세를 지고 있지만 어느 한 사람에게 전적으로 의존하지는 않는다.

대지주의 개인적 소비가 이런 식으로 점차 증가하면서 가신들의 수는 점차 줄어들 수밖에 없었고 마침내 가신으로 일했던 노동자 모두 일자리를 잃게 되었다. 같은 이유로 불필요한 소작인들도 점차 내보내졌다. 농장은 확장되었고, 농촌의 인구 감소라는 어려움에도 불구하고 토지사용자는 당시의 불완전한 경작과 개량 상태에 맞게 토지경작에 꼭 필요한 인원수만큼만 남게 되었다. 불필요한 입을 줄임으로써, 그리고 차지농을 통해 농장이 낼 수 있는 최대한의 가치를 뽑아냄으로써, 더 많은 잉여물, 또는 같은 말이지만 더 많은 잉여가치가 지주의 손에 들어왔다. 그러자 곧 상인과 제조업자들은 지주가 그 잉여로 지주 자신만을 위해 지출할 수 있는 방법을 제공했다. 이러한 일들이 계속되자 지주는 자기 토지의 현재 개량 상태로는 감당할 수 없는 정도로 지대를 올리고 싶어 했다. 거기에 소작인들은 한 가지 조건하에서 동의했다. 그 조건은 그들이 토지개량에 들인 비용과 관계없이 그것이 이윤으로 복구될 때까지 몇 년이건 그들의 소유를 보장해 준다는 조건이었다. 값비싼 허영심 때문에 지주는 이 제안을 받아들였다. 여기에서 장기 임대계약이 생겨나게 되었다.

토지의 전체 가치를 지불하는 임의해약 소작인은 지주에게 완전히 종속된 존재는 아니었다. 그들이 서로 받는 금전적 이득은 상호적이며 동등했고, 지주에게 봉사하고자 자신의 생명과 재산을 내놓는 그런 관계는 아니었다. 그러나 장기계약을 하면서 완전히 독립적인 존재가 되었다. 그리고 지주도 계약서에 명시되지 않거나 그 나라의 일반적이고 잘 알려진 법에 의해 부과된 것 이상으로는 아무리 사소한 봉사라 할지라도 소작인에게서 기대해서는 안 되었다.

이와 같이 소작인은 독립되고, 모든 가신들은 해산되어 버리자 대지주들은 이제 더 이상 사법집행을 방해하거나 농촌의 평화를 어지럽힐 수 없게 되었다. 에서(Esau)는 배가 고파 죽 한 그릇에 장자권을 팔았지만, 이들은 풍요로운 환경에서 방탕을 즐기며 성숙한 인간이 사고해야 할 진지한 추구보다는 어린 아이의 장난감이라고 하는 편이 더 어울릴 장신구나 금붙이를 위해 생득권을 팔아 버렸다. 그리하여 그들은 도시의 부유한 시민이나 상인과 다름없는 보통사람이 되었다. 도시뿐만 아니라 농촌에도 질서정연한 통치가 확립되었고 도시건 농촌이건 그것을 방해할 만한 권력을 가진 사람은 어디에도 없었다.

이 주제와는 좀 관련이 없는 듯하지만, 상업국가에서는 대대손손 대규모 장원을 소유해 온 오랜 전통의 가문을 찾아보기 어렵다는 점을 지적하고 싶다. 반면에 웨일즈나 스코틀랜드의 고지대와 같이 덜 상업화한 국가에서는 쉽게 찾아볼 수 있다. 아라비아 역사는 족보로 가득 차 있는 것 같다. 타타르 칸이 저술하고 유럽의 여러 언어로 번역된 역사서가 있는데, 거기에서 족보 이외의 내용은 찾아보기 어렵다. 이것은 그런 나라에서는 오랜 가문이 매우 흔하다는 사실을 보여 주는 증거이다. 부자가 그의 수입으로 노동자를 고용하는 것 이외에 별달리 지출할 방법이 없는 나라에서는 그들이 쉽게 파산하는 일이 없고, 자기가 부양할 수 있는 범위 이상으로 사람들의 생계를 지원하고자 노력하는 일도 없는 듯하다. 그러나 자기 한 몸을 위하여 지출을 많이 할 수 있는 곳에서는 무한정 지출하는 경우가 많다. 그의 허영심과 자기 자신을 향한 애착심에는 한도가 없기 때문이다. 그러므로 상업국가에서는 방탕함을 막기 위한 아주 강력한 법적 규제에도 불구하고 부가 한 가문에 오래 지속되는 일이 드물다. 반면에 상업화가 되지 않은 나라에서는 그런 규제가 없는데도 가문의 부가 오래도록 지속되는 경우가 많다. 왜냐하면 타타르나 아랍인과 같은 유목민족들에게는 그들 재산의 특성상 탕진하기가 어렵기 때문에 그런 규제 자체가 생길 수 없다.

이런 방식으로 공공의 복리에 있어 가장 중요한 혁명이 공공에 봉사하고자 하는 의도가 조금도 없던 두 계층의 사람들에게서 비롯되었다. 대지주의 단 한 가지 동기는 가장 유치한 허영심을 만족시키려는 욕구였다. 상인과 수공업자들은 대지주보다는 조금 낫지만, 마찬가지로 단지 자신들의 이익을 찾아 행동하고, 1페니를 벌 수 있는 곳이라면 어디서든지 일하여 1페니를 벌어야 한다는 자신들의 '행상인 원칙'을 좇았다. 그들 중 어느 누구도, 지주의 어리석은 행동과 상인 및 수공업자의 근면함에서 위대한 혁명이 시나브로 시작되고 있음을 알아채거나 예견하지 못했다.

따라서 유럽 대부분의 도시에서 발달된 상업과 제조업은 토지경작과 개량에서 비롯된 것이 아닌, 도리어 농촌에 경작과 개량을 일으킨 원인이자 계기가 되었다.

그러나 이런 진행 과정은 자연스러운 흐름과는 반대되는 것이다. 그 때문에 필연적으로 느리고 불확실하기 마련이다. 부를 창출하는 데에 상업과 제조업에 크게 의존하는 유럽 국가들이 대개 느리게 발전하는 반면, 전적으로 농업에 기초하는 북아메리카 식민지의 경우 급속하게 발전하는 이 두 양상을 비교해 보라. 예상컨대 유럽에서 500년 내에 인구가 두 배 이상 증가하는 국가는 거의 없을 것이다. 그러나 이와는 대조적으로 몇몇 북아메리카 식민지에서는 불과 20~25년 사이에 두 배 이상 증가한 경우가 있다. 유럽에서는 장자상속법과 여러 가지 영구소유권이 대영지를 나누지 못하게 하여, 결과적으로 소규모 소유자가 증가하지 못하도록 하고 있다. 소규모 소유자는 자기가 가지고 있는 조그만 토지 구석구석을 잘 알고, 자연적으로 그 토지에 애착을 가지고 돌보며, 그리하여 경작하는 것뿐만 아니라 가꾸고 꾸미는 것에 즐거움을 느끼기 때문에 일반적으로 가장 부지런하고, 가장 현명하며, 가장 성공적인 개량가인 것이다. 게다가 장자상속법과 영구소유권이라는 규제는 토지가 시장에 나오지 못하게 만들기 때문에 팔려고 내놓는 토지보다는 항상 사려는 자본이 더 많고, 그 때문에 토지들은 언제나 독점가격으로 팔린다. 토지에서 얻는 지대는 구매자금의 이자에도 못 미치며, 이자와는 별도로 보수비와 기타 임시경비를 감당해야 한다. 유럽 어디에서나 토지를 구입하는 것은 소자본을 가장 불리하게 사용하는 방법이다. 사실 높은 안정성 때문에 그저 그런 처지에 있는 사람이 사업을 그만두고 은퇴할 때 자신의 조촐한 자본을 토지에 투자하는 경우가 있을 것이다. 또한 다른 수입원천을 가지고 있는 전문직업인이 동일한 방식으로 자신의 저축을 안전하게 보호하고 싶어 하는 경우도 있을 것이다. 물론 한 젊은이가 2~3천 파운드를 상업이나 다른 사업에 사용하는 대신 조그만 토지를 사서 경작하는 데 쓴다면 매우 행복하게, 매우 독립적으로 살 수는 있지만, 큰 재산과 명성을 얻을 모든 희망은 영원히 접어야 할 것이다. 그가 그 자본을 다른 곳에 사용했다면 다른 사람들과 마찬가지로 큰 재산과 명성을 얻을 기회를 가졌을지도 모르기 때문이다. 그러한 사람도 지주가 되기를 갈망하지 않더라도 대개 차지농이 되는 것은 싫어할 것이다. 그러므로 시장에 나오는 몇 안 되는 토지와 높은 토지가격이 토지경작과 개량에 대량의 자본이 사용되지 못하도록 방해하고 있는 것이다. 그렇지 않다면 대량의 자본이 토지경작과 개량에 사용되었을 것이다. 반대로 북아메리카에서는 보통 50~60파운드면 농장을 시작하기에 충분한 자산이라고 한다. 게다가 대자본이건 소자본이건 관계없이 미경작 토지를 구매하고 개량하는 데에 자본을 사용하면 이윤을 가장 많이 남길 수 있으며 나라에서 부와 명성을 얻을 수 있다. 사실 그런 토지는 북아메리카에서는 거의 무상으로, 또는 자연생산물의 가치보다 훨씬 낮은 가격으로 손에 넣을 수 있다. 유럽, 혹은 토지가 오래전부터 사유화가 된 국가에서는 절대 불가능한 일이다. 다만 소유자가 많은 자녀를 남겨 두고 사망했을 때 부동산이 모든 자식에게 균등하게 나눠어 분배된다면 그 토지는 대체로 팔릴 것이다. 많은 토지가 시장에 나와 더 이상 독점가격에 팔리지 않을 것이며 자유로워진 지대가 구입자금의 이자를 지불할 수 있는 수준까지 다다르게 될 것이다. 또한 소자본으로 이윤을 올리는 여느 방법과 마찬가지로 소자본이 토지 구입에 사용될 것이다.

잉글랜드는 토양의 자연적 비옥도가 좋으며 전체 국토면적에 비해 해안이 넓고 강이 많다. 게다가 운항 가능한 강들이 많아 국토를 통과하여 내륙의 깊숙한 지역까지 수상운송이 제공하는 편의를 누릴 수도 있다. 그 때문에 아마 유럽의 여느 큰 국가보다도 외국무역과 원거리 판매를 위한 제조업, 그리고 이들 산업을 일으킬 모든 토지개량의 근거지가 되기에 자연적으로 적합한 곳일 것이다. 엘리자베스 여왕 시대 초기부터 잉글랜드 의회는 상업과 제조업에 특별한 관심을 보였다. 실제로 전체적으로 보았을 때 이러한 산업에 네덜란드를 포함하여 유럽의 어느 나라도 잉글랜드보다 더 유리한 법률을 가진 나라는 없었다. 그래서 상업과 제조업은 이 시기 동안 계속 성장했다. 의심할 여지없이 농촌의 경작과 개량 또한 점진적으로 발전해 왔다. 그러나 농촌의 경작과 개량은 상업과 제조업의 급속한 발전 뒤에서 거리를 두고 천천히 따라온 것 같다. 농촌 대부분은 아마도 엘리자베스 여왕 이전부터 분명 경작되어 오고 있었을 것이다. 그러나 여전히 경작되지 않은 채 방치된 토지가 많이 있으며, 경작된 토지도 대부분 기대치에 훨씬 못 미친다. 그러나 잉글랜드 법률은 상업을 보호하여 농업에도 영향을 미치는 간접적인 수단 외에도 몇몇 직접적인 장려책으로 농업을 장려하고 있다. 흉작 때를 제외하고는 곡물수출이 자유로울 뿐만 아니라 조성금을 주어 장려하고 있다. 어느 정도 풍작일 때는 수입해 온 외국 곡물에 사실상 금지나 다름없는 높은 세금을 부과한다. 아일랜드를 제외하고 살아 있는 가축의 수입은 항상 금지되었다. 아일랜드에서 수입이 허가된 것도 최근의 일이다. 그러므로 토지를 경작하는 사람들은 국민을 대상으로 주요 토지 생산물인 빵과 식육에 대해 독점권을 가졌다. 이런 장려책은 적어도 농업을 보호하려는 의회의 선한 의도를 충분히 보여주고 있다. 물론 나중에도 밝히겠지만 그것들은 기본적으로 모두 환상이다. 그러나 무엇보다 중요한 것은 법률이 보장하는 한 잉글랜드의 자작농은 안전하고 독립적이며 존경받게 되었다는 점이다. 따라서 장자상속이 이루어지고, $\frac{1}{10}$세를 내며, 법의 정신에는 어긋나지만 영구소유권이 경우에 따라 인정되는 나라 중에 잉글랜드보다 적극적으로 농업을 장려하는 나라는 없다. 그럼에도 불구하고 경작상태는 위에서 말한 정도밖에 되지 않는다. 만약 농업을 직접적으로 장려하는 법을 만들지 않고 상업의 발전에 따라 간접적으로 농업이 발전하도록 했더라면 또 자작농 역시 유럽의 다른 나라들과 같은 상태로 내버려 두었다면 어땠을까? 지금은 엘리자베스 여왕 시대가 시작되고 200년 이상이 지났다. 이는 일반적으로 인류가 번영을 경험할 수 있을 만큼 긴 기간이다.

프랑스는 잉글랜드가 상업국가로서 두각을 나타내기 약 100년 전부터 외국무역에 상당한 위치를 차지하고 있었던 것 같다. 당시 기준에 따르면, 샤를(Charles) 8세의 나폴리원정 이전 프랑스 해상 세력은 상당했다. 그러나 이와는 대조적으로 토지의 경작과 개량 면에서는 전체적으로 영국에 뒤처져 있다. 또 프랑스는 잉글랜드처럼 법으로 농업을 직접 장려한 적이 없다.

스페인과 포르투갈은 다른 유럽 국가와 대외 무역을 할 때 주로 외국 선박을 이용하지만 그 규모가 대단히 크다. 식민지와 대외 무역을 할 때에는 자국 선박을 이용하며 그 규모가 훨씬 더 큰데, 이는 식민지의 부와 규모 때문이다. 그러나 두 나라 모두 대외 무역 규모가 크지만 원거리 판매를 위한 제조업이 크게 발달하지 못했고, 토지 대부분도 아직 경작되지 않은 상태로 남아 있다. 특히 포르투갈의 대외 무역은 이탈리아를 제외하면 유럽의 어느 대국보다 오랜 역사를 가지고 있음에도 그러하다.

이탈리아는 유럽의 대국 중 유일하게 원거리 판매를 위한 제조업을 두었으며 외국무역 덕분에 전국이 개량되고 경작된 나라다. 귀치아르디니(Guicciardini)에 따르면 이탈리아는 샤를 8세가 침공하기 이전에 평탄하고 비옥한 지역뿐만 아니라 산악지와 불모지도 경작되었다고 한다. 이와 같이 전반적으로 경작이 이루어지는 것은 아마도 그 나라의 유리한 위치와 당시 존속하고 있던 많은 독립국 덕분이었을 것이다. 그러나 가장 객관적이며 분별력 있다고 알려진 현대 역사가 귀치아르디니가 이렇게 말하지만 당시 이탈리아의 경작 수준이 현재 잉글랜드가 보여주는 경작 수준에는 못 미친다는 것 역시 틀린 말은 아니다.

그러나 상업과 제조업으로 국가가 취득한 자본은 그중 일부가 토지경작과 개량에 사용되어 실현되기 전까지는 매우 불안정하고 불확실한 재산이다. 상인은 어느 특정 국가에 속한 시민이 아니라는 말이 있다. 이는 매우 적절한 표현이다. 어디에서 사업을 하느냐는 문제는 상인에게 큰 상관이 없다. 조금이라도 기분 상하는 일이 생긴다면 그는 자신의 자본과 그 자본으로 행하는 사업을 모조리 다른 나라로 옮겨 버릴 것이다. 어떤 자본이 건물 또는 토지의 개량에 지속적으로 투입되어 그 나라에 자리 잡아 확산되기 전까지는 그 자본이 그 나라에 속한다고 말할 수 없다. 한자동맹에 속한 도시 대부분이 소유하고 있었다는 거대한 부는 13~14세기의 애매모호한 역사서에 나와 있는 것을 제외하면 지금은 그 흔적조차 찾아볼 수 없다. 그 도시들이 어디에 소재했었는지, 그들의 라틴어 이름이 유럽의 어느 마을에 해당하는지조차 불확실하다. 15세기 말과 16세기 초 이탈리아에 들이닥친 불행으로 롬바르디(Lombardy)나 투스카니

(Tuscany)의 상업과 제조업이 크게 감소했지만 그 두 곳은 유럽 내에서 여전히 인구도 많고 경작이 잘 되어 있는 도시이다.[4] 플랑드르(Flanders) 내전과 그 뒤를 이은 스페인 통치는 앤트워프(Antwerp), 겐트(Ghent), 브루게(Bruges)에서 성왕하던 거대한 상업을 몰락시켰다. 그러나 플랑드르는 여전히 인구도 많고 부유하며 잘 경작된 지역 중 하나이다. 통상적으로 전쟁과 정치에 따른 변혁은 상업에서 나오는 부의 원천을 쉽게 고갈시켜 버린다. 반면 농업을 개량하여 얻는 부는 조금 더 견고하여 훨씬 더 오래 지속된다. 로마제국 멸망 전후, 서유럽에 적대적이고 야만적인 민족이 침입하여 1~2세기 동안 약탈을 일삼던 사건이 있었다. 이 정도로 폭력적인 격변이 일어날 때에만 농업 개량을 통해 얻은 부가 무너질 수 있다.

4) [역자주] '이탈리아에 닥친 불행'이란, 희망봉과 신대륙의 발견으로 무역 중심지가 이탈리아에서 다른 국가로 이동한 사건을 말한다.

4.

정치경제학의 학설들

(서론, 제1장, 제2장, 제3장 제2절, 제7장 제3절, 제9장)

The Wealth of Nations

서 론

상업주의 또는 중상주의의 원리(제1장)

국내 생산 가능한 상품에 대한 수입제한(제2장)

무역수지가 불리한 국가로부터의 수입제한에 대하여(제3장)

– 다른 원리들에서 본 과도한 규제의 불합리성(제2절)

식민지에 대하여(제7장)

– 아메리카와 동인도 항로의 발전으로부터 얻은
유럽의 이익에 대하여(제3절)

중농주의 : 토지 생산물을 모든 국가의 부와 수입의 유일한,
주된 원천이라고 보는 정치경제학설(제9장)

서 론

정치인이나 입법자들의 학문으로 여겨지는 정치경제학은 두 가지 뚜렷한 목표를 가진다. 첫째, 국민들에게 풍족한 수입과 생계를 제공하는 것, 더 정확히 말하면, 그러한 수입과 생계를 국민들 스스로 마련할 수 있도록 하는 것이다. 둘째, 공공 서비스를 제공하는 데 충분한 수입을 국가와 공동체에 공급하는 것이다. 정치경제학은 국민과 국가 모두를 부유하게 하는 것을 목표로 한다.

각 시대와 국가마다 부를 축적하는 과정이 달랐다. 이러한 차이 때문에 국민을 부유하게 만들고자 하는 관점 하나에서 서로 다른 부류의 정치경제학이 생겨났다. 하나는 중상주의이고, 다른 하나는 중농주의다. 나는 이 둘 모두를 철저하게 살펴 상세히 설명하고자 노력할 것이다. 근대학설이며, 우리나라와 우리 시대에 가장 잘 알려져 있는 중상주의부터 시작하겠다.

상업주의 또는 중상주의의 원리

(제1장)

많은 사람들이 부는 곧 화폐, 즉 금과 은으로 구성되어 있다고 생각한다. 이러한 생각은 당연히 화폐의 두 가지 기능, 즉 교환의 매개수단과 가치척도 기능에서 비롯된 것이다. 화폐가 가진 상거래 수단 기능 때문에 우리가 화폐를 가지고 있으면 다른 어떤 상품을 사용할 때보다 더 쉽게 필요로 하는 물자를 획득할 수 있다. 이로써 습관적으로 화폐를 획득하는 것이 중요하다는 사실을 알게 된다. 화폐가 손에 들어오면 그 후의 구매활동은 어렵지 않다. 화폐의 가치척도 기능으로써 우리는 모든 상품의 가치를 그것과 교환될 화폐의 양으로 평가한다. 우리는 돈(화폐)을 많이 가지고 있는 사람을 부자라고 하고, 돈을 적게 가지고 있는 사람을 가난한 사람이라고 말한다. 절약하는 사람이나 부자가 되려는 사람은 돈을 사랑한다는 말을 듣고, 돈에 개의치 않는 사람, 인심이 좋은 사람, 낭비하는 사람은 돈에 무관심하다는 말을 듣는다. 부자가 되려면 돈을 획득해야 한다. 요컨대 부와 화폐는 일상적으로 모든 면에서 동의어로 간주된다.

부국 역시 부자와 마찬가지로 화폐를 많이 보유한 나라로서, 어느 나라에서나 금과 은을 축적하는 것이 그 나라가 부유해지는 가장 빠른 길이라고 여긴다. 아메리카 대륙 발견 이후 한동안 스페인인들이 미지의 해안에 도착하면 제일 먼저 인근에 금이나 은이 있는지를 물었다. 그들이 얻은 정보에 따라 거기에 정착할 가치가 있는지, 정복할 가치가 있는지를 판단했다. 수도사 플라노 카르피노는 프랑스 왕의 사절 자격으로 그 유명한 칭기즈칸의 한 아들에게 파견된 바 있는데, 그의 말에 따르면 타타르인은 프랑스 왕국에 양과 황소가 많은지 자주 물었다고 한다. 그들이 가진 궁금증은 스페인인들과 같은 이유에서 비롯된 것이다. 그들은 그 나라가 정복할 가치가 있을 만큼 부유한지 알고자 한 것이다. 타타르인 사이에서는, 화폐를 사용하지 않는 여느 목축국가들과 마찬가지로 가축이 상거래와 가치척도의 수단이었다. 그러므로 스페인인들이 금과 은을 부로 여겼듯 타타르인 또한 가축을 부로 여겼던 것이다. 아마도 두 민족 중 타타르인의 생각이 진실에 더 가까울 것이다.

로크(Locke)는 화폐와 다른 종류의 동산(動産) 간의 차이를 설명했다. 그는 다른 동산들은 소모성이 강하므로 그것으로 이루어진 부는 그다지 믿을 것이 못 되며, 한 해에 아주 충분하고 해외로 반출된 것이 없다고 할지라도 단지 자국 내 낭비와 사치만으로 다음 해에 심각한 부족 현상에 직면할 수 있다고 지적했다. 반대로 화폐는 손에서 손으로 옮겨 다니기는 하나 국외로 빠져나가지 않도록 주의하면 쉽게 낭비되거나 소모될 리 없는 든든한 친구라고 말했다. 금과 은이 한 국가 내 동산 가운데 가장 견고하고 실재적이므로 국가의 경제 정책에서 금속을 늘리는 것을 중대한 목적으로 삼아야 한다고 주장했다.

만약 한 나라가 세계 각국과 분리되어 다른 나라의 영향을 받지 않을 수 있다면, 그 나라 안에서 유통되는 화폐가 얼마나 많고 적은지는 중요하지 않다는 사실을 누구나 인정한다. 화폐량에 따라 소비재를 교환할 때 화폐가 많이 들거나 적게 들 뿐이며, 그 나라의 실제 부나 빈곤은 그 소비재가 풍부한지 부족한지에 달려 있다는 데에 동의한다. 그러나 다른 나라들과 관계를 맺거나 전쟁을 대비해 먼 나라에 함대와 군대를 상주시켜야만 하는 국가라면 사정이 다르다는 데에 입을 모은다. 이 경우 외국에 상주하는 그들에게 화폐를 보내야 하는데 어떤 나라라도 국내에 화폐를 상당량 보유하지 않으면 화폐 보급에 차질이 생기므로 이러한 나라들은 유사시에도 전력을 갖추어 전쟁을 수행할 수 있도록 평상시에 금과 은을 축적하고자 애써야 한다는 것이다.

이런 통념 때문에 모든 유럽 국가는, 별 쓸모도 없지만, 자기 나라에 금과 은을 축적하는 데 가능한 한 모든 방법을 강구해 왔다. 예컨대 스페인과 포르투갈은 유럽에 금속을 공급하는 주요 광산을 소유하여 금속 유출에 엄격한 조치를 취했다. 반출을 금지하거나 반출에 막대한 세금을 부과했다. 이 같은 금지조치는 옛날 대부분의 유럽 국가들이 취했던 정책인 것으로 보인다. 의외의 나라에서도 이를 발견할 수 있는데, 옛 스코틀랜드 의회법을 보면 금이나 은을 '왕국 밖으로' 반출하는 것을 중벌로써 금지했다. 이와 유사한 정책이 프랑스와 잉글랜드에서도 시행되었다.

이러한 나라들이 상업화되면서 상인들은 규제가 많은 경우 몹시 불리하다는 것을 간파했다. 필요한 외국 재화를 수입하거나 또 다른 나라로 운송할 때 다른 상품보다는 금과 은으로 구매하는 것이 대체로 유리했다. 그 때문에 이들은 다음과 같은 주장을 하며 금지조치가 무역에 해가 된다고 항의했다.

첫째, 외국 재화를 구매할 때 금은을 반출하여도 결코 국고의 금은이 줄어들지 않는다고 주장했다. 오히려 그 반대로 금은을 늘릴 수 있는 경우가 많다고 하였다. 만약 외국 재화가 국내에서 적게 소비되면 해당 재화를 외국으로 재수출할 수 있으며 그곳에서 판매하여 이윤을 많이 남기므로 그 재화를 처음 구입했을 때보다 더 많은 금과 은을 가져올 수 있다고 했다. 먼(Mun)은 이러한 외국교역 활동을 농업의 파종기와 추수기에 비유하여 다음과 같이 말했다. "만약 우리가 파종기에 농부가 멀쩡한 많은 양의 곡식을 땅에 뿌리는 행동만 본다면 그를 농부라기보다는 미친 사람으로 생각할 수 있다. 그러나 그의 활동이 마무리되는 추수기에 접어들면, 우리는 그의 행동이 작황을 좋게 하는, 가치 있는 행동이었다는 사실을 알게 된다."

둘째, 그들은 금과 은이 가치에 비해 부피가 작아 외국으로 쉽게 밀반출될 수 있으므로, 그러한 금지조치를 한다고 해서 금은이 반출되는 것을 막을 수는 없다고 주장했다. 금은의 반출은 무역수지에 상당한 주의를 기울여야만 막을 수 있다는 것이다. 한 나라가 무역에서 수입한 상품보다 수출한 상품이 더 많을 경우(무역흑자의 경우 – 역자주) 외국에게서 그 차액을 지불받는다. 이 차액은 당연히 금과 은으로 지불받기 때문에 금은의 양이 증가하게 된다. 그러나 수출한 상품보다 수입한 상품이 많다면(무역적자의 경우 – 역자주), 반대로 해당 나라가 외국에 그 차액을 지불해야 하며 마찬가지로 금은으로 지불하기 때문에 금은의 양이 감소하게 된다. 그들에 따르면 이 경우 금과 은이 반출되는 것을 막을 수 없을 뿐더러, 금지하면 상황만 악화되어 더 큰 비용이 든다고 하였다. 무역차액을 지불해야 하는 나라에게는 금지하지 않을 때보다 환율이 더 불리하게 적용된다. 외국에서 발행한 환어음을 결제하는(수출업자가 지급 요청한 환어음을 받은 – 역자주) 수입상인이 환어음을 할인한(수출업자가 발행한 환어음을 매입한 – 역자주) 은행에 화폐를 보내는 데 반드시 따르는 위험, 수고, 비용뿐만 아니라 금지 때문에 추가로 발생하는 위험에 대해서도 지불해야 하기 때문이다. 환율이 불리하게 적용될수록 무역수지도 불리해진다. 지불해야 하는 나라의 화폐 가치가 상대국에 비해 반드시 하락하기 때문이다. 예를 들어 잉글랜드와 네덜란드의 환율에서 잉글랜드 화폐가치가 5% 낮다면, 잉글랜드가 네덜란드에 결제해야 하는 환어음이 네덜란드 화폐 가치로 은 100온스일 때 잉글랜드 화폐 가치로 은 105온스가 필요하다. 바꿔 말하면 잉글랜드에서의 은 105온스는 네덜란드에서 100온스에 불과하므로 잉글랜드가 구매할 수 있는 네덜란드 재화 역시 100온스어치에 불과하다. 반대로 네덜란드에서의 은 100온스는 잉글랜드에서 105온스의 가치를 지녀 그에 해당하는 양만큼 잉글랜드 재화를 구매할 수 있다. 즉 환율 때문에 네덜란드에 수출되는 잉글랜드 재화는 그만큼 저렴해지고 잉글랜드에 수출되는 네덜란드 재화는 그만큼 비싸진다. 이 차이만큼 잉글랜드에는 네덜란드 화폐가 덜 들어오고, 네덜란드에는 잉글랜드 화폐가 더 들어올 것이다. 이러한 이유로 상인들은 잉글랜드의 무역수지가 더욱 불리해질 수밖에 없으며 네덜란드로 반출될 금과 은도 그만큼 더 많이 필요하게 될 것이라고 주장했다.

이런 주장은 어느 정도 일리가 있지만 부분적으로는 궤변이다. 무역을 위한 금은의 반출이 국가에 꽤 유리하다고 주장하는 부분은 옳다. 또한 민간인들 사이에서 금은을 반출하는 것이 유리하다는 생각이 만연하면 아무리 금지해도 그 반출을 막을 수 없다고 주장한 점도 옳다. 그러나 정부가 유용한 상품의 양을 유지하거나 늘리는 데보다 금은의 양에 더 많은 관심을 가져야 한다는 주장은 옳지 않다. 정부가 나서지 않더라도 무역이 자유로우면 그 양이 적절하게 공급될 것이기 때문이다. 또한 환율이 높으면 반드시 무역수지가 불리해지거나, 금은의 반출이 늘어난다는 주장 역시 궤변이다. 사실 환율이 높으면 외국을 상대로 화폐를 지불해야 하는 상인에게는 매우 불리하다. 그들은 은행가들이 지급을 요구하는, 외국의 환어음에 대해서 훨씬 많이 지불해야 하기 때문이다. 물론 금지 때문에 위험요소가 발생하여 은행가가 어떤 추가적인 비용을 부담해야 하지만 이 때문에 더 많은 화폐가 국외로 유출되는 것은 결코 아니다. 화폐를 외국으로 밀반출하는 데 드는 추가 비용은 대체로 국내에서 지불되므로, 그 환어음의 액면금액 이상으로는 6펜스짜리 통화 한 개도 반출될 수 없다. 또한 환율이 높으면 상인들이 될 수 있는 한 높은 환율로 지불하는 것을 줄이기 위해 노력함에 따라 수입과 수출이 거의 균형을 이루게 된다. 게다가 환율이 높으면 마치 세금이 부과된 것처럼 외국 재화의 가격이 올라 그에 대한 소비가 줄어든다. 이를 종합하여 볼 때, 환율이 높아지면 불리한 무역수지가 줄고, 결과적으로 금은의 반출이 도리어 줄어든다는 것을 알 수 있다.

그러나 사람들은 그들이 펴는 주장을 듣고 설득되었다. 상인들은 의회구성원과 왕족, 귀족 등 국가 지도자들에게 그 주장을 설파했다. 무역에 정통하리라고 간주되는 사람들이 스스로 무역에 무지하다고 여기는 사람들에게 이같이 설명한 것이다. 외국무역을 하면 국가가 부유해진다는 것은 이미 경험을 통해 상인은 물론 귀족들이나 국가 지도자들도 알고 있었다. 그러나 어떻게, 어떤 방식으로 그렇게 되는지에 대해서는 어느 누구도 잘 알지 못했다. 상인들은 자기들에 관한 한 외국무역이 어떤 방식으로 그들을 부유하게 하는지 완벽하게 알고 있었다. 그것을 아는 것이 그들 본업이었다. 그러나 그것이 어떻게 국가를 부유하게 만드는지는 그들이 알 바가 아니었다. 그런 것은 생각해 본 적도 없었다. 그러나 국가에 외국무역 관련법의 개정을 요구할 경우가 생겼을 때만은 달랐다. 외국무역에서 얻을 수 있는 유리한 효과가 무엇인지, 그리고 그 효과가 현재의 법에 의해 어떻게 방해받고 있는지를 설명해야 할 필요가 있었다. 그들이 가장 좋아하는 설명은 문제를 판단해야 하는 재판관들에게 외국무역을 통해 국외의 금은을 들여올 수 있는데, 법이 이를 방해하여 더 들여오지 못하고 있다고 주장하는 것이었다. 이러한 주장으로 상인들은 원하는 결과를 얻었다. 프랑스와 잉글랜드에서는 금은 반출금지의 대상을 자국의 주화에 국한

시키고 외국 주화와 금괴의 반출은 허용하였다. 네덜란드를 비롯한 몇몇 나라에서는 허용 범위를 넓혀 자국의 주화까지도 자유롭게 반출할 수 있도록 하였다. 그리고 정부의 관심은 금은의 반출을 경계하는 데에서 금은을 증감시킬 수 있는 유일한 원인인 무역수지를 감시하는 쪽으로 옮겨 갔다. 전에도 아무 쓸모없었던 보호정책이 훨씬 복잡하고, 더욱 당혹스러우며 마찬가지로 쓸모없기 이를 데 없는 보호정책으로 바뀐 것이다. 먼의 저서, 『외국무역에서 얻는 잉글랜드의 보물(England's Treasure in Foreign Trade)』은 잉글랜드뿐 아니라 모든 상업국가에서 경제정책의 교과서가 되었다. 그로 인해 국내 상업은 똑같은 자본으로 최대 수익을 내고, 고용을 최대로 창출한다는 점에서 중요함에도 불구하고 단순히 외국무역을 보조하는 정도로만 받아들여졌다. 국내로 화폐를 들여오지도 않고, 내보낼 수도 없다는 이유에서였다. 그러므로 국내 상업이 외국무역에 간접적으로 영향을 주는 경우를 제외하고는 국내 상업이 번성하거나 쇠퇴한다고 해서 국가가 결코 부유해지거나 가난해지지 않는다는 인식이 팽배해졌다.

포도밭이 없는 나라는 와인을 외국에서 수입해야 하듯이 광산이 없는 나라는 외국에서 금은을 들여와야 한다. 그러나 정부의 관심이 '와인'보다 '금은'에 더 쏠릴 필요는 없다. 와인을 수입할 수단을 가진 나라라면 언제라도 와인을 수입할 수 있을 것이고 금은을 들여올 수단을 가진 나라라면 금은이 부족할 일은 결코 없을 것이다. 금은은 다른 재화처럼 정해진 가격에 거래된다. 금은이 다른 재화의 가격이듯이, 모든 재화도 금은의 가격이 된다. 우리는 정부가 관여하지 않아도 무역이 자유로우면 필요한 와인을 항상 공급받을 수 있다는 사실을 안심하고 믿어도 된다. 또, 상품을 유통하는 데나 다른 용도에 사용할 금은을 항상 공급받을 수 있다는 사실도 안심하고 믿어도 된다.

…

금은의 유입이 한 나라가 외국무역에서 얻는 유일한 이익이 아닐 뿐더러 주된 이익도 아니다. 외국무역을 하는 지역 간에는 어디든 모두 확실한 두 가지 이익을 얻는다. 외국무역에서는 자국민 사이에 수요가 없는 토지와 노동에서 발생한 잉여 생산물을 수출하고 그 대신 수요가 있는 다른 것을 수입해 온다. 외국무역은 욕구를 채우고 즐거움을 누릴 수 있는 다른 재화와 잉여분을 교환함으로써 그 잉여분에 가치를 부여한다. 그렇게 함으로써 국내의 협소한 시장을 극복하고 어떤 특정 기술이나 제조업 영역에서 분업이 최고도로 진행되도록 한다. 외국무역은 노동 생산물 중 국내 소비를 초과하는 부분에 대해 더욱 넓은 시장을 제공함으로써 생산력을 향상시키고 연간 생산물을 최대로 증대시켜 그 사회의 실질적인 수입과 부를 증가시킨다. 이러한 위대하고 중요한 일이 서로 무역을 하는 모든 국가들에서 끊임없이 이뤄진다. 모든 나라가 외국무역에서 큰 이득을 얻지만, 일반적으로 상인이 거주하는 나라가 보다 더 큰 이득을 본다. 왜냐하면 상인은 대체로 다른 나라보다도 자기 나라에 부족한 재화를 들여와 공급하고 자기 나라에서 남는 자원을 수출하는 일을 하기 때문이다. 광산이 없는 나라라면 필요한 금과 은을 얻기 위해 외국무역을 해야 한다. 이것이 외국무역의 역할이다. 그러나 그것은 외국무역 중 가장 중요도가 낮은 일이다. 만일 어떤 나라가 금은을 수입하려는 목적으로만 외국무역을 한다면 한 세기 동안 배 한 척 띄울 기회조차 갖지 못할 것이다.

유럽이 아메리카 대륙을 발견한 후 부유해진 것은 금은이 유입되어서가 아니다. 아메리카로부터 많은 금은이 유입되어 금과 은의 가격이 내려갔다. 이제 금은으로 만든 그릇 한 벌은 15세기 때와 견주어 곡물의 $\frac{1}{3}$, 또는 노동의 $\frac{1}{3}$을 들이면 살 수 있다. 그 당시 금은제 그릇을 구입하는 데 들인 비용(연간 노동 · 생산품)으로 매년 유럽은 그 당시의 세 배에 달하는 금은제 그릇을 구입할 수 있다. 그러나 어떤 상품이 통상가격의 $\frac{1}{3}$에 팔리면, 이전에 구입했던 사람들은 물론, 이들 외에도 구입 가능한 사람들이 이전에 비하여 10~20배 정도 더 많아지게 된다. 현재 유럽에서 사용하는 금은제 그릇 역시 아메리카 광산을 발견하기 이전보다 사실상 그 수효가 20~30배 더 많아졌을 것이다. 금과 은의 가격이 떨어지면서 지금까지 유럽은 매우 사소한 것이긴 하지만 분명 실질적인 이익을 얻어 왔다. 그러나 이제 금은은 화폐로서의 적격성이 떨어졌다. 동일한 재화를 구매하는 데에 더 많은 금은을 지녀야 하기 때문이다. 그리하여 이전에는 1그로트(groat, 유럽의 옛날 은화 – 역자주)면 될 것을 이제 1실링을 호주머니에 넣고 다녀야 한다. 이 불편함과 그 반대의 이익 중 어느 것이 더 사소한 것인지를 말하기는 어렵다. 불편함이든 이익이든 간에 그것은 매우 사소하여 그 어느 것도 유럽의 상태에 본질적인 변화를 일으킬 수 있는 것은 아니었다. 그러나 아메리카 대륙의 발견은 분명 유럽에 본질적인 변화를 일으킨 사건이었다. 그것은 유럽의 모든 상품에 새롭고 무궁무진한 시장을 열어줌으로써 새로운 분업과 기술발전의 기회를 제공했다. 새로운 분업과 기술의 발전은 범위가 협소해 생산물을 충분히 흡수할 시장이 없었던 과거의 상업에서는 일어날 수 없는 일이었다. 유럽의 모든 국가에서 노동 생산력은 향상되었고 생산은 증대되었으며, 주민의 실질적인 부와 수입이 증가했다. 유럽의 상품은 대개가 아메리카에선 새로운 것이었고, 아메리카의 상품 또한 대부분 유럽에는 새로운 것이었다. 따라서 이전에는 한 번도 생각해 보지 못한 새로운 교환체계가 생겨났다. 이것은 구대륙에 분명히 유익했다. 그렇다면 당연히 신대륙에도 유익했어야 했다. 그러나 모두에게 이로웠어야 했을 사건이 유럽인들의 야만스러운 부당함 때문에 불행하게도 여러 나라에 파멸과 파괴를 초래했다.

이와 거의 비슷한 시기에 희망봉을 경유하여 동인도에 이르는 항로가 발견되었다. 이 항로는 거리가 훨씬 멀었음에도 불구하고 아메리카보다 더 넓은 외국무역을 열어 주었다. 아메리카에는 어떤 면으로 보든지 야만인보다 우월한 국가는 멕시코와 페루 단 두 나라뿐이었고, 멕시코와 페루는 거의 발견과 동시에 전멸당하고 말았다. 나머지 나라들은 단순히 야만국에 지나지 않았다. 그러나 중국, 인도, 일본을 비롯하여 동인도에 속한 몇몇 제국들은 금은 광산은 없었지만 다른 모든 면에서 훨씬 부유하고 경작이 더 잘 되었다. 기술과 제조업은 멕시코나 페루보다 더 앞서 있었다. 멕시코와 페루에 관해 스페인 사람들이 부풀려 쓴 이야기는 믿을 가치가 없지만 설령 우리가 그것을 믿는다고 할지라도 그렇다. 문명이 발달하고 부유한 나라들은 미개한 국가보다는 같은 수준의 부유국과 거래해야 훨씬 더 많은 이익을 얻을 수 있다. 그러나 지금까지 유럽이 동인도와 무역하여 얻은 이익은 아메리카와 무역하여 얻은 이익보다 훨씬 적었다. 포르투갈은 동인도와 무역하는 것을 약 1세기 동안 독점했다. 이때 몇몇 유럽 국가들은 포르투갈을 거쳐야만 간접적으로 동인도에 물건을 보내거나 받을 수 있었다. 전 세기(17세기 – 역자주) 초 네덜란드가 포르투갈의 무역거점을 잠식하기 시작했을 때 네덜란드는 동인도 무역 전체를 한 독점회사에 맡겼다. 잉글랜드, 프랑스, 스웨덴, 덴마크는 모두 네덜란드의 선례를 따랐다. 그리하여 유럽의 어떤 나라도 동인도에서 자유무역의 이득을 누려 본 적이 없다. 동인도 무역에서 왜 아메리카 무역에서만큼 이득을 보지 못했는지에 대해 다른 이유를 댈 필요도 없다. 아메리카 무역에서는 거의 모든 유럽국가와 그 식민지 간의 교역이 모든 사람들에게 자유로웠기 때문이다. 동인도회사가 가지는 독점적 특권, 막대한 부, 자국 정부에게서 획득한 혜택과 보호는 엄청난 질투심을 불러일으켰다. 이 질투심은 흔히 동인도회사를 통해 무역하면 본국에서 매년 많은 양의 은을 반출해야 하므로 무척 해롭다는 주장으로 이어졌다. 이와 관련된 동인도회사 측은 그들이 지속적으로 은을 반출하여 유럽 전체를 가난하게 만드는 경향은 있을지 모르지만 특정 국가만을 가난하게 만들지는 않는다고 대응했다. 그들이 들여온 수입의 일부를 다른 유럽국가에 수출하는 데, 그 교역을 통해 매년 반출한 양보다 더 많은 은을 본국으로 가져오기 때문이라고 했다. 이러한 반대주장과 이에 맞선 대응주장은 모두 내가 앞서 검토한 통속적인 견해에 근거를 두고 있다. 그러므로 더 이상 말할 필요가 없다. 매년 동인도로 은을 반출했기 때문에 은그릇은 이전보다 약간 비싸졌을 것이고 은화로는 더 많은 노동과 상품을 구입할 수 있게 되었을 것이다. 그러나 전자의 경우 손실을 입을지라도 그 정도가 매우 적으며 후자 역시 이득을 얻지만 매우 적다. 둘 모두 대중의 관심을 끌기에는 너무 하찮은 것이었다. 동인도 무역은 유럽 상품을 수출할 시장을 마련하고, 같은 말이긴 하지만 그러한 상품을 사고팔면서 금은이 이동할 수 있는 시장을 마련하는 것이다. 그러므로 유럽 상품의 연간 생산량이 증가하고, 그에 따라 유럽의 실제 부와 수입 역시 증가되어야만 했다. 그러나 지금까지 동인도 무역을 통해 거두어들인 부와 수입은 지극히 적다. 그 이유는 아마도 동인도 무역에 대한 많은 제한 때문일 것이다.

나는 다소 지루해질 수도 있지만 부를 이루는 것이 화폐, 즉 금과 은이라는 통속적인 견해를 충분히 검토해야 한다고 생각한다. 앞서 살펴보았듯이 화폐는 일상에서 흔히 '부'를 의미한다. 이러한 모호함 때문에 시민들은 통속적인 견해를 친숙하게 받아들였다. 그리하여 이러한 견해가 불합리하다고 확신하는 사람들조차 주장을 펼 때 종종 스스로 원칙을 망각하고 이 같은 견해를 부정할 수 없는 진실처럼 당연하게 받아들이는 경향이 매우 많다. 예컨대 상업에 대해 저술한 잉글랜드의 유명 저자들 중에는 부의 원천이 금과 은이 아닌 토지, 주택, 그리고 각종 소비재에 있다고 주장하는 저자들이 있다. 그러나 이들은 논리를 전개하는 과정에서 토지, 주택 및 각종 소비재에 관한 내용은 온데간데없이 모든 부는 금과 은으로 이루어지므로 이 금속을 늘리는 것이 국가 산업과 상업의 중요한 목적이라고 주장할 때가 많다.

여하튼 두 가지 원리, 즉 부는 금과 은으로 구성된다는 원리와, 광산이 없는 나라에서는 금과 은을 들여오려면 무역흑자로, 즉 수입보다 수출을 더 많이 하여 획득해야 한다는 원리가 성립되었다. 그리하여 국내 소비를 위한 외국 상품의 수입은 가능한 한 줄이고 국내 산업의 생산물을 가능한 한 많이 수출하는 것이 경제정책의 중요한 목적이 되어 버렸다. 수입을 제한하고 수출을 장려하는 것이 국가를 부유하게 하는 주요 수단이 된 것이다.

수입제한에는 두 종류가 있다.

첫째, 어느 나라에서 수입하든지 국내 소비용으로 수입하려는 외국 재화가 국내에서도 생산 가능한 재화이면 수입을 제한하는 것이다.

둘째, 교역할 경우 무역수지에 불리하게 작용할 것으로 보이는 특정 국가를 상대로 거의 모든 재화의 수입을 제한하는 것이다.

이러한 제한은 때에 따라 세금을 높게 매기거나 완전히 금지하는 방식으로 이루어졌다.

수출에 대한 장려는 때에 따라 세금을 환급해 주거나 장려금을 지급하고, 외국과 유리한 통상조약을 맺거나 먼 나라에 식민지를 건설함으로써 이루어졌다.

세금 환급은 두 가지 경우에 행해졌다. 국내 제조품에 관세나 소비세가 부과되었을 경우 수출이 되면 그 전액 또는 일부를 돌려주었다. 그리고 관세가 부과되는 외국 재화가 재수출을 목적으로 수입되었을 때 수출과 동시에 그 관세의 전액 또는 일부를 돌려주었다.

장려금은 초기 제조업 또는 특별히 지원이 필요한 산업을 장려하기 위해 지급되었다.

또한 유리한 통상조약을 통해 자국 상품이나 이를 판매하는 상인들에게 각양각색의 방법으로 다른 나라의 상품이나 상인에게 부여되는 것 이상의 특권이 돌아갔다.

먼 나라에 식민지를 건설하면 식민지를 건설한 국가의 상품과 상인들은 특권뿐만 아니라 독점권도 취하게 되었다.

위에 말한 두 가지 수입제한 정책과 네 가지 수출장려책은 무역수지를 유리하게 전환하여 금과 은의 양을 늘려야 한다는 중상주의 이론이 제안한 여섯 가지 주요 수단이다. 나는 각 장에서 이들 하나하나를 다룰 것이다. 그리고 이 수단으로 자국에 화폐를 들여올 수 있다는 추측에 대해서는 더 이상 주의를 기울이지 않을 것이다. 나는 주로 각각의 수단이 국가산업의 연간생산에 미치는 효과에 대해 검토할 것이다. 이 연간 생산물의 가치를 증가시키느냐 감소시키느냐에 따라 그 수단들은 분명 국가의 실제 부와 수입을 증가시키거나 혹은 감소시킬 것이다.

국내 생산 가능한 상품에 대한 수입제한
(제2장)

국내에서 생산할 수 있는 재화를 수입하는 것에 관세를 높게 매기거나 절대 금지를 하여 제한하면 그 재화를 생산하는 국내 산업은 국내시장에서 어느 정도 독점을 보장받는다. 그리하여 살아 있는 가축이나 소금에 절인 식료품을 외국에서 수입하지 못하도록 금지하는 정책은 영국 목축업자가 국내시장에서 식육에 대해 독점하는 것을 보장한다. 곡물 수입에 관세를 높게 매기면 곡물 재배업자들에게 동일한 혜택이 부여된다. 풍작일 때는 높은 관세가 수입 금지나 마찬가지이기 때문이다. 외국산 모직물 수입을 금지하는 것 역시 모직물 제조업자에게 이득을 준다. 견직물 제조업은 전적으로 외국원료를 사용하지만 최근 동일한 혜택을 누리게 되었다. 마직물 제조업은 아직 그런 혜택을 누리고 있지는 않지만 점차 혜택을 얻고 있다. 다른 제조업 대부분이 영국에서 동일한 방법으로 국민에 대하여 완전독점이나 완전에 가까운 독점을 취했다. 영국에서 절대적으로, 또는 일정한 조건을 두고 수입을 금지한 재화는 관세법에 정통하지 않은 사람들은 상상할 수 없을 정도로 많다.

이처럼 국내시장의 독점을 보장하는 것이 종종 독점을 누리는 특정 산업을 장려하고, 독점하지 않을 때보다 그 산업에서 더 많은 노동과 자본이 고용되도록 한다는 것은 의심할 여지가 없다. 그러나 독점이 사회의 전반적인 생산활동을 증대하거나 가장 유리한 방향으로 유도할지는 분명하지 않다. 어쩌면 전혀 그렇지 않을 수도 있다.

사회의 전반적인 생산활동은 결코 그 사회의 자본이 고용할 수 있는 양을 넘어설 수 없다. 어떤 특정인이 고용할 수 있는 노동자의 수는 일정비율로 그의 자본에 비례하듯이, 한 사회의 모든 구성원이 지속적으로 고용할 수 있는 노동자의 수도 역시 일정비율로 사회의 총자본에 비례하고 결코 그 비율을 넘어설 수 없다. 어떤 사회에서든 상업을 규제한다고 하여 그 사회의 자본이 조성할 수 있는 양 이상으로 증대될 수는 없다. 규제를 하면 그로 인해 자본의 일부가 규제가 없었더라면 사용되지 않았을 분야로 사용될 뿐이다. 그리고 그렇게 자본이 인위적으로 바뀌어 사용된 것이 자연스럽게 사용했을 때보다 더 이익인지는 결코 확실하지 않다.

개인들은 자신이 관리할 수 있는 자본이 얼마이건 이를 가장 유리하게 사용할 수 있는 방법을 찾고자 부단히 노력한다. 사실 개인이 추구하는 것은 자기 자신의 이익이지 사회의 이익이 아니다. 그러나 자기 자신의 이익을 추구하다 보면 자연히, 아니 오히려 필연적으로 사회에도 이득이 되는 방향으로 자본이 사용되게 된다.

첫째, 개개인은 자산의 통상적인 이윤 또는 통상이윤보다는 적지만 그와 큰 차이가 나지 않는 이윤을 얻을 수만 있다면 가능한 한 자신과 가까운 곳에서 자본을 사용하려고 한다. 그렇기 때문에 가능한 한 많은 자본을 국내 생산을 지원하는 데 사용하려고 한다.

그리하여 이윤이 같거나 거의 같으면 모든 도매상인은 자연히 국내 소비를 위한 외국무역(대외 소비무역)보다는 국내거래를, 중계무역보다는 대외 소비무역을 선호한다. 국내거래에서는 대외 소비무역에서 종종 일어나는 것과 달리 자기 자본이 오랫동안 자신의 시야를 벗어나는 일이 절대 없다. 도매상인은 자신이 거래하는 사람들의 성격과 상황을 잘 알 뿐더러, 만약 속는 일이 발생하더라도 배상을 청구할 때 필요한 법들을 더 잘 알고 있다. 중계무역에서는 상인의 자본이 이를테면 두 국가에 분할되어 있고, 그 일부가 반드시 국내로 돌아오는 것도 아니다. 또 상인이 직접 감시하고 지배할 수 있는 것도 아니다. 암스테르담 상인이 쾨니히스베르크(Konigsberg)에서 리스본(Lisbon)으로 곡물을 운송하고, 리스본에서 쾨니히스베르크로 와인과 과일을 운송하는 데 사용한 자본은 일반적으로 그 절반은 쾨니히스베르크에, 나머지 절반은 리스본에 있어야 한다. 그 자본의 일부분이라도 반드시 암스테르담으로 돌아올 필요가 없다. 그렇기 때문에 상인은 자연스럽게 쾨니히스베르크나 리스본에 머무르게 된다. 매우 특수한 사정이 있을 때만 암스테르담에 거주할 것이다. 그러나 이 경우에도 자기 자본에서 멀리 떨어져 있다는 불안감 때문에 리스본 시장에 보낼 예정인 쾨니히스베르크 재화의 일부와 쾨니히스베르크 시장에 보낼 예정인 리스본 재화의 일부를 암스테르담에 가져오고자 할 것이다. 이 때문에 그는 선적비와 하역비를 이중으로 부담해야 함은 물론 조세와 관세도 지불해야 하지만, 자기 자본의 일부라도 자신이 감시하고 관리하기 위해 기꺼이 추가부담을 감수한다. 그리하여 중계무역을 많이 하는 국가는 언제나 그들과 무역을 하는 모든 나라의 재화가 모여 상업중심지 또는 종합시장이 된다. 상인들은 물건을 두 번 배에 싣고 내리는 비용을 줄이기 위해 여러 나라의 재화들을 될 수 있는 한 국내에서 팔려고 항상 노력한다. 그래서 되도록 자신의 중계무역을 대외 소비무역으로 돌리려고 한다. 마찬가지로 대외 소비무역을 하고 있는 상인은 외국시장에 보낼 재화를 모을 때 그 이윤이 같거나 비슷하다면, 되도록 국내에서 많이 팔고 싶어 한다. 이처럼 가능한 한 대외 소비무역을 국내거래로 돌릴 경우 그가 져야 하는 수출에 따른 위험과 근심이 줄어든다. 그렇게 하여 모국은 상업의 중심이 된다. 각국 주민들의 자본이 그 주위에서 계속 유통되고 항상 모국으로 모여들게 된다. 물론 특수한 이유 때문에 때때로 모국에서 멀리 떨어진 곳에 자본을 투자하기도 한다. 하지만 앞에서 보았듯이 국내거래에 자본을 사용하면 동일한 양을 대외 소비무역에 사용했을 때보다 국내 생산활동을 더욱 촉진하고 국내 주민들에게 고용과 수입을 더 많이 제공할 수 있다. 그리고 대외 소비무역에 자본을 사용하는 것이 동일한 양을 중계무역에 사용할 때보다 더욱 유리하여 앞과 같은 이점들을 지닌다. 그러므로 동일하거나 비슷한 이윤이라면 개인은 당연히 국내 생산활동을 최대로 지원하고 자기 나라의 최대 다수에게 고용과 수입을 줄 수 있는 방식으로 자기 자본을 사용하려고 하는 것이다.

둘째, 자기 자본을 국내 생산활동에 투자하는 개인 대부분은 반드시 생산물이 가능한 한 최대의 가치를 갖도록 생산활동을 관리·운영하려고 노력한다.

노동의 생산물은 소재나 재료에 노동이 가해져 얻는 결과물이다. 이 생산물의 가치가 많은지 적은지에 비례하여 고용주가 얻는 이윤도 크거나 작다. 그러나 어떤 사람이 생산활동에 자본을 투자하는 이유는 오직 이윤을 얻기 위해서이다. 따라서 그는 언제나 가치를 최대로 낼 수 있는 생산활동을 지원한다. 즉 교환했을 때 화폐나 재화를 최대로 얻을 수 있는 생산활동을 지원하는 데 자본을 사용하려고 한다.

그러나 한 사회의 연간 수입은 항상 그 사회의 생산활동에서 나오는 연간 총생산물의 교환가치와 정확히 일치한다. 아니 오히려 정확히 그 교환가치를 갖는 것과 동일하다. 개인은 될 수 있는 한 국내의 생산활동에 자본을 지원하고 그 생산물이 최대 가치를 가지도록 생산활동을 관리·운영하려고 노력한다. 따라서 이러한 개인의 행위는 필연적으로 사회의 연간 수입 또한 최대로 증가시킨다. 사실 일반적으로 그는 공공 이익을 증진하려는 의도도 없고 자신이 그것을 얼마나 증진하고 있는지도 모른다. 그가 외국보다는 국내의 생산활동에 대한 지원을 더 선호하는 것은 오직 자신의 안전을 위해서다. 또 생산물 가치를 최대로 높이도록 생산활동에 전념하는 것 역시 오로지 자기 이익을 위해서다. 이 경우 흔히 그렇듯이 그는 보이지 않는 손(invisible hand)에 이끌려 그가 전혀 의도하지 않았던 목적을 이루게 된다. 그가 공공 이익을 의도하지 않았다고 해서 이러한 행위가 사회에 해가 되는 것은 아니다. 오히려 개인의 이익을 추구하려는 행위가 사회 이익을 증진하려고 의도할 때보다 더 효과적으로 사회 이익을 증진할 때가 많다. 나는 공공의 선을 위해 일한다고 떠벌리는 사람들이 선을 이룬 것을 본 적이 없다. 그것은 가식이다. 사실 상인들 사이에서는 이 같은 가식을 찾아보기 어려우므로 가식을 떨지 말라고 말할 필요도 아마 없을 것이다.

자기 자본을 어떤 생산 분야에 투입해야 좋을지, 그리고 어떤 분야의 생산물이 가치를 가장 크게 지니는지에 대해 개개인은 어떤 정치가나 입법자보다 자신이 처한 상황을 감안하여 확실히 더 잘 판단할 수 있다. 정치가가 민간인들에게 자본을 어떻게 사용해야 한다고 지시하려 한다면 이는 스스로 가장 불필요한 수고를 짊어지려는 것과 같다. 그뿐만 아니라 그것은 한 개인에게는 물론 어떤 위원회나 의회에도 안심하고 위임할 수 없는 권한을 본인이 휘두르려고 하는 것이다. 게다가 자신만이 그 권한을 행사하기에 가장 적합하다고 여기며 우쭐거리는, 이같이 어리석은 사람의 손에 권력이 쥐어지는 것보다 위험한 일은 없을 것이다.

어떤 특정 기술 또는 제조업이나 그것의 생산물에 국내시장을 독점할 권한을 부여하는 것은 민간인들에게 그들의 자본을 어떻게 사용해야 하는지를 지시하는 것과 같다. 이는 확실히 대부분 쓸모없거나 해로운 규제다. 만약 국산품이 외제품보다 싸게 공급될 수 있다면 그 규제는 정말로 쓸모가 없는 것이다. 그리고 국산품이 외제품보다 싸게 공급될 수 없다면, 그것은 전반적으로 해롭다. 현명한 가장이라면, 만들어 쓰는 것이 구입하는 것보다 더 비쌀 경우 결코 집안에서 만들지 않는 것을 신조로 삼을 것이다. 재단사는 자신의 구두를 만들어 신지 않으며 제화공에게서 구입한다. 제화공도 자신의 옷을 만들어 입지 않고 재단사를 이용한다. 농부는 그 어느 것도 만들어 쓰지 않고 여러 수공업자들을 이용한다. 이들 모두는 자신의 모든 생산활동을 이웃보다 유리한 곳에 쓰고, 자기 상품의 일부, 또는 같은 말이지만 그 일부로 가격을 지불하며 자기들에게 필요한 것을 구입하는 것이 이롭다는 것을 안다.

개인 가정에서 행하는 분별 있는 행동이 국가라고 해서 그것이 우매한 행동이 될 수는 없다. 만약 외국이 우리가 만드는 것보다 더 싸게 상품을 공급할 수 있다면, 우리가 어떤 우위를 갖는 방법으로 생산한 우리 생산물의 일부로 외국 상품을 구입하는 편이 낫다. 그렇다고 해서 국가의 전체 생산활동이 줄어들지는 않을 것이다. 생산활동은 항상 거기에 활용된 자본에 비례하기 때문이다. 앞에 말한 수공업자들의 경우와 같을 뿐이다. 오히려 가장 유리한 쪽으로 생산활동이 이루어질 것이다. 외국에서 더 싸게 들여올 수 있는 생산물 분야에 국내 생산활동을 집중하는 것은 절대로 이로운 현상이 아니다. 더 가치 있는 제품을 생산할 수 있는 분야에서 벗어나 생산활동이 이루어지면 연간 생산물의 가치는 많든 적든 분명히 감소할 것이다. 이런 추론에 따르면 그러한 상품은 국내에서 직접 생산하는 것보다 외국에서 구입하는 편이 더 싸다. 그러므로 간섭하지 않고 자연스럽게 동일한 자본이 생산활동에 사용되도록 놓아 두었다면 국내에서 생산된 상품의 일부만으로, 같은 말이지만 상품가격의 일부만 가지고도 외국 상품을 구입할 수 있었을 것이다. 따라서 그러한 규제는 국가의 생산활동을 더 유리한 용도에서 불리한 용도로 옮겨가게 만들며, 국가의 연간 생산물이 가지는 교환가치는 입법자가 의도한 대로 증가하지 않고 필연적으로 감소하게 될 것이다.

일반적으로 국내 산업을 장려하기 위해 외국 산업에 부담을 주는 것이 유리한 두 가지 경우가 있듯이 때로는 신중하게 고려해 볼 필요가 있는 문제가 두 가지 있다.5) 하나는 외국 재화의 수입자유를 언제까지 지속하는 것이 적당한가이고, 다른 하나는 일시중단했던 수입자유를 어느 시점에서, 어떤 방법으로 재개하는 것이 적당한가이다.

외국 재화의 수입자유를 언제까지 지속하는 것이 적당한가하는 문제를 신중하게 고려해야 할 경우는, 바로 외국이 우리 제품에 관세를 높게 매기거나 금지조치를 취하며 제한할 때이다. 이 경우 복수심이 생겨나 자연히 보복조치를 취하는데, 이는 해당 외국에서 우리나라로 들어오는 제품 전부나 일부에 관세를 비슷하게 매기거나 금지조치를 가하는 것이다. 따라서 이런 식으로 보복하지 않는 나라는 거의 없다. 특히 프랑스는 자기 나라 제품과 경쟁할 만한 외국 재화의 수입을 금지함으로써 자국의 제조업을 우대했다. 콜베르(Colbert)의 정책 대부분이 바로 이러했다. 뛰어난 능력을 가지고 있음에도 불구하고 그는 이 문제에서는 항상 자국민을 상대로 독점을 요구하는 상인과 제조업자들의 궤변에 속아 넘어간 것 같다. 그의 이런 정책들은 나라에 전혀 이롭지 않았다는 것이 요즘 프랑스 지식인들의 의견이다. 콜베르 재상은 1667년 관세법에 의거하여 수많은 외국 제품에 매우 높은 관세를 부과하였다. 그가 네덜란드에 대해 관세를 완화해 주지 않자, 네덜란드는 1671년에 프랑스의 와인, 브랜디, 그 밖의 여러 제품의 수입을 금지했다. 1672년 전쟁은 부분적으로 이러한 무역 분쟁 때문에 발생한 것으로 보인다. 1678년 네이메헌강화(the peace of Nimeguen)로 전쟁이 종식되고 프랑스가 네덜란드에 관세를 완화하자 네덜란

5) [역자주] 스미스는 앞에서 국내 산업을 장려하기 위해 외국 산업에 약간의 부담을 주는 것이 유리하게 되는 두 가지 경우를 설명하고 있다. 하나는 어떤 특정 산업이 국가의 방위에 필요한 경우이다. 다른 하나는 국내 산업의 생산물에 세금이 부과되는 경우로서 이 경우에는 비슷한 외국 상품에 대해 동일한 세금을 부과하는 것이 타당하다고 설명하고 있다.

드도 금지조치를 철회했다. 프랑스와 잉글랜드가 유사한 관세와 금지조치로 서로 상대의 산업을 압박하기 시작한 것도 이즈음이다. 그러나 먼저 시작한 나라는 프랑스였던 것 같다. 그때부터 줄곧 두 나라 사이에 적대감이 존속해 왔다. 그로 인해 지금까지 양쪽 모두 관세와 금지조치가 완화되지 못하고 있다. 1697년 잉글랜드는 플랑드르 제품인 본레이스의 수입을 금지했다. 당시 스페인 지배하에 있던 플랑드르 정부는 그 보복으로 잉글랜드 모직물 수입을 금지했다. 1700년 플랑드르가 잉글랜드 모직물 수입을 종전대로 한다는 조건으로 잉글랜드의 본레이스 수입 금지조치가 철회되었다.

이런 종류의 보복조치로 불만이 되고 있는 높은 관세와 금지조치가 철회될 가능성이 있을 때 그것은 좋은 정책일 수 있다. 커다란 외국시장을 회복하는 일은 일시적으로 일부 상품을 비싸게 구입해야 하는 불편을 보상하고도 남을 것이다. 그런 보복조치가 금지조치 철회라는 효과를 가져올지는 아마도 언제나 천편일률적으로 사고하는 입법자들이 지적으로 판단하기보다는, 수시로 변하는 정세에 따라 자신의 의견을 결정하는 음험하고 교활한 동물, 속된 말로 정치가나 정치인이라 불리는 사람들이 수완을 발휘하여 판단할 것이다. 그런 철회를 얻어낼 가능성이 없어 보일 때 피해를 입은 특정 집단을 보상해 주려고 하는 것은 나쁜 방법이다. 왜냐하면 그것은 우리 모두에게, 즉 피해를 입은 집단뿐만 아니라 그 외의 다른 사람들에게 또 다른 손해를 입히기 때문이다. 이웃국가에서 우리의 어떤 제품을 금지할 때 우리는 일반적으로 동종의 제품뿐 아니라 그들의 다른 제품들까지 금지한다. 왜냐하면 동종의 제품을 금지하는 것만으로는 외국에게 타격을 크게 주지 못할 것이라 생각하기 때문이다. 분명 이러한 방식이 일부 특정 사람들에게는 이득이 될 수 있다. 경쟁자가 배제됨으로써 그들이 국내시장에서 가격을 올릴 수 있기 때문이다. 그러나 이웃 국가가 금지조치를 내려 직접적으로 고통을 받는 사람들은 우리의 보복조치로 덕을 보지 못할 것이다. 오히려 그 사람들과 그 밖의 모든 시민들은 어떤 상품을 구매하고자 할 때 이전보다 가격을 더 높게 지불하게 될 것이다. 따라서 이러한 보복조치는 나라 전체에 실질적인 세금을 부과하는 것이나 마찬가지다. 그것은 이웃 국가가 내린 금지조치로 피해를 입은 사람들을 보상하는 조치가 아니라 다른 특정인들을 유리하게 만드는 조치다.

일시중단했던 외국 상품의 수입자유를 어느 정도까지, 또 어떤 방법으로 재개하는 것이 적당한지를 신중하게 고려해 볼 필요가 있는 경우는, 경쟁관계가 될 수 있는 외국 재화에 취한 높은 관세와 수입금지 조치로 특정 제조업이 확대되어 수많은 일손을 고용하고 있을 때이다. 이 경우에 대체로 사람들은 무역자유가 서서히 단계적으로, 조심스럽게 회복되어야만 한다고 생각한다. 만약 높은 관세와 금지조치가 한꺼번에 해제된다면 동종의 값싼 외국 상품이 국내 시장에 쏟아져 들어와 일시에 국민 수만 명이 일자리와 생계수단을 잃게 될 것이라 생각하기 때문이다. 그것이 야기하는 혼란은 분명 매우 심각할 것이다. 그러나 그 혼란은 아마도 다음 두 가지 이유 때문에 대체로 상상하는 것보다는 덜 심각할 것이다.

첫째, 장려금을 받지 않고 다른 유럽국가에 수출을 해 오던 제조품은 외국 상품을 자유롭게 수입해도 별로 영향받지 않는다. 그런 제조품은 틀림없이 동질, 동종의 다른 외국 상품만큼 외국에서 싸게 팔리고, 국내에서는 더 싸게 팔리고 있을 것이다. 그러므로 그들은 여전히 국내시장을 장악할 것이다. 어떤 사람이 유행에 민감하고 변덕스럽다면 때때로 더 싸고 좋은 국내산보다는 단순히 외국산이라는 이유로 외국 제품을 좋아할 수는 있다. 그러나 이런 어리석은 행동은 늘 그렇듯이 극소수 사람들에게만 나타나는 현상이므로 전체 국민의 고용에 커다란 영향을 미칠 수 없다. 우리의 모직물 제조업, 제혁업, 철물 등의 다양한 분야 중 대부분이 매년 아무런 장려금 없이 다른 유럽국가로 수출하고 있으며, 또 많은 사람들을 고용하고 있다. 아마도 이러한 자유 무역으로 가장 타격받는 제조업은 견직물일 것이고, 그다음으로는 견직물보다는 덜 타격을 받겠지만 마직물일 것이다.

둘째, 그렇게 무역자유를 회복함으로써 수많은 사람이 한꺼번에 일상에서 고용이나 생계수단을 잃게 되겠지만 그렇다고 해서 고용이나 생계수단을 완전히 박탈당하지는 않을 것이다. 최근 전쟁이 끝나고 육해군 병력이 감축되어 10만 명에 달하는 육해군 병사가 일자리를 잃었다. 그 수는 대규모 제조업에 고용된 인원과 같다. 그러나 그들은 다소 불편은 겪었지만 고용과 생계를 완전히 박탈당하지는 않았다. 수많은 수병은 기회가 되는 대로 상선에서 점차 자리를 잡았고, 그러면서 그들과 육군병사들 모두 일반 민간인으로 흡수되어 다양한 직업에 고용되었다. 10만 명이 넘는 그들 모두가 무기 사용에 익숙했으며 대부분 파괴와 전리품 탈취를 일삼았지만, 그들의 상황 변화로 큰 혼란이나 무질서가 일어나지는 않았다. 어디에서도 부랑자가 눈에 띄게 증가하는 일은 없었으며, 내가 아는 한 상선의 선원들을 제외하고는 노동임금도 줄어들지 않았다. 병사와 일반 제조공을 비교해 보면 제조공이 병사보다 더 새로운 일자리에 별다른 문제없이 고용되는 것을 알 수 있는데, 이는 제조공이 가진 습관 때문이다. 제조공은 언제나 자기 스스로 노동하여 생계를 유지하는 데 익숙하지만 병사들은 봉급에 기대는 데 익숙하다. 제조공은 부지런함과 근면이 생활화되어 있으나, 병사들은 빈둥거림과 농땡이에 젖어 있다. 당연히 한 노동 분야에서 다른 노동 분야로 근로 방향을 바꾸는 것이 빈둥거리고 농땡이 피는 것을 좋아하는 성향에서 노동을 하는 쪽으로 방향을 바꾸는 것보다 훨씬 쉽다. 게다가 이미 설명한 바와 같이 대부분의 제조업에는 특성이 유사한 다른 제조업들이 많아서 노동자가 한 분야에서 다른 분야로 쉽게 옮겨갈 수 있다. 또 그런 노동자들 대부분이 종종 농촌노동에 고용되기도 한다. 이전에 특정 제조업에서 그들을 고용하는 데 사용했던 자산은 여전히 국내에 남아 다른 방식으로 동일한 수의 사람들을 고용할 것이다. 국내에 자본이 그대로 남아 있기 때문에 그 자본이 다른 장소와 다른 직업에 쓰일 수 있지만 노동에 대한 수요는 역시 같거나 거의 비슷할 것이다. 사실 병사나 수병이 군복무에서 해제되면 그들이 영국이든 아일랜드이든, 어느 곳에서 어떤 직업을 선택하는지는 자유다. 병사나 수병과 마찬가지로 그 직업이 무엇이든지 간에 모든 국민이 자기가 좋아하는 직업을 마음대로 선택할 수 있는 자연적 자유(natural liberty)를 회복시켜야 한다. 다시 말해 자연적 자유를 심각하게 침해하는 동업조합의 특권을 타파하고 도제법을 폐지해야 한다.[6] 그리고 이에 더하여 거주법도 폐지해야 한다. 그러면 가난한 노동자가 어떤 직장에서 일자리를 잃었을 때 고발당하거나 추방될 걱정 없이 다른 곳, 다른 직장에서 새 일을 구할 수 있게 될 것이다. 어떤 특정 제조업자들이 우연히 해체하여도 사회나 개인이 받는 피해는 병사들이 해산될 때 받는 피해보다 크지 않을 것이다. 우리 제조업자들이 국가에 크게 공

6) [역자주] 도제법은 1563년 엘리자베스 여왕 1세 때 제정된 노동법이다. 이것은 임금, 노동자들의 이동의 자유, 그리고 도제기간을 제한하는 법이었다.

헌한 것에는 의심할 여지가 없지만 자신의 목숨을 바쳐 나라를 지킨 사람과는 비교할 수 없으며, 더 특별한 대우를 받아야 하는 것도 아니다.

사실 영국에서 무역이 완전히 자유롭게 되리라고 기대하는 것은 오세아나(Oceana: 이상의 섬)나 유토피아가 영국에 건설되리라 기대하는 것만큼이나 터무니없다. 대중이 편견을 가지고 바라볼 뿐만 아니라 수많은 개인이 사사로운 이익을 내세워 이를 완강히 반대할 것이기 때문이다. 사사로운 이익은 편견보다도 더 극복하기가 어렵다. 육군 장교들이 병력 인원을 축소하는 데 반대하는 것과 같이 제조업자들은 열성적으로 단결하여 국내시장에서 자신들의 경쟁자를 늘어나게 할 법한 모든 법에 반대할 것이다. 제조업자들은 장교가 병사를 독려할 때와 같은 방법으로 자신의 노동자들을 선동하여 그런 규제를 제안한 사람들을 난폭하고 잔인하게 공격할 것이다. 이제 제조업자들이 행사하는 독점권을 축소시키려는 시도는 병력을 축소하려는 시도만큼이나 위험한 일이 되었다. 이 독점 때문에 특정 제조업자가 엄청나게 증가했다. 그리하여 상비군이 지나치게 많아진 것처럼 그들은 정부에 만만찮은 존재가 되었고 입법부를 자주 위협했다. 이러한 독점을 강화하는 온갖 제안을 지지하는 의회의원들은 무역을 이해한다는 명성을 얻을 뿐만 아니라 그 수와 부 때문에 중요한 존재가 된 계층에게 인기를 얻어 영향력이 커질 것이다. 반대로 이를 반대하는, 아니 좀 더 나아가 이들을 방해할 만한 권력을 가진 의회의원은, 그가 아무리 성실한 사람으로 알려져 있고 지위가 높으며 사회에 큰 공을 세웠다 할지라도 치욕적인 욕설과 비난, 인신공격을 피할 수 없다. 때로는 뜻을 관철시키지 못해 격분한 독점자들이 폭행을 휘두를 수 있어 신변에 위험을 느끼기도 한다.

대형 제조업자는 국내시장이 갑자기 외국인 경쟁자들에게 개방되어 사업을 포기할 수밖에 없게 되면 분명히 큰 피해를 입을 것이다. 그의 자본 중 원자재를 구입하고 노동자에게 임금을 지급하기 위해 사용했던 부분은 큰 어려움 없이 다른 용도로 쓸 수 있을 것이다. 그러나 작업장이나 작업도구를 들이는 데 사용하여 고정된 자본은 큰 손해를 보지 않고서는 처분될 수 없을 것이다. 그러므로 그의 이익에 대한 형평성을 고려하여 이러한 변화는 갑작스럽게 이루어져서는 안 되며, 천천히, 점진적으로 오랜 예고기간을 거친 후 이뤄질 필요가 있다. 바로 이런 이유로 입법부는 신중하게 고려하여 편파적인 독점을 끈질기게 요구하는 한쪽 집단에 좌우되지 않고 폭넓은 관점에서 새로운 독점을 만들어 주거나, 이미 형성된 독점을 확대하는 일이 없도록 각별히 주의해야 할 것이다. 그런 모든 규제는 혼란을 초래하여 국가 질서를 크게 어지럽히는 것으로 나중에 또 다른 혼란을 겪지 않고서는 이를 쉽게 바로잡을 수 없을 것이다.

외국 상품의 수입을 막기 위해서가 아니라 정부의 수입을 늘리려는 경우 외국 상품 수입에 얼마만큼 관세를 부과해야 적당한지는 이후 조세를 다루는 부분에서 살펴볼 것이다. 수입을 금지하거나 감소시키고자 부과하는 세금은 분명 자유무역과 관세수입에도 파괴적이다.

무역수지가 불리한 국가로부터의 수입제한에 대하여 (제3장)

다른 원리들에서 본 과도한 규제의 불합리성(제2절)

이 앞부분에서 나는 중상주의의 원리에 입각해 보더라도 무역수지를 따져보아 자기 나라에 불리하다고 여겨 특정 국가의 상품 수입을 특별히 제한하는 정책이 얼마나 부적절한지를 설명하고자 했다.

그런 제한뿐만 아니라 대개 모든 상업 규제가 그 근거를 삼고 있는 무역차액설만큼 불합리한 것은 없다. 이 학설은 서로 교역하는 두 나라의 수지가 균형을 이루면 어느 쪽도 이익을 보거나 손실을 보지 않지만, 그 수지가 한쪽으로 기울면 한쪽은 이익을 얻고 다른 한쪽은 손해를 본다고 상정한다. 그러나 이 이론은 모두 틀렸다. 앞으로 다시 설명하겠지만, 자기 나라에 유리하게 하고자 장려금과 독점이란 수단을 써서 독려하는 무역은 그 나라에 불리할 수 있으며, 또 불리한 것이 보통이다. 그러나 어떤 독려나 제한 없이 두 나라 간에 자연스럽게, 순리대로 이루어지는 무역은 두 나라 모두에게 이익이 된다. 물론 그 이익이 언제나 쌍방에게 똑같지는 않다.

내가 알기로 이득이나 이익이라는 것은 금과 은의 양이 증가하는 것이 아니라 국가의 토지와 노동의 연간 생산물이 가지는 교환가치가 증가하는 것, 즉 국민의 연간 수입이 증가하는 것이다.

두 나라가 무역을 할 때 무역수지가 서로 균형을 이루는 데다, 자국 제품만을 교환하는 방식으로 무역을 진행한다면 대부분 두 국가 모두에게 이익이 될 뿐만 아니라, 그 이익도 같거나 거의 같을 것이다. 이 경우 각국은 서로 상대국의 잉여 생산물의 일부에 대한 시장을 제공할 것이다. 또한 이 잉여 생산물을 생산해 시장에 내놓기까지 들어간 자본, 또 국민들에게 분배되어 수입과 생계를 제공한 자본에 대하여 서로 보충해 줄 것이다. 그러므로 각국마다 일부 주민들은 상대국에게서 간접적으로 수입과 생계수단을 얻을 것이다. 교환된 상품 역시 가치를 동일하게 가지므로 무역에 사용된 두 나라의 자본도 대부분 같거나 거의 같을 것이다. 그리고 두 자본은 두 나라의 국산품 생산에 사용되므로 각국의 주민들에게 돌아갈 수입과 생계도 같거나 거의 같을 것이다. 그리하여 서로 제공하는 수입과 생계수단이 거래의 규모에 비례하여 커지기도 하고 작아지기도 할 것이다. 예를 들어 그 거래가 각각에서 매년 10만 파운드, 또는 100만 파운드에 이른다면 두 나라는 각각 상대국 주민에게 10만 또는 100만 파운드의 연간 수입을 제공할 것이다.

만일 두 나라 간 무역의 특성이 한 국가는 상대국에게 국산품만 수출하는 반면 그 상대국은 모두 외국 상품만 제공한다면, 상품을 상품으로 지불한다는 점에서 무역수지가 여전히 균형을 이룬다. 이 경우 역시 양국 모두에게 이익이 있지만 그 이득은 같지 않을 것이다. 그 무역에서 수입을 더 많이 얻는 국민은 국산품만 수출한 국가의 국민이기 때문이다. 예를 들어 잉글랜드가 프랑스와 무역할 때 프랑스 제품만을 수입하는 반면, 프랑스에서는 그들이 필요로 하는 잉글랜드 제품이 없어 잉글랜드가 매년 그들에게 동인도 상품이나 담배 같은 외국 상품으로 상당량을 지불한다면 이 무역이 두 나라 국민에게 일정 수입을 제공하기는 하겠지만 잉글랜드보다는 프랑스 국민에게 이득을 더 많이 제공한다. 매년 사용된 프랑스 자본은 프랑스 국민들에게 분배될 것이다. 그러나 잉글랜드에서는 동인도 상품과 같은 외국 상품을 구입하기 위한 잉글랜드 상품을 생산하는 데 사용된 자본만이 잉글랜드 국민에게 분배될 것이다. 잉글랜드

자본 대부분은 버지니아, 인도, 중국에서 사용되는 자본, 즉 그러한 먼 나라 국민들에게 수입과 생계수단을 제공한 자본을 보충해 줄 것이다. 그러므로 그 자본이 같거나 거의 같다면 잉글랜드 자본이 잉글랜드 국민의 수입을 증대시키는 것보다, 프랑스 자본이 프랑스 국민의 수입을 더 많이 증대시킬 것이다. 이 경우 프랑스가 잉글랜드와 하는 무역은 소비를 위한 직접무역이지만 잉글랜드가 프랑스와 하는 무역은 소비를 위한 우회적 무역이 된다. 자본이 직접무역에 사용될 때와 우회적 무역에 사용될 때 그 효과가 어떻게 다른지에 대해서는 이미 충분히 설명한 바 있다.

어떤 무역에서 두 국가가 서로 국산품만을 주고받거나, 또는 한쪽은 국산품만, 다른 한쪽은 외국 상품만 교역하는 경우는 아마 없을 것이다. 대개 모든 국가는 일부분은 국산품으로 일부분은 외국 상품으로 서로 교환한다. 그러나 수출화물에서 국산품이 외국 상품보다 비중을 더 많이 차지하는 국가가 항상 이득을 더 많이 볼 것이다.

만일 잉글랜드가 프랑스와 교역할 때 담배나 동인도 상품이 아니라 금과 은으로 교환한다면, 상품을 수입할 때 상품이 아니라 금과 은으로 지불하기 때문에 무역수지가 균형을 이루지 못한다고 생각할 수도 있다. 그러나 이 경우에도 마찬가지로 무역은 두 나라 국민들에게 일정 수입을 제공할 것이며, 잉글랜드보다 프랑스 국민에게 수입을 더 많이 제공할 것이다. 그 무역으로 잉글랜드 국민들은 얼마간의 수입을 얻게 될 것이다. 이 금과 은을 사들인 잉글랜드 재화를 생산하는 데 든 자본, 즉 잉글랜드의 일정 국민에게 분배되어 수입을 제공한 자본은 보충될 것이고 계속 그런 용도로 사용될 수 있을 것이다. 잉글랜드의 총자본은 금은을 수출하든(금은으로 지불하든) 동일한 가치의 다른 재화를 수출하든 감소하지 않는다. 오히려 대개의 경우 잉글랜드의 총자본은 더 증가할 것이다. 상품을 외국으로 수출할 때에는 국내보다 외국에서 수요가 더 큰 상품을 내보낸다. 그리하여 보통 수출한 대가로 수입한 상품은 수출한 상품보다 가치가 더 나간다고 여긴다. 잉글랜드에서 10만 파운드인 담배를 프랑스에 수출하여 잉글랜드에서 11만 파운드에 달하는 와인을 구매할 수 있다면 이 거래로 잉글랜드는 1만 파운드의 자본을 얻을 것이다. 마찬가지로 잉글랜드에서 금 10만 파운드로 11만 파운드가 나가는 프랑스 와인을 들여온다면 이 거래로 잉글랜드는 자본 1만 파운드를 얻을 것이다. 와인 저장고에 와인 11만 파운드어치를 들여놓은 상인이 창고에 담배 10만 파운드어치를 보관하고 있는 사람보다 부자이며 마찬가지로 그는 금고에 금 10만 파운드어치를 보관하고 있는 사람보다도 더 부자다. 그 상인은 담배와 금은을 가지고 있는 다른 두 사람보다 생산활동을 더욱 많이 가동할 수 있고, 더욱 많은 사람에게 고용과 생계, 수입을 제공할 수 있다. 그러나 한 국가의 자본은 각 주민들의 자본을 모두 합한 것과 동일하며, 그 국가의 연간 생산활동은 이 모든 자본이 투입되어 이루어질 수 있는 생산활동과 같다. 그러므로 이러한 교환이 이루어지면 일반적으로 그 나라의 자본과 연간 생산활동은 증가할 것이다. 물론 잉글랜드는 프랑스산 와인을 수입할 때 버지니아 담배나 브라질 또는 페루산 금은으로 사는 것보다 자국의 기계류나 고급직물로 사는 편이 더 유리하다. 이처럼 소비를 위한 직접무역이 우회무역보다 언제나 유리하지만, 그렇다고 해서 금과 은을 이용한 우회무역이 다른 우회무역보다 더 불리한 것은 아니다. 광산이 없는 나라에서 금과 은을 매년 수출해도 금과 은이 고갈되지 않는 것은 담배를 재배하지 않는 나라에서 매년 담배를 수출해도 담배가 고갈되지 않는 것과 같다. 담배를 사들일 수단을 가진 나라는 오랜 기간 담배가 부족하여 어려움을 겪을 일이 없듯이 마찬가지로 금과 은을 사들일 수단을 가진 나라 역시 오랜 기간 금은이 부족하여 어려움을 겪을 일은 없을 것이다.

대개 노동자가 술집과 거래하는 것은 손해 보는 거래라고들 한다. 이와 같은 이치로 제조업 국가가 와인 생산국과 하는 거래도 당연히 같은 성격의 거래로 볼 수 있다고 한다. 그러나 나는 술집과 거래하는 것이 꼭 손해 보는 일이라고 생각하지 않는다. 이 거래는 조금 남용될 가능성이 있기는 해도 성격상 다른 거래와 똑같이 이익을 준다. 양조업자의 일과 주류 소매업자의 일도 마찬가지로 다른 일처럼 필요한 분업이다. 일반적으로 노동자가 본인이 직접 술을 만드는 것보다는 필요한 양을 양조업자에게서 사는 것이 더 유리할 것이다. 특히 가난한 노동자라면 일반적으로 양조업자에게서 많은 양을 한 번에 사는 것보다는 소매업자에게서 조금씩 사는 것이 더 유리할 것이다. 물론 대식가가 정육점에서, 멋 부리는 데 관심이 많은 사람이 양복점에서 과도하게 지출하듯이, 술집이 가까이 있으면 과도하게 구입하여 마실 수도 있다. 그럼에도 불구하고 이 모든 거래가 자유로워야 노동자 전체에게 유리하다. 이 자유가 남용될 수도 있고, 특히 어떤 분야에서 더 남용된다고 할지라도 그렇다. 개인이 때때로 술 소비를 지나치게 하여 재산을 탕진할 수 있지만 한 나라 전체가 그렇게 될 리는 없다. 나라마다 자기가 감당할 수 없을 정도로 술을 많이 소비하는 사람들도 있지만 적게 소비하는 사람들이 항상 더 많다. 또한 주목할 점은 경험상 대부분 술값이 싸면 과음을 하는 것이 아니라 도리어 절주한다는 것이다. 대체로 와인 생산국의 주민들이 유럽에서 가장 과음을 하지 않는다. 스페인 사람들, 이탈리아인, 남프랑스 주민들을 보면 알 수 있다. 그들은 지나치게 많이 마시는 일이 거의 없다. 도수가 낮은 맥주처럼 값싼 술을 잔뜩 사 주면서 자신이 인색하지 않고 사교성이 좋다는 것을 자랑하려는 사람도 없다. 반대로 너무 덥거나 추워서 포도를 생산할 수 없고 그리하여 와인이 귀하고 비싼 나라에서는 과음을 하는 습관이 일반적이다. 예컨대 북방 국가의 민족이나, 기니 해안의 흑인들처럼 열대 지방에 사는 민족이 그러하다. 내가 자주 듣기로는, 프랑스 군대가 와인 가격이 약간 비싼 프랑스 북부에서 와인 가격이 매우 싼 남부로 옮겨 주둔하게 되면 처음에는 최상급 와인인데도 값이 저렴한 점에 빠져 정신을 못 차리고 과음을 하게 되지만, 몇 달이 지나고 나면 그들 대부분이 그곳 주민들처럼 술을 삼가게 된다고 한다. 마찬가지로 외국산 와인에 붙는 관세와 맥아, 맥주, 에일에 붙는 소비세를 모두 한꺼번에 철폐한다면 영국의 중류층과 하류층 사이에 일시적으로는 과음하는 일이 상당히 많아지겠지만, 곧 뒤이어 주민들이 점차 술을 삼가고 이러한 현상은 지속될 것이다. 현재 과음은 상류층이나 비싼 술을 쉽게 사 마실 수 있는 사람들의 습성이 아니다. 우리 주변에서 에일 맥주를 마시고 취해 있는 신사를 찾아보기란 어렵다. 이렇게 말해도 될지 모르겠지만, 영국에서 와인무역을 규제하는 것은 사람들이 술집에 가는 것을 막기 위해서가 아니라 값싸고 좋은 술을 구입하지 못하게 하려고 하는 것 같다. 그 규제는 포르투갈과의 와인무역을 우대하고 프랑스와의 와인무역은 억제한다. 사실 우리 제조품을 수출하는 데에는 포르투갈이 프랑스보다 더 좋은 고객이므로 더 우대해야 한다고들 한다. 그들이 우리 재화를 구입해 주므로 우리 역시 그들의 재화를 구입해 주어야만 한다는 주장까지 나온다. 그리하여 졸렬한 상인들의 비열한 상술이 대제국의 정치이념이 되었다. 졸렬한 상인들은 주로 자신의 고객만을 우대하기 때문이다. 훌륭한 상인은 이런 종류의 사소한 이익에 크게 관심을 두지 않고 항상 값싸고 좋은 곳에서 상품을 구매한다.

그러나 이런 이념에 따라 많은 국가들은 주변국을 가난하게 하는 것이 자국에게 이익이 된다고 배워 왔다. 각 국가는 자기 나라와 무역하는 상대국의 번영을 질투의 시선으로 바라보았으며 그들의 이익을 자국의 손실로 여겨왔다. 서로를 연결하는 끈이 되어야 할 상업이 개인 사이에서는 물론이고 국가들 사이에서도 불화와 반목을 가장 많이 일으키는 요인이 되어 버렸다. 전세기와 금세기 동안 국왕과 대신들이 품은 변덕스런 야망도 상인들과 제조업자들의 당치 않은 질투심에 비하면 유럽 평화에 그리 치명적인 위협이 되지는 않았다. 통치자들이 일삼는 폭력과 부조리는 오래된 패악으로서 그 본질상 거의 교정될 수 없다고 생각한다. 그러나 통치자도 아니고 그럴 리도 없는 상인과 제조업자들의 비열한 탐욕과 독점욕은 비록 교정될 수는 없을지라도 그것이 다른 사람들의 평온을 어지럽히지 못하도록 저지할 수는 있다고 본다.

독점욕이 처음에 이 이념(무역차액설)을 정립하여 확산시켰다는 것에는 의심할 여지가 없다. 그리고 이를 최초로 전파한 사람들은 그것을 믿었던 사람들만큼 어리석지는 않았다. 어느 나라에서나, 사람들이 필요로 하는 것이 무엇이든 그것을 가장 싸게 파는 사람에게서 사는 것은 언제나 국민들에게 이익이며 이는 틀림없는 사실이다. 이 명제는 너무도 당연해서 증명하느라 수고할 필요도 없다. 만약 상인과 제조업자들이 이익을 도모하고자 궤변을 늘어놓아 인류의 상식을 혼란시키지만 않았다면, 이 명제는 논의할 필요조차 없었을 것이다. 이러한 점에서 그들의 이익은 국민 대다수의 이익과 정면으로 대치된다. 동업 조합원들 외에 다른 노동자를 고용하지 못하도록 막는 것이 동업 조합원들에게 이익이 되듯이, 국내시장에서 독점권을 확보하는 것이 상인과 제조업자에게 이익이 된다. 그리하여 영국과 대부분의 유럽 국가에서는 수입하는 외국 재화에 대체로 관세를 과중하게 부과한다. 또한 국내 제품과 경쟁이 될 만한 외국 제품에는 모두 관세를 높게 부과하거나 금지조치를 가한다. 마찬가지로 무역수지가 자국에 불리하다고 간주되는 국가, 즉 국민의 반감이 가장 격렬할 것으로 예상되는 나라에서 재화를 수입할 경우 거의 모든 재화에 특수한 제한을 가한다.

그러나 이웃 나라가 부유한 것은 전쟁과 정치에서는 위험하지만 무역에서는 분명 유리하다. 적대관계라면 그 부로써 우리보다 뛰어난 함대와 군대를 내세워 위협을 가하겠지만, 평화시 교역을 할 때에는 부유하기 때문에 더 많은 교환을 할 수 있고, 우리가 직접 생산한 제품이나 우리가 구매할 수 있는 제품에 대한 더 좋은 시장을 제공한다. 가난한 사람보다는 부유한 사람이 그 이웃에서 일을 열심히 하는 사람에게 더 좋은 고객이듯 부유한 국가도 그렇다. 사실 부유한 제조업자는 다른 동종업자들에게는 매우 위험한 이웃이다. 그러나 대다수 나머지 이웃들은 부유한 제조업자의 지출로 형성되는 좋은 시장 때문에 이익을 본다. 게다가 그들은 부유한 제조업자가 같은 업종의 가난한 제조업자보다 싼 값에 팔기 때문에 이익을 본다. 마찬가지로 부유한 국가의 제조업자들은 주변국의 제조업자들에게 분명 매우 위험한 경쟁자이다. 그러나 바로 이 경쟁이 대다수의 사람들에게 이익이 된다. 그들은 부유한 국가의 지출로 인하여 여러 방면에서 형성되는 좋은 시장으로 이익을 본다. 돈을 벌려는 사람은 농촌의 외지고 가난한 지역으로 갈 생각은 결코 하지 않으며 수도나 거대한 상업도시로 가려고 한다. 그들은 자본이 돌지 않는 곳에서는 얻을 것도 별로 없지만 큰돈이 도는 곳에서는 약간의 몫이라도 자기들 손에 떨어질 수 있다는 것을 알고 있다. 이렇게 1명, 10명, 20명의 개인이 상식적으로 알고 있는 이 원리가 동일하게 100만, 1,000만, 2,000만 명의 판단을 지배하고, 나아가 전 국민이 이웃 나라의 부유함을 자기 나라가 부를 획득할 요인과 기회로 여기도록 해야 할 것이다. 외국무역을 통해 부유해지고자 하는 국가는 주변국들이 모두 부유하고 근면하며 상업적인 국가일 때 목적을 이룰 가능성이 매우 높다. 주변이 모두 유랑하는 미개인들과 가난한 야만인으로 둘러싸인 국가는 대외무역으로 부를 얻을 수 없다. 자국의 토지를 개간하고, 국내 상업을 통해서만 부를 얻을 수 있을 뿐이다. 아마 고대 이집트인들과 현대 중국인들이 그러했을 것이다. 고대 이집트인들은 대외무역을 무시했다고 전해지며 현대 중국인들은 무역을 극도로 멸시하여 정당한 법적 보호조차 거의 제공하지 않은 것으로 알려져 있다. 대외무역에 관한 근대의 이념은 우리의 모든 이웃 국가를 가난하게 만드는 것을 목적으로 하고 있기 때문에 만약 이러한 이념 아래 소기의 목적을 실제로 달성할 수 있게 되면 대외무역은 무의미하고 보잘것없는 것이 돼버릴 것이다.

잉글랜드와 프랑스가 서로에 대해 교역을 그토록 억제하고 제한한 이유는 바로 이런 이념을 따랐기 때문이다. 만약 두 나라가 상업적 질투심이나 국가적 적대심 없이 실질적인 이득을 생각했다면, 프랑스와의 무역은 그 어느 나라보다 영국에게 유리했을 것이며 마찬가지로 프랑스에게도 영국과의 무역이 가장 유리했을 것이다. 프랑스는 영국의 가장 가까운 이웃이다. 잉글랜드 남부 해안 지역과 프랑스의 북부, 북서부 해안지방 간의 교역에서 자본 회전이 이뤄지는 빈도는 내륙 교역과 마찬가지로 1년에 4회, 5회 내지 6회 정도 되었을 것으로 예상한다. 따라서 이 교역에 두 국가가 사용한 자본은 대다수 다른 국가와의 거래에 비해 생산활동을 4배, 5배 내지 6배 더 움직이게 하고, 사람들을 4배, 5배 내지 6배 더 고용하며 생계를 제공할 수 있었을 것이다. 서로에게 가장 먼 두 지역 사이에서조차 적어도 1년에 1번은 자본 회전이 이뤄졌을 것이며 이 거래 역시도 다른 유럽 국가들과의 어떤 무역 못지않은 이득이 되었을 것이다. 예상컨대 아마도 우리가 그토록 자랑하는 북아메리카 식민지와의 무역에서보다 적어도 3배는 더 이득을 보았을 것이다. 북아메리카 식민지에서는 자본 회전이 3년 내에 이루어지는 일이 거의 없고 4, 5년 내에도 힘들다. 게다가 프랑스는 인구가 2천 4백만 명이나 되는 데 비하여 북아메리카 식민지는 3백만 명도 된 적이 없다. 프랑스는 부가 북아메리카보다 더 불평등하게 분배되어 있기 때문에 가난한 사람과 거지가 많다고 하더라도 북아메리카보다 훨씬 더 부유하다. 그러므로 프랑스는 적어도 8배나 넓은 시장을 제공할 수 있고, 그 자본 회전의 빈도를 고려하면 북아메리카 식민지보다 무려 24배나 많은 이득을 줄 수 있다. 이와 마찬가지로 프랑스 역시 영국과 무역하는 것이 유리하며 각국의 부, 인구, 근접성에 비례하여 프랑스가 자국 식민지와 갖는 교역보다 훨씬 유리하다. 양국의 지식인들이 억제해야 한다고 주장한 무역(영국과 프랑스 간의 무역 – 역자주)과 가장 우대해 온 무역(자국 식민지와의 무역 – 역자주) 간의 차이는 이토록 큰 것이다.

그러나 서로 개방하여 자유롭게 교역했다면 양국을 그만큼 이롭게 만들었을 바로 그 환경이 교역을 가로막는 주요 요인이 되었다. 이웃해 있기 때문에 반드시 적이 되었고, 그런 연유로 양국의 부와 힘은 서로에게 위협적이었다. 그리하여 국가적 우호관계의 이점을 증진할 수 있는 것들이 국가적 적대심의 폭력성을 자극하는 데만 쓰였다. 그 둘은 모두 부유하고 근면한 나라다. 양국의 상인과 제조업자들은 서로 상대방 국가의 상인과 제조업자의 기술과 활동에 따른 경쟁을 두려워한다. 상업적 질투심은 국가적 적대심 때문에 고조되고 양국은 서로서로 격앙하게 된다. 그리고 양국의 무역업자들은 사사로운 이익에 따라 잘못된 것을 열광적으로 믿으면서 상대방과 제약 없는 무역을 하면 무역수지가 불리하게 될 것이고, 그 결과 각자가 파멸할 것이라고 주장한다.

자칭 중상주의의 박사라고 주장하는 이들은 유럽의 상업 국가들이 불리한 무역수지 때문에 파멸로 향해 갈 것이라고 예언한다. 그러나 그들이 이러한 불안감을 조성했음에도 불구하고, 즉 거의 모든 나라가 무역수지를 자국에는 유리하게 하고 이웃 나라에는 불리하게 하고자 헛되이 노력했음에도 불구하고 유럽 국가 중 어느 나라도 무역수지가 불리해져 도탄에 빠진 나라는 없다. 반대로 모든 나라와 도시들은 중상주의가 예상한 것처럼 자유무역으로 망하는 대신, 오히려 그들의 항구를 모든 나라에 개방한 정도에 비례하여 부유해졌다. 사실 유럽에는 어느 정도 자유항이라는 이름에 걸맞은 도시들이 몇몇 있지만 그 이름에 걸맞은 나라는 하나도 없다. 아마도 네덜란드가 이런 특성에 가장 가까운 국가이긴 하지만 여전히 그것과는 거리가 있다. 네덜란드는 부의 전체뿐만 아니라 생필품 대부분을 대외무역에서 얻고 있다고 알려져 있다.

그런데 이러한 무역수지와는 정반대인 수지가 있다. 이 수지가 유리하거나 불리함에 따라 반드시 나라도 번영하거나 쇠퇴하게 된다. 그것은 바로 연간 생산물과 소비 간의 수지다. 이미 살펴보았듯이 연간 생산물의 교환가치가 연간 소비를 초과한다면 사회의 자본은 이 초과분에 비례하여 증가할 것이다. 이 경우 그 사회에서는 대개 자기 수입의 범위 내에서 생활하고, 수입 중 매년 저축하는 것은 자연히 자본에 축적되므로 연간 생산물을 더욱 증대시키는 데 사용한다. 반면, 연간 생산물의 교환가치가 연간 소비에 비해 적다면 이 부족분에 비례하여 사회의 자본이 줄어들게 된다. 이 경우 그 사회의 지출이 수입을 초과하고, 그리하여 자연히 자본을 잠식하게 된다. 그러므로 그 자본은 자연히 줄어들게 되고 그와 함께 연간 생산물의 교환가치도 감소한다.

이 생산과 소비 간의 수지는 우리가 무역수지라고 부르는 것과는 완전히 다른 개념이다. 이것은 외국과 전혀 무역하지 않고 전 세계에서 완전히 고립된 나라에서도 일어날 수 있다. 나아가 지구 전체에서도 일어날 수 있다. 지구 전체의 부, 인구, 발전이 점차 증가하거나, 혹은 점차 쇠퇴할 수도 있다.

무역수지가 대개 불리하더라도 생산과 소비 간의 수지는 국가에 항상 유리하게 작용할 수도 있다. 어쩌면 한 국가는 반세기 동안 수출하는 것보다 더 많은 것을 수입할 수도 있다. 이 기간 동안 들어오는 금과 은이 모두 즉시 외국으로 반출될 수도 있다. 유통주화는 점차 감소하여 여러 종류의 지폐가 그것을 대신할 수 있고, 심지어 그 나라가 거래하는 주요국과 맺은 채무가 점차 증가할 수도 있다. 그러나 실질적인 부, 즉 토지와 노동에 따른 연간 생산물의 교환가치는 동일한 기간 동안 훨씬 큰 비율로 증가했을 수도 있다. 현재의 혼란(미국의 독립전쟁 – 역자주)이 시작되기 이전, 우리 북아메리카 식민지의 상황과 그들이 영국과 수행한 무역의 상황이 이를 뒷받침하는 증거가 될 것이다.

식민지에 대하여

(제7장)

아메리카와 동인도 항로의 발전으로부터 얻은 유럽의 이익에 대하여(제3절)

식민지 무역을 독점하는 것은 중상주의의 교활하고 악의적인 수단과 마찬가지로 다른 나라들의 산업, 특히 식민지의 산업을 침체시킬 뿐만 아니라 식민지 모국의 산업에 이익을 주지 않는다. 오히려 식민지 모국의 산업을 조금도 발전시키지 않고 쇠퇴시킨다.

독점은 그 나라의 자본 규모가 얼마가 되든 간에 그 나라의 자본이 제 기능을 하지 못하게 방해한다. 그리하여 독점이 없었다면 유지했을 생산적인 노동량을 유지하지 못하게 하며, 또 주민에게 제공했을 소득을 제공하지 못하게 방해한다. 그러나 자본은 소득 중 일부가 저축되어야만 증가될 수 있으므로 독점은 독점이 없는 경우 제공할 수 있는 규모의 소득을 제공할 수 없게 방해한다. 그리하여 독점은 필연적으로 독점이 없는 때보다 자본의 증가 속도를 크게 떨어뜨린다. 그래서 근면한 주민들에게 소득을 더 많이 제공하지 못하고, 생산적인 노동량을 유지하지 못하게 하는 결과를 초래한다. 그로 인해 독점이 있는 경우 소득의 큰 원천인 노동임금은 필연적으로 독점이 없는 경우에 비해 낮게 된다.

독점은 상업이윤율을 증가시켜 토지개량을 방해한다. 토지개량의 이윤은 토지가 실제로 생산해 내는 양과 일정 자본을 투자함으로써 생산해 낼 수 있는 양의 차이에 따라 정해진다. 만약 이 차이가, 동일한 자본을 다른 상업부문에 사용했을 때 얻는 이윤보다 크다면 자본은 상업부문에서 토지개량으로 이동되어 사용될 것이다. 반대로 상업이윤보다 적다면 자본은 토지개량에서 상업부문으로 이동되어 사용될 것이다. 결국 상업이윤율을 증가시키는 것이 무엇이든 토지개량으로 얻는 이익의 유리함을 감소시키고 불리함을 증가시킨다. 그리하여 토지개량으로 얻는 이익의 유리함이 감소하면 자본이 토지개량에 쓰이지 않고, 불리함이 증가하면 토지개량에서 자본이 빠져나가게 된다. 그런데 독점은 이같이 토지개량을 방해함으로써 수입의 또 다른 원천인 지대 또한 자연적으로 증가하지 못하게 방해한다. 또, 상업이윤율을 증가시킴으로써 독점은 독점이 없는 경우보다 시장 이자율을 높게 끌어올린다. 그러나 지대에 비례하는 토지 가격, 즉 수년간 토지에 지불되는 지대 총액은 필연적으로 이자율이 오르면 떨어지고 내려가면 올라간다. 따라서 독점은 지주의 이익을 두 가지 방법으로 손상시킨다. 하나는 지대가 자연히 증가하지 못하도록 가로막는 것이고, 다른 하나는 지대에 비례하여 자연히 증가할 수 있었던 토지 가격 또한 오르지 못하게 하는 것이다.

사실 독점은 상업이윤율을 증가시켜 상인들의 이익을 어느 정도 증가시킨다. 그러나 독점은 자본의 자연적 증가를 방해하기 때문에 자산의 이윤으로 얻는 주민들의 수입 총액을 증가시키기보다는 오히려 감소시키는 경향이 있다. 일반적으로 적은 자본에서 얻는 이윤은 커 봐야 큰 자본에서 얻는 작은 이윤에 못 미친다. 그래서 독점은 이윤율을 증가시키지만 이윤 총액은 독점이 없는 경우보다 적다.

독점은 수입의 모든 원천, 즉 노동임금, 지대, 자산이윤이 독점이 없을 경우보다 훨씬 줄어들도록 감소시킨다. 이는 한 국가의 소수 몇몇이 받을 작은 이익을 증진하기 위해 그 나라의 다른 모든 사람들과 다른 국가의 모든 사람들이 받을 이익을 해치는 일이다.

독점이 오직 통상적인 이윤율만을 끌어올린다는 사실로, 우리는 독점이 어떤 특정 계층에게만 유리하다는 것을 증명할 수 있다. 독점에 따른 높은 이윤율이 필연적으로 국가 전체에 끼치는 모든 나쁜 영향에 대해서는 앞에서 설명했다. 그러나 이외에도 나쁜 영향이 또 하나 있다. 어쩌면 앞에서 말한 나쁜 영향을 모두 합한 것보다도 더 치명적일 것이다. 경험에 비추어 볼 때 이것은 높은 이윤율과 떼려야 뗄 수 없는 관계에 있다. 어디에서나 높은 이윤율은 절약의 미덕을 파괴한다. 상인은 언제나 자연스럽게 절약을 추구하기 마련이지만 이윤이 높으면 더 이상 절약하지 않아도 된다고 여긴다. 그리고 자신의 부유한 처지에 사치가 더 잘 어울린다고 생각한다. 그러나 거대한 상업자본을 가진 사람들은 대부분 그 나라 산업 전체의 지도자와 경영자이다. 그들의 생활태도는 다른 어떤 계층의 사람들보다 국민 전체의 생활태도에 더욱 큰 영향을 미친다. 고용주가 매사에 주의가 깊고 절약에 힘쓴다면 노동자들도 그럴 가능성이 매우 높지만, 만약 방탕하고 무절제하다면 고용주의 지시에 따라 일하는 노동자들 또한 고용주가 보여주는 생활태도를 모방하여 그렇게 할 것이다. 그리하여 당연히 축적을 가장 많이 할 수 있는 사람이 그렇게 하지 않으니 축적이 이루어지지 않고, 또 수입 중에서 생산 노동자들의 고용을 유지하는 데에 쓰여야 할 자금을 가장 많이 증가시킬 수 있는 사람이 그렇게 하지 않으니 그 자금 역시 증가하지 않는다. 국가의 자본이 증가하기는커녕 점차 줄어들어 그것으로 유지되는 생산 노동량도 날마다 줄어든다. 카디스(Cadiz)와 리스본(Lisbon) 상인의 막대한 이윤이 과연 스페인과 포르투갈의 자본을 증대시켰는가? 빈곤을 완화하고 국가의 산업을 촉진했는가? 바로 두 무역도시 상인들의 낭비풍조 때문에 그 막대한 이윤으로도 국가 전체의 자본이 증대하기는커녕 그 이윤을 가져다준 자본조차 유지하기 어려운 상황에 직면해 있다. 외국 자본이 매일 같이 카디스와 리스본의 무역에, 이렇게 말해도 될지 모르겠지만, 침입하고 있다. 스페인과 포르투갈이 날마다 불합리하고 불편을 끼치는 독점을 더욱더 강화하려고 노력하고 있는데, 그것은 날이 갈수록 부족한 자국의 자본으로는 무역을 경영하기가 힘들어지는 이러한 무역에서 외국자본을 몰아내기 위함이다. 카디스와 리스본의 상업태도와 암스테르담의 상업태도를 비교하면 자산이윤의 높고 낮음에 따라 상인의 성격과 행동이 얼마나 달라지는지 알 수 있을 것이다.

사실 런던 상인들 대부분은 아직 카디스나 리스본 상인들만큼 흥청망청 쓰는 편이 아니지만, 그렇다고 암스테르담 상인들처럼 주의 깊고 절약에 힘쓰는 편도 아니다. 그들 중 많은 이들이 카디스나 리스본 상인보다는 훨씬 부유하지만 암스테르담 상인만큼 부유하지는 않다고 여겨지고 있다. 그러나 이윤율은 보통 카디스나 리스본보다는 훨씬 낮고 암스테르담보다는 훨씬 높다. 쉽게 들어온 것은 쉽게 나간다는 속담이 있다. 통상적인 소비풍조는 실제 지출능력에 따른 것이 아니라 지출할 돈을 얼마나 쉽게 벌 수 있는가에 따라 좌우되는 것 같다.

이와 같이 단 하나의 계층만 이익을 얻는 독점적 이익은 여러 가지 다양한 방식으로 국가의 전체 이익을 해친다.

아메리카 대륙 발견과, 희망봉을 거친 동인도 항로 발견이라는 두 가지 사건은 인류 역사에 기록된 매우 중요하고도 위대한 사건이다. 그로 인한 영향은 이미 엄청나다. 그러나 발견 이후 불과 2~3세기밖에 지나지 않은 사이에 그 모든 영향이 나타나는 것은 불가능하다. 그 두 위대한 사건이 인류에 어떤 이득을, 또 어떤 불행을 가져올지는 인간의 지혜로 예견할 수 없다. 세상에서 서로 멀리 떨어진 곳들이 어느 정도 연결되고, 그리하여 각 나라가 서로의 부족한 부분을 채워 주며 서로의 즐거움을 증진하고 서로의 산업을 장려한다는 점에서 그 경향은 대체로 이득인 것 같다. 그러나 동·서인도 원주민에게는 이 사건으로 생겨난 모든 상업적 이익이 그들에게 일어난 비극 속에 묻혀 버렸다. 이 비극은 두 사건에서 비롯되었다기보다는 사고로 일어난 것 같다. 이 발견이 이루어진 때는 유럽이 강성했던 시기이기도 하다. 그리하여 유럽은 멀리 떨어진 국가를 상대로 온갖 부정을 저지르고도 처벌받지 않았다. 아마 이후로 그들 국가의 원주민들이 더 강해지거나 유럽 국가들이 더 약해져 이 세상 모든 국가의 힘이 균형을 이룬다면 상호 간에 긴장감이 조성되어 독립 국가들이 불의를 저지르지 않고 서로의 권리를 존중할 수 있게 될 것이다. 그러나 이 힘이 균형을 이루어지기 위해서는 모든 국가 간에 상업이 광범위하게 이루어져 자연히, 아니 반드시 수반되는, 각종 지식과 개량들이 상호 교류되는 것이 중요하다.

그러는 동안 그 발견의 주된 효과들 중 하나는 중상주의가 영광과 영예를 얻게 된 점이다. 그 발견들이 없었다면 중상주의는 그런 영광과 영예를 절대로 얻지 못했을 것이다. 토지개량이나 경작보다는 상업과 제조업으로, 농촌의 생산활동보다는 도시의 생산활동으로 국가를 풍요롭게 하는 것이 중상주의의 목적이다. 그러나 그 발견으로 유럽의 상업도시들은 세계의 작은 부분(대서양 연안의 유럽지역과 발틱해 · 지중해에 둘러싸인 국가들)만의 제조업자와 운송업자가 아닌, 이제 아메리카에서 성장하고 있는 수많은 경작자들을 위한 제조업자가 되었다. 또 아시아, 아프리카 그리고 아메리카 국가들을 상대하는 운송업자와 제조업자가 되었다. 두 곳의 신세계(아시아와 아메리카)가 그들의 산업에 개방되었으며 각각의 신세계는 구대륙보다 훨씬 크고 넓었다. 그 가운데 아메리카의 시장은 날이 갈수록 더욱더 커지고 있다.

아메리카에 식민지를 가지고 있는 나라들과 동인도와 직접무역하는 나라들은 실로 이 거대한 상업으로 위용과 영광을 누리고 있다. 그러나 다른 나라들 역시 자신들을 배제하려는 모든 부당한 제한에도 불구하고 이 거대한 상업의 실질적인 혜택을 많이 누리고 있다. 예를 들어 스페인과 포르투갈 식민지들은 스페인이나 포르투갈의 산업보다는 다른 나라들의 산업을 실질적으로 더 많이 촉진하고 있다. 린넨 한 품목만 보더라도 그들 식민지에서 사용하는 연간 소비는, 내가 그 양을 장담할 수는 없지만, 연간 3백만 스털링 이상에 달한다고 한다. 그러나 그 엄청난 소비는 거의 전부 프랑스, 플랜더스, 네덜란드, 독일에서 공급되고 있다. 스페인과 포르투갈은 단지 극소량만을 제공할 뿐이다. 식민지에 이 엄청난 양의 린넨을 공급하고 있는 자본이 해마다 이 나라들의 주민들에게 제공되고 그들은 그것으로 소득을 올린다. 단지 그 이윤만이 스페인과 포르투갈에서 소비되며 카디스와 리스본 상인들의 사치스러운 소비를 지탱해 주고 있을 뿐이다.

각국이 자기 식민지와의 배타적인 무역을 확보하려고 시행한 규제들조차도 타국보다는 자국에 더 큰 피해를 주는 경우가 많다. 말하자면 다른 나라 산업에 부당한 압박을 가하면 다른 나라의 산업을 파괴하기보다는 오히려 압박하는 자의 머리 위로 부메랑처럼 돌아와 자국의 산업을 파괴시킨다. 예를 들면, 그런 규제들 때문에 함부르크 상인은 아메리카 시장으로 보낼 린넨을 런던으로 보내야만 하고, 독일 시장으로 가져와야 할 담배를 런던으로 가져오지 않으면 안 된다. 왜냐하면 함부르크 상인은 아메리카로 직접 수출하거나 그곳에서 직접 수입할 수 없기 때문이다. 이런 규제 때문에 아마 그는 규제가 없을 경우보다 린넨을 조금 싸게 수출하고 담배를 조금 비싸게 수입할 수밖에 없을 것이며, 이로써 그의 이윤도 조금 감소할 것이다. 그러나 이러한 함부르크와 런던 간의 무역에서 그는 자신의 자본을 아메리카와 직접무역했을 때보다 훨씬 더 빨리 회전할 수 있는 이점이 있다. 결코 그럴 리는 없겠지만 아메리카에서의 지불기한과 런던에서의 지불기한이 동일하게 지켜진다고 가정하더라도 그럴 것이다. 이러한 규제 때문에 함부르크와 런던 간의 무역에서 함부르크 상인의 자본은 아메리카와 직접무역을 할 때보다 더 많은 독일의 생산활동을 자극할 수 있다. 따라서 함부르크 상인에게는 이러한 무역이 직접무역보다는 이윤이 적을지 몰라도 독일 국가 전체로 보면 결코 불리하다고 할 수 없다. 그러나 이러한 무역 독점으로 인해 자연스레 런던 상인의 자본이 더 많이 사용되는 경우는 아주 다르다. 아마도 런던 상인은 자신의 자본을 다른 부분에 사용할 때보다 더 많은 이윤을 얻을 수 있을지 모르지만 자본 회전이 느리기 때문에 영국에게는 결코 유리할 수가 없다.

그러므로 유럽의 모든 나라들이 자국 식민지 무역에서 생기는 모든 이익을 자기 것으로 삼으려고 갖은 부당한 시도를 했지만 어떤 나라도 자기 것으로 삼은 적이 없다. 평화 시에는 식민지에 대한 억압적인 권력을 유지하고, 전쟁시에는 그것을 방어하는 비용만 들었을 뿐이었다. 식민지를 보유하여 발생하는 모든 불편은 식민 모국이 모두 떠맡았으며, 식민지에서 생기는 이익은 다른 나라들과 나눠 가졌다.

얼핏 보면 아메리카 식민지라는 거대한 상업을 독점하는 것이 아주 큰 이익인 것처럼 보인다. 무모하고 분별력 없는 야심가의 눈에는 혼란스러운 투쟁의 연속인 정치와 전쟁의 현장에서 이러한 독점은 반드시 쟁취해야 할 매우 매혹적인 대상으로 보인다. 그러나 그 매혹적인 면, 즉 그 상업의 거대한 규모야말로 식민지 독점무역을 해롭게 만드는 본질이다. 왜냐하면 식민지 무역을 독점할 경우 다른 여러 부문에 사용할 국가의 자본이 특성상 필연적으로 국가에 불리한 바로 이 식민지 무역 부문에 사용되기 때문이다. 게다가 거기에 들어가는 국가의 자본이 독점이 없는 경우보다 훨씬 더 많기 때문이다.

제2권에서 밝힌 바와 같이 각국의 상업자산은 자연스럽게 그 나라에 가장 유리한 용도를 찾는다. 만약 그것이 중계무역에 사용된다면 그 자산이 속해 있는 국가는 그 자산으로 이뤄지는 무역과 연관된 모든 나라의 재화가 모이는 중심지가 된다. 그러나 그 자산을 가진 소유자는 당연히 가능한 한 많은 재화를 국내에서 처분하고 싶어 한다. 그렇게 하면 수출에 따른 애로점과 위험요인, 비용을 줄일 수 있기 때문이다. 그리하여 그는 재화를 외국에 수출하여 벌어들일 수 있는 수준보다 훨씬 낮은 가격에, 그리고 어느 정도 더 적은 이윤으로 기꺼이 국내에서 팔고자 할 것이다. 그러므로 그는 당연히 자신의 중계무역을 가능한 한 대외 소비무역으로 전환하려고 노력한다. 또 그의 자산이 대외 소비무역에 사용된다면 동일한 이유로 그는 외국 시장에 내다 팔기 위해 수집한 본국의 재화를 가능한 한 많이 국내에서 처분하려고 할 것이다. 그리하여 될 수 있는 대로 자신의 대외 소비무역을 국내거래로 돌리기 위해 최선을 다할 것이다. 이런 방식으로 각국의 상업자산은 가까운 사용처를 찾고 멀리 떨어진 사용처를 기피한다. 즉, 자본 회전이 빠른 사용처를 찾고 자본 회전이 느린 사용처를 기피하는 것이다. 자연스럽게 자산이 속해 있는, 즉 그 소유주가 살고 있는 나라에서 생산노동이 가장 활발한 곳에 집중하고 생산노동이 적은 곳은 피하게 된다. 상업자산은 자연히 그 나라에 가장 유리한 사용처에 모이고 가장 불리한 곳은 기피하는 것이다.

그러나 만일 그 나라에 덜 유리한, 중심지에서 멀리 떨어진 지역의 이윤이 중심지와 가까운 지역 자체가 가진 이점을 상쇄하고도 남을 만큼 높아진다면, 이런 높은 이윤 때문에 자산은 모든 이윤이 적정 수준으로 돌아갈 때까지 가까운 지역에서 빠져나가 먼 지역으로 흘러들어갈 것이다. 그러나 이런 높은 이윤은, 그 사회의 현실 상황에서 중심지와 멀리 떨어진 지역이 다른 지역에 비해 자산이 다소 덜 투자되었다는 것을 보여 주는 증거이며 이는 사회의 자산이 모든 다양한 부문에 적합하게 배분되어 있지 않다는 것을 나타내는 것이기도 하다. 또 그것은 어떤 상품이 적정가격보다 더 싸거나 비싸게 판매된다는 증거이며, 이는 어떤 특정 계층이 다른 모든 계층 사이에 당연히 발생하고 또 자연히 발생하게 되는 공정한 수준보다 돈을 더 많이 지불하거나 더 적게 받아 많든 적든 간에 어려움을 겪고 있다는 증거이다. 비록 멀리 떨어진 지역에서는 결코 가까운 지역과 동일한 자본으로 가까운 지역만큼의 생산 노동량을 유지하지는 못하겠지만 멀리 떨어진 지역의 사업도 가까운 지역의 사업과 마찬가지로 사회의 발전에 필요할 수 있다. 멀리 떨어진 지역에서 취급되는 재화가 가까운 지역의 사업을 운영하는 데 필요할 수 있기 때문이다. 그러나 만일 그런 재화를 취급하는 사람들의 이윤이 적정수준 이상이라면 그 재화들은 적정수준 이상으로, 즉 자연가격 이상으로 비싸게 팔릴 것이며, 가까운 지역의 사업에 종사하는 사람들은 이런 높은 가격에 어느 정도 자극을 받을 것이다. 따라서 이 경우에 그들은 이해타산에 따라 가까운 지역의 사업에서 자산을 얼마간 회수하여 멀리 떨어진 지역의 사업으로 이동시킬 것이다. 그렇게 되면 먼 지역에서의 이윤은 적정 수준으로 떨어지고 먼 지역에서 거래되는 재화의 가격도 자연가격으로 하락한다. 이런 특별한 경우에는 얼마간의 자산이 가까운 지역(보통의 경우에는 사회에 유리한 용도)에서 먼 지역(보통의 경우에는 사회에 덜 유리한 용도)으로 이동하여 사용되는 것이 공공의 이익이 된다. 이때 사람들의 이익을 추구하는 성향은 자연스럽게 다른 모든 일반적인 경우와 마찬가지로 공공의 이익과 정확히 일치하며, 자본이 가까운 지역에서 먼 지역으로 옮겨가게 되는 것은 바로 이러한 성향 때문이다.

그리하여 개인들이 가진 사적 이익과 열정이 그들로 하여금 자연스럽게 자신들의 자산을 일반적으로 사회에 가장 유리한 쪽으로 돌리게 만든다. 그러나 이런 자연스러운 선호 때문에 너무 많은 자산이 그러한 용도로 전환된다면 그곳의 이윤이 내려가고 다른 곳의 이윤이 상승하게 된다. 그렇게 되면 사람들은 즉각 이 잘못된 배분을 수정하고자 한다. 그러므로 어떠한 법적 개입 없이도 사회의 자산은 개인들의 사적 이익과 열정으로 인해 자연스럽게 사회 전체 이익에 가장 잘 부합하는 비율로 다양한 부문에 배분된다.

중상주의의 각종 규제들은 이처럼 가장 유리한 곳에 자산을 배분하도록 하는 개인의 자연스러운 특성을 교란시킨다. 그중에서도 아마 아메리카와 동인도 무역에 가하는 규제가 다른 어떤 규제보다 더욱더 교란시킬 것이다. 그것은 그 두 거대한 대륙과 이루어지는 무역이 다른 어떤 부문의 무역보다 더 많은 양의 자산을 흡수하고 있기 때문이다. 그러나 두 무역 각각에서 이러한 교란을 일으키고 있는 규제들이 완전히 같은 것은 아니다. 두 무역(아메리카와 동인도 무역)은 엄청난 독점에 의해 추진되어 왔지만, 다른 종류의 독점이다. 그러나 어떤 종류의 독점이든 정말 독점이 중상주의 시스템의 유일한 추진력인 것 같다.

중농주의 : 토지 생산물을 모든 국가의 부와 수입의 유일한, 주된 원천이라고 보는 정치경제학설 (제9장)

중농주의는 중상주의나 상업주의만큼 긴 설명이 필요하지 않다.

토지 생산물을 국가의 부와 수입의 유일한 원천으로 보는 경제학설은 내가 아는 한 어느 나라에서도 채택된 일이 없으며 오늘날 프랑스의 학식 높고 창의적인 몇 사람의 사상 속에만 남아 있을 뿐이다. 이 학설은 세계 어느 곳에도 해를 끼친 적이 없다. 추측컨대 앞으로도 그럴 일은 없을 것이다. 이 학설의 오류를 장황하게 검토하는 것이 사실상 무의미하지만, 이제부터 나는 이토록 독창적인 학설의 개요를 될 수 있는 한 명확하게 설명하고자 한다.

루이 14세의 유명한 재상 콜베르는 매우 근면성실하며 지식수준이 뛰어나고 국가회계를 분석하는 데에 경험이 상당하며 예리한 안목을 갖추고 있었다. 요컨대 국가의 수입과 지출에 대하여 올바른 방법과 질서를 도입하는 데 여러모로 적합한 재능을 가진 인물이었다. 그러나 불행하게도 그 재상은 중상주의에서 비롯된 모든 편견을 믿었다. 중상주의는 그 본질상 제한과 통제에 기반을 둔 학설이다. 관청의 각 부서를 총괄하여 각각 본연의 임무에서 벗어나지 않도록 점검하고 통제하는 일에 익숙한, 부지런하고 근면한 행정가라면 마음에 들

수밖에 없는 학설이다. 그는 거대한 국가의 산업과 상업을 정부의 각 부서를 관리할 때와 같은 방식으로 통제하려 들었다. 그리고 각 개인이 평등, 자유, 정의의 원칙 아래 각자의 방식으로 이익을 추구하는 것을 허용하지 않았으며, 어떤 산업에는 특권을 부여하고, 어떤 산업에는 특별한 제한을 가했다. 다른 유럽 재상들처럼 그 역시 농촌보다는 도시 산업을 더 장려하려고 했을 뿐만 아니라 도시 산업을 지원하기 위하여 농촌 산업을 침체시키고 규제했다. 도시 주민에게 식량을 값싸게 제공하여 제조업과 대외무역을 장려하고자 곡물수출을 전면 금지하기도 했다. 그리하여 농촌 거주자들은 그들의 가장 중요한 생산물을 팔 수 있는 외국시장을 잃고 말았다. 이 금지조치는 프랑스의 옛 지방법에 따라 한 지방에서 다른 지방으로 곡물을 수송하는 데에 가한 여러 가지 제한과 모든 지방의 경작자에게 부과한 가혹한 세금과 맞물려 프랑스 농업의 발전을 방해했다. 프랑스는 토양이 비옥하고 기후가 적당한데도, 비슷한 농업조건을 가진 나라와 비교하여 농업 수준이 그보다 훨씬 낮은 수준에 머물게 되었다. 이와 같이 억제되어 부진한 상태가 전국 각지에서 많든 적든 감지되었다. 이에 그 원인에 관한 다양한 조사가 착수되었다. 그 원인 중의 하나가 콜베르가 여러 제도를 통해 농촌 산업보다 도시 산업을 중시하고 특혜를 준 것이었다.

막대기가 한쪽으로 너무 구부러져 있을 경우 바로 잡으려면 그만큼 반대 방향으로 구부리지 않으면 안 된다는 속담이 있다. 모든 국가에서 농업이 부와 수입의 유일한 원천이라는 학설을 제시한 프랑스 학자들은 이 속담을 따른 것 같다. 콜베르의 정책에서 도시 산업이 확실히 농촌 산업보다 과대평가되었던 것처럼, 그들의 학설에서는 도시 산업이 확실히 과소평가되고 있다.

중농주의자는 한 나라의 토지와 노동의 연간 생산물에 공헌하는 집단을 세 부류로 나눈다. 첫째는 토지 소유주 계층이다. 두 번째는 생산계층이라는 독특한 명칭을 붙여 이들이 존중을 표한 경작자, 농부, 농촌 노동자들이다. 세 번째는 수공업자, 제조업자, 상인계층인데, 이 계층에게는 비생산적 계층이라는 굴욕적인 명칭을 붙여 그 지위를 격하했다.

…

일부 이론에 충실한 의사들은 인간이 건강을 유지하려면 어떤 정확한 양생법에 따라 섭취와 운동을 조절해야 하며 이 방법 외에는 다른 방법이 없다고 여긴다. 거기에서 조금만 벗어나면 그 벗어난 정도에 따라 질병이나 장애가 생기기 마련이라는 것이다. 하지만 경험에 비추어 볼 때 인간의 신체는 매우 다양한 양생법, 혹은 도저히 상식적으로는 생각할 수 없는 양생법을 따르더라도 아주 완벽한 건강상태를 유지하는 경우를 종종 볼 수 있다. 적어도 겉으로 보기에는 그렇게 보인다. 몸이 건강하면, 아직 밝혀지지는 않았으나 그 자체로 건강을 보존할 수 있는 힘이 있어 해로운 영향을 받거나 섭취를 불완전하게 하더라도 이를 방어하거나 보완할 수 있는 듯하다. 그 자신이 의사이며 게다가 이론에 매우 충실한 이론가였던 퀘네(Quesnai)는 사회체제도 동일하게, 엄밀한 양생법을 따라야, 즉 자유가 완벽하게 보장되고 정의가 완벽하게 이루어져야 성장하고 번영할 수 있다고 생각했던 것 같다. 그는 개개인이 자신의 상황을 개선하고자 할 때 본능적으로 끊임없이 기울이는 노력이, 편파적이고 억압적인 경제정책의 악영향을 여러 방면에서 어느 정도 보완하고 방어할 수 있는 힘이라는 점은 생각하지 못한 것 같다. 그런 경제정책은 분명 어떤 국가가 부와 번영을 향해 자연스럽게 나아가는 것을 다소 지연시킬 것이다. 그러나 완전히 중단시키지는 못하며 퇴보하게 하는 일은 더더욱 없을 것이다. 만약 국가가 자유와 정의를 완전하게 실현하지 못하는 한 번영하지 못한다면 이 세상에 번영할 수 있는 나라는 하나도 없었을 것이다. 그러나 인체의 경우 자연치유력이 인간의 게으름과 무절제함에서 야기되는 악영향을 치유하는 것과 마찬가지로, 다행히 사회도 인간의 어리석음과 불의에서 야기되는 수많은 악영향을 치유할 그런 자연스러운 힘이 충분히 존재한다.

그러나 중농주의 학설의 중요한 오류는 수공업자, 제조업자, 상인 계층을 싸잡아 무익하고 비생산적이라고 상정한 데 있다. 다음은 이 주장이 옳지 않다는 사실을 증명할 것이다.

첫째, 이 계층은 자신들이 매년 소비하는 것의 가치를 재생산하고, 적어도 그들이 유지하고 사용한 자산과 자본을 존속시킨다. 이 사실은 널리 인정되고 있다. 이 점 하나만 보아도 이들을 무익하다거나 비생산적이라고 격하하는 것은 옳지 않다는 사실을 알 수 있다. 우리는 부모를 대체할 딸과 아들 하나씩만을 낳아 인류의 수를 늘리지 않고 전과 같이 유지하기만 했다고 해서 그 결혼을 무익하다거나 비생산적이라 부르지는 않는다. 사실 차지농과 농촌 노동자들은 자신들을 유지하고 고용하는 자산을 초과하는 순생산물, 즉 지주가 마음대로 처분할 수 있도록 남겨진 지대(a free rent to the landlord)를 해마다 재생산해 낸다. 물론 세 자녀를 출산한 결혼이 두 자녀만 출산한 결혼보다 더 생산적이듯, 차지농이나 농촌 노동자들의 노동이 상인, 수공업자, 제조업자들의 노동보다 더 생산적이다. 그러나 차지농이나 농촌 노동자들이 더 많이 생산한다고 해서 상인, 수공업자, 제조업자가 무익하다거나 비생산적인 것은 아니다.

둘째, 이런 점에서 수공업자, 제조업자, 상인들을 마치 일반 하인과 동일시하는 것은 정말로 부당하다. 일반 하인의 근로는 그들을 고용하고 유지한 자금을 계속 남아 있게 하지 않는다. 그들의 유지와 고용은 온전히 그들 주인의 비용이며 그들이 행한 일은 그 비용을 보상하는 성질의 노동이 아니다. 그 일들은 대개 즉시 소멸하는 서비스이기 때문에 그들의 임금과 유지비를 회수할 수 있는 판매 가능한 상품으로 구성되거나 실현될 수 없다. 이런 이유로 나는 생산적, 비생산적 노동을 다룬 장에서 수공업, 제조업자, 상인을 생산적 근로자로 구분하고 일반 하인은 무익하고 비생산적인 근로자라고 구분한 바 있다.

셋째, 수공업자, 제조업자, 상인의 노동이 사회의 실질 수입을 증가시키지 않는다고 말하는 것은 아무리 생각해 봐도 옳지 않다. 예를 들어, 이 학설에서 가정하듯이 이 계층이 하루, 한 달, 한 해에 소비하는 가치가 이들이 하루, 한 달, 한 해에 생산해 내는 가치와 정확히 일치한다고 가정하더라도 그들의 노동이 그 사회의 실질 수입, 즉 그 사회에서 나오는 토지와 노동의 연간 생산물이 지니는 실질 가치에 아무런 영향도 미치지 못했다고 말할 수 없다. 예를 들면, 한 수공업자가 수확 후 최초 6개월 동안, 비록 그 기간 동안 10파운드어치의 곡물과 다른 필수품을 소비했을지라도, 10파운드 가치의 물건을 생산했다면 그는 실질적으로 토지와 노동의 연간 노동 생산물에 10파운드 가치를 실제로 창출한 셈이다. 이는 그가 곡물과 생필품 구입으로 6개월분 수입에 해당하는 10파운드 가치를 소비하면서, 동시에 그 자신이나 다른 사람에게 동일한 6개월분 수입을 제공할 수 있는 동일한 양의 노동 가치를 생산해 낸 것이다. 그러므로 이 6개월 동안 소비되고 생산된 가치는 10파운드가 아니라 20파운드이다. 사실 이 기간 동안 어느 순간에도 10파운드 가치밖에 존재하지 않았었다고 할 수 있다. 그러나 수공업자가 소비한 10파운드 가치의 곡물과 생필품을 군인이나 일반 하인이 소모했다면, 6개월 후 연간 생산물의 가치는 수공업자의 노동의 결과물로 인해 실재하는 것보다 10파운드 적었을 것이다. 따라서 비록 수공업자가 생산한 가치가 이 기간 동안 그가 소비한 가치보다 많은 적이 없었더라도, 그 기간 동안 시장에 실제로 존재하는 재화의 가치는 그의 생산 덕분에 그렇지 않은 경우보다 항상 크다.

중농주의 학설을 옹호하는 사람들은 수공업자, 제조업자, 상인의 소비가 그 계층이 생산한 가치와 일치한다고 주장한다. 이 주장은 아마도 단지 그 계층의 수입이, 즉 그 계층이 소비할 때 쓸 수 있는 재원이, 그 계층이 생산한 가치와 일치한다는 의미였을 것이다. 그러나 만일 그 옹호자들이 좀 더 분명하게 표현하여 그 계층의 수입이 그 계층이 생산한 가치와 동일하다고 주장했다면 독자들은 이 수입에서 자연적으로 저축된 부분은 사회의 실질적인 부를 어느 정도 증가시켰으리라는 사실을 쉽게 알아챘을 것이다. 그런데 그들은 자신들의 주장을 뭔가 그럴싸하게 내세우기 위해서 분명하게 표현하지 않았던 것이다. 하지만 비생산적이라는 그들의 주장은 설득력이 없다. 아무리 모든 실제 사정이 그 주장에서 가정하고 있는 내용과 같다고 하더라도 그렇다.

넷째, 차지농이나 농촌 노동자들 역시 수공업자, 제조업자, 상인과 마찬가지로 절약하지 않고서는 실질 수입, 즉 사회의 토지와 노동의 연간 생산물을 증가시킬 수 없다. 사회의 토지와 노동의 연간 생산물은 두 가지 방법으로만 증가할 수 있다. 첫째는 그 사회에 실재하는 유용한 노동의 생산력을 증대하는 것이고, 둘째는 그 노동량을 늘리는 것이다.

유용한 노동의 생산력을 증대하는 것은 우선 노동자의 능력개발, 그다음으로 그가 작업에 사용하는 기계의 개선에 달렸다. 그러나 수공업자나 제조업자의 작업은 더 세분화할 수 있기 때문에 개별 작업자의 노동은 차지농이나 농촌 노동자들의 일에 비해 작업이 더욱 단순해질 수 있고, 결과적으로 이 두 가지 개선이 훨씬 높은 정도로 이루어질 수 있다. 이런 점에서 경작자 계층이 수공업자나 제조업자 계층보다도 결코 뛰어날 수 없다.

어떤 사회에서 실제로 고용되는 유용한 노동의 양이 증가하는 것은 순전

중농주의 : 토지 생산물을 모든 국가의 부와 수입의 유일한, 주된 원천이라고 보는 정치경제학설(제9장)

히 그것을 고용할 자본의 증가에 좌우된다. 그리고 그 자본의 증가는, 다시 그 자본을 사용하고 그 사용을 지시하는 특정인이나 그 자본을 대여해 준 사람의 수입에서 저축된 양과 정확히 일치한다. 중농주의 학설에서 가정하듯이 만약 상인, 수공업자, 제조업자들의 절약과 저축 성향이 토지소유자나 경작자들보다 더 강하다면, 그들은 사회에서 고용되는 유용한 노동의 양을 증가시키고, 결과적으로 실질 수입과 토지와 노동의 연간 생산물을 증가시킬 것이다.

그리고 마지막으로 이 학설이 가정하듯이, 모든 나라의 주민이 받는 수입이 전적으로 그들이 생산해 낸 생필품으로 이루어진다고 하더라도 상공업 국가의 수입은 다른 사정이 동일하다면 상공업이 없는 국가의 수입보다 항상 더욱 클 것이다. 상공업 국가는 무역과 제조업을 통해 그 국가가 소유한 토지에서 실제 경작해 얻을 수 있는 생산량보다 훨씬 더 많은 양의 식량을 해마다 수입해 올 수 있다. 도시 거주민 대부분은 자기 토지를 가지고 있지 않아도 생산활동을 통해 자신에게 필요한 작업원료뿐만 아니라 생계수단이 되는 토지 생산물을 다른 사람들에게서 얻는다. 하나의 도시와 이웃 농촌 사이에 항상 존재하는 관계는 하나의 독립국과 다른 독립국가들 사이에 존재하는 관계와 같다. 그리하여 네덜란드는 생필품의 많은 부분을 다른 국가들에게서 들여온다. 살아 있는 가축은 홀스타인(Holstein)과 유틀랜드(Jutland)에서, 곡물과 그 외의 것들은 유럽의 여러 나라에서 들여온다. 소량의 제조품으로 많은 양의 원생산물을 구입할 수 있다. 그러므로 상공업국은 자연스레 자국 제조품의 일부로 다른 나라의 원생산물을 대량 구입하는 반면, 비상공업국은 자국의 원생산물을 대량으로 사용하여도 다른 나라의 제조품을 적게 구입할 수밖에 없다. 상공업국은 극소수에게만 필요한 제품을 수출하여 많은 사람들을 먹여 살릴 수 있는 생활수단을 수입한다. 반면 비상공업국은 많은 사람들을 먹여 살릴 수 있는 생활수단을 수출하여 단지 소수만을 위한 제품을 수입한다. 전자의 주민은 항상 그들의 국토를 실제 경작하여 얻을 수 있는 양보다 훨씬 많은 식량을 누릴 것이고, 후자의 주민은 항상 훨씬 적게 누릴 것이다.

그러나 중농주의 학설은 주장하는 바가 이토록 불완전한데도 경제학에 관해 발표된 학설들 중 가장 진리에 접근했다. 그리고 그런 이유 때문에 이 학설은 그 중요한 학문(경제학)의 원리들을 주의 깊게 검토해 보고자 하는 사람들이 충분히 고찰해 볼 만한 가치가 있다. 토지에 고용된 노동만을 생산적 노동이라 표현한 점에서 그들의 견해는 어쩌면 너무 편협하고 제한적이다. 하지만 국부가 화폐라는 소비할 수 없는 귀금속이 아니라 그 사회의 노동으로 해마다 재생산되는 소비 가능한 재화로 구성된다고 한 점에서, 그리고 자유가 완벽히 보장되어야만이 이 연간 재생산을 효과적으로 극대화할 수 있다고 본 점에서 이 학설은 여러모로 정당하며 고귀하고 진보적이라고 생각한다. 이 학설을 추종하는 사람들이 매우 많다. 대개 사람들은 역설을 좋아하고, 또 일반인들에 비해 이해수준이 높아 보이기를 좋아하므로, 제조업 노동의 비생산적 성격에 관해 이 학설이 지니고 있는 역설은 아마도 추종자를 늘리는 데 적지 않게 기여할 것이다. 그들은 지난 몇 년 동안 상당히 중요한 학파를 형성해 왔다. 프랑스 언론계에는 경제학자(Oeconomists)란 이름으로 알려져 있다. 그들이 낸 저작들은 분명 그들의 국가에 기여했다. 이 이전에는 잘 연구되지 않던 많은 주제들을 폭넓게 다루었을 뿐만 아니라 농업을 위한 국가 정책에 어느 정도 영향력을 행사하기도 했다. 따라서 그들의 주장 덕분에 프랑스의 농업은 이전에 시달렸던 여러 가지 억압에서 벗어나게 되었다. 토지의 장래 구매자나 소유자에 대해서 유효한 차지권(lease)의 기간이 9년에서 27년으로 연장되었다. 또한 지방에서 다른 지방으로 곡물을 운송하는 데에 가한 오랜 지역 규제가 완전히 제거되었으며 일반적으로 곡물을 외국에 수출할 수 있는 자유가 나라의 관습법으로 확립되었다. 이 학파는 수많은 저술을 통해서 정치경제학, 즉 국부의 성질과 원인에 관한 이론을 다루었을 뿐만 아니라 통치제도의 모든 영역에 관해 다루었는데 모두 암묵적으로 케네의 학설을 별 수정 없이 따르고 있다. 이 때문에 그들의 저술 대부분은 그다지 다양하지 못하다. 이 학설과 관련한 저작물 중 단연 최고라 할 수 있는 것은 한때 마르티니코(Martinico) 섬의 행정관을 지냈던 마르세 드 라 리비에르(Mercier de la Riviere)가 쓴 『정치사회의 자연적, 본질적 질서』라는 소책자이다. 겸손하고 소박했던 그들 스승을 향하여 이 학파의 모든 사람들이 보내는 찬사는 고대 철학자들이 그들 각 학파의 창시자에게 보내는 찬사에 결코 뒤지지 않는다. 근면성실하여 존경받는 저자 마르퀴스 미라보(Marquis de Mirabeau)는 이렇게 말했다. "세상이 시작된 이래 정치사회를 풍요롭게 하고 돋보이게 한 많은 발명과는 별개로, 정치사회

중농주의 : 토지 생산물을 모든 국가의 부와 수입의 유일한, 주된 원천이라고 보는 정치경제학설(제9장)

의 안정에 크게 기여한 세 가지 발명이 있다. 첫째는 문자의 발명이다. 그것만으로도 인간은 법률, 계약, 연대기와 발견들을 왜곡 없이 전달할 수 있게 되었다. 둘째는 화폐의 발명이다. 화폐는 여러 문명사회의 모든 관계를 결속시킨다. 셋째는 앞의 두 가지 발명에 따른 결과인 경제표(Oeconomical Table)다. 이것은 두 가지 발명의 목적을 달성함으로써 두 가지 모두를 완성한다. 이것은 우리 시대의 위대한 발견이지만 그 혜택은 우리 자손들이 누릴 것이다."

오늘날 유럽 국가들의 경제정책이 농촌의 산업인 농업보다는 도시의 산업인 제조업과 외국무역을 더 우대해 온 것처럼 다른 국가들은 다른 정책을 추구해 왔으며 제조업이나 무역보다는 농업을 더 우대해 왔다.

중국의 정책은 그 어떤 산업보다 농업을 중시한다. 유럽 대부분의 지역에서 수공업자의 지위가 농부보다 나은 것처럼 중국에서는 농민들의 지위가 수공업자의 지위보다 훨씬 낫다고들 한다. 중국에서는 모든 주민들이 소유하든 빌리든 간에 조그만 땅덩어리라도 가지기를 원한다. 그곳에서는 임대차 계약도 매우 적절한 조건에 이루어져 차지인도 충분히 보호된다고 한다. 중국인들은 무역에 별 관심이 없다. 북경관리들은 외국무역에 대하여 러시아 공사 드 랑즈(De Lange)에게 "당신네 거지 같은 상업!"이라고 자주 말하곤 했다. 중국인들은 일본과 교역할 때를 제외하고는 그들 스스로 자기들의 선박을 이용하여 외국과 무역하는 일이 거의 없었다. 그리고 다른 나라 선박의 출입을 허용한 항구도 한두 개에 불과했다. 그러므로 중국의 외국무역은 자기 배가 되었든 다른 나라 배가 되었든 자유를 허용했다면 자연히 확대될 수 있었던 교역 범위보다 훨씬 좁은 범위로 제한되어 있다.

제조품은 부피가 작아도 큰 가치를 지니는 경우가 많다. 그 때문에 제조품을 다른 나라로 수출할 때 대부분의 농산물보다 적은 비용으로 수송할 수 있다. 그래서 거의 모든 나라가 제조품을 외국무역의 주된 품목으로 삼는다. 그뿐만 아니라 중국보다 좁고 국내 상업에 조건이 불리한 국가라면 일반적으로 제조품의 시장을 확보하기 위해 외국무역을 필요로 한다. 드넓은 외국시장이 없는 경우 국내시장이 협소하거나, 지역 간의 교통이 매우 불편해서 특정 지역의 재화가 그 나라의 모든 국내시장에 진출할 수 없는 나라에서는 제조업이 충분히 번영할 수 없다. 이처럼 제조업의 완성은 분업에 달려 있다는 사실을 우리는 기억해야 한다. 제조업에 도입된 분업은 앞서 논의한 바와 같이 필연적으로 시장의 크기에 따라 정해진다. 그렇지만 광활한 중국 대륙, 다양한 주민, 다양한 기후와 그에 따른 각 지방의 생산물, 그리고 수로를 이용한 지방 간 소통의 용이함 때문에 중국은 그 넓은 국내시장 자체만으로도 엄청난 제조업을 지원하기에 충분하고 분업을 원활하게 할 수 있었다. 중국의 국내시장은 그 크기 면에서 유럽의 모든 국가를 합친 것보다 결코 열등하지 않다. 그러나 이 거대한 국내시장에 세계 각국의 외국시장을 더하여 광범위하게 외국무역을 하였다면, 그것도 그중 상당부분을 중국의 선박으로 수행하였다면, 중국의 제조업은 더욱 발전할 수 있었을 것이며 제조업의 생산력은 더욱더 증가했을 것이다. 중국은 더욱 확장된 항해로, 세계 여러 나라에서 사용하는 각종 기계들을 접하여 스스로 사용하고 제작하는 기술까지도 자연스럽게 습득할 뿐만 아니라 다른 모든 지역에서 시행하는 발전된 산업 기술을 배웠을 것이다. 현재의 정책으로는 교역하고 있는 일본을 본받는 것을 제외하고는 다른 나라들을 본받아 그들 자신의 발전을 도모할 기회가 거의 없다.

중국과 마찬가지로 고대 이집트와 인도의 힌두교 정부 역시 정책에서 다른 어떤 것보다 농업을 더욱 우대하였던 것 같다.

고대 이집트와 인도 모두 전 국민이 세습계급이나 씨족으로 구분되어 있었으며, 각각은 자손 대대로 특정 직업이나 특정 부류의 직업들에 종사할 뿐이었다. 제사장의 아들은 제사장이 될 수밖에 없고, 군인의 아들은 군인이, 노동자의 아들은 노동자가, 직조공의 아들은 직조공이, 재단사의 아들은 재단사가 되는 식이었다. 두 나라 모두에서 제사장이 최고의 계급이었고 그다음으로는 군인이었다. 또, 두 나라 모두 농부와 노동자가 상인과 제조업자보다 상위계급이었다.

두 나라 정부는 모두 농업의 이익에 특히 신경을 썼다. 나일강의 물을 정확히 분배하기 위해 고대 이집트 왕국이 축조한 구조물들은 고대 유물로도 유명하며, 이들 가운데 몇몇 유적은 여전히 여행객들의 감탄을 불러일으키고 있다. 고대 인도왕국에서 갠지스 강과 다른 강들의 물을 정확히 분배하느라 축조한 같은 종류의 구조물들 역시 비록 덜 알려지기는 했지만 똑같이 거대하다. 따라서 두 나라는 이따금씩 기근이 들었지만, 풍요로운 경작으로 유명했다. 두 나라는 인구밀도가 높았지만 평년작인 해에도 많은 양의 곡물을 이웃 나라에

중농주의 : 토지 생산물을 모든 국가의 부와 수입의 유일한, 주된 원천이라고 보는 정치경제학설(제9장)

수출할 수 있었다.

고대 이집트인들은 미신 때문에 바다를 두려워했다. 힌두교는 신도들이 물 위에서 불을 피우지 못하도록 금했다. 이는 다시 말해 물 위에서 음식을 조리하지 못하도록 금하는 것이었기에 결과적으로 사실상 신도들의 원양 항해도 금지하는 것이었다. 이집트인들과 인도인들은 모두 자기들의 잉여 생산물을 다른 나라 해운에 맡겨 수출할 수밖에 없었다. 이런 의존은 시장을 제한했을 것이며 잉여 생산물의 증가를 방해했을 것이다. 그것은 또한 농산물보다 제조품의 증대를 더 방해했을 것이다. 제조업자들은 토지에서 생산되는 주요 생산물에 대한 시장보다도 더 넓은 시장을 필요로 한다. 제화공 한 사람이 1년 동안 만들어 낼 수 있는 신발은 300켤레가 되지만 그의 가족은 아마 6켤레도 채 사용하지 못할 것이다. 그렇기 때문에 자신의 가족과 같은 가구 최소 50가구의 고객을 확보하지 못한다면 자신의 노동 생산물을 전부 처분할 수 없다. 큰 나라에서는 아무리 제조업자가 많다 하더라도 그 수가 그 나라 전체 가구 수의 $\frac{1}{100}$을 넘는 일은 거의 없을 것이다. 그러나 프랑스나 잉글랜드 같은 큰 나라의 경우 어떤 저자들은 농업에 종사하는 사람이 총인구의 절반이라고 하기도 하고, 또 어떤 저자들은 $\frac{1}{3}$이라고 하기도 하지만, 내가 아는 저자 가운데 $\frac{1}{5}$ 미만이라고 말하는 사람은 없는 것 같다. 그런데 프랑스와 잉글랜드의 농업생산물의 대부분이 국내에서 소비되므로 이 계산에 따르면 농업에 종사하는 각 개인은 자기 노동 생산물 전부를 처분하는 데에 자기 가족과 동일한 구성원을 가지고 있는 가구를 1~2가구, 또는 기껏해야 4가구 이상 필요로 하지 않는다. 그러므로 농업은 시장이 제한되어 있는 상태에서도 제조업에 비해 더욱 쉽게 자립할 수 있다. 고대 이집트와 인도에서는 편리한 내륙 수상운송이 제한된 외국 시장을 어느 정도 보상해 주었다. 편리한 내륙 수상운송 덕분에 전국 각지에서 나는 모든 생산물이 아주 쉽게 국내시장 전체에 접근할 수 있었다. 인도의 광활한 영토 역시 거대한 국내시장을 제공해 주었으며, 다양한 제조업이 충분히 유지되도록 하였다. 그러나 잉글랜드보다 작았던 고대 이집트는 영토가 협소하여 국내시장도 좁았고, 결과적으로 다양한 제조업을 유지하기 어려웠을 것이다. 그런 이유로 보통 쌀을 가장 많이 수출하는 인도의 벵골 지방은 늘 곡물수출보다는 다양한 제조품의 수출로 더 알려져 있다. 반면, 고대 이집트는 특히 고급 린넨과 기타 제조품을 수출하기는 했으나 곡물 수출이 압도적이었다. 그곳은 오랜 기간 로마제국의 곡물창고였다.

고대 중국과 이집트, 그리고 각 시대마다 다양하게 분할되어 있던 인도 왕국의 왕들은 항상 그들의 세입 전부 또는 상당 부분을 어떤 종류의 토지세나 지대를 거두어 마련했다. 이러한 토지세나 지대는 유럽의 $\frac{1}{10}$세(십일조)처럼 일정 비율로 정해졌는데, 토지 생산물의 $\frac{1}{5}$이었다고 한다. 현물로 납부하든지 또는 일정한 평가에 따라 화폐로 납부하게 하였고 그리하여 수확량의 변동에 따라 해마다 변동되었다. 이와 같이 연간 세입이 늘어나느냐 줄어드느냐는 농업의 성쇠에 달려 있었기 때문에 이들 나라의 왕들은 당연히 농업의 이익에 특별히 신경을 썼다.

고대 그리스 공화국과 로마 공화국의 정책은 농업을 외국무역이나 제조업보다는 중시했지만 농업을 직접적으로 또는 의도적으로 장려했다기보다는 외국무역이나 제조업을 더욱 억제했던 것 같다. 그리스의 몇몇 고대국가에서는 외국무역이 전면 금지되었고 다른 고대국가에서는 수공업자와 제조업자의 일을 인체의 강인함과 민첩함에 해를 입히는 요인으로 생각했다. 왜냐하면 군사훈련과 체육훈련으로 익혀야 하는 습성들을 얻지 못하게 만들어 전쟁 중의 피로와 위험을 견디는 힘을 어느 정도 떨어뜨린다고 생각했기 때문이다. 그런 직업은 오직 노예들에게나 적합하다고 여겼고 자유시민들은 그런 일을 하지 못하도록 금지하였다. 그런 금지가 없던 로마나 아테네에서도 대부분의 사람들은 오늘날 도시의 하류층이 주로 속한 직업에 종사하지 못하도록 사실상 금지하고 있다. 그런 직업은 보통 부자의 노예들에게 돌아갔다. 그들은 자기 주인의 편익을 위해 그런 일을 수행했다. 가난한 자유인들이 부자의 노예와 시장을 놓고 경쟁하게 될 경우 노예 주인들의 부, 권력, 보호 때문에 시장을 찾기가 거의 불가능했다. 그러나 노예들은 결코 창의적이지 못했다. 기계를 이용한다거나 일을 분배하고 조정하는 등, 노동을 쉽게 만들고 작업과정을 줄이는 주요 개량은 모두 자유인들이 발명·개발하였다. 만일 노예가 이러한 개량을 주인에게 제안한다면 주인은 흔히 게으름을 피우기 위해, 그리고 주인의 부담으로 노동을 줄여보려는 시도라고 여기곤 했다. 불쌍한 노예는 보상을 받기는커녕 아마 더 학대당하거나 또는 처벌을 받았을 것이다. 결국 작업량이 동일하더라도 노예들이 속한 제조업에는 사유인이 속한 곳보다 훨씬 더 많은 노동이 들어갔을 것이다. 이런 까닭에 노예가 만든 제품은 자유인이 만든 것보다 보통 비쌌을 것이다. 몽테스키외(Montesquieu)가 설명했듯이 헝가리의 광산은 이웃한 터키의 광산보다 광물이 풍부하지는 않지만 늘 적은 비용으로 더 많은 이윤을 냈다. 터키 광산은 노예들이 작업했는데, 터키인들이 광산 작업에 생각한 유일한 도구는 그 노예들의 팔뿐이었다. 헝가리 광산은 각종 기계를 사용하는 자유인들이 개발했는데, 그 기계로 자신들의 노동을 쉽게 만들고 단축시켰다. 그리스나 로마시대 때 판매되던 제조품에 대해서는 그 가격이 거의 알려진 바가 없는 사실에 비추어 볼 때, 당시 고급 제조품은 터무니없이 비쌌던 것으로 보인다. 실크는 그 무게에 상당하는 금과 교환되었다. 물론 그 당시 실크는 유럽의 제조품이 아니고 전량이 동인도에서 왔으므로 원거리 수송 때문에 그 엄청나게 높은 가격이 어느 정도 설명될 수도 있을 것이다. 그러나 귀부인들이 최고급 린넨 한 필을 사들일 때 지불했던 가격도 이와 마찬가지로 터무니없이 높았을 것이다. 그런데 린넨은 원래가 유럽이나, 멀어봤자 이집트산이었으므로 그 높은 가격은 제조에 고용된 높은 노동비용과 관련이 있을 것이며, 이 노동비용은 다시 그 노동에 사용한 기계의 조악함 때문에 발생한 것으로밖에 볼 수 없다. 고급 모직물의 가격 역시 그렇게 터무니없는 가격은 아니었어도 지금에 비하면 무척 높았던 것 같다. 플리니(Pliny)의 말에 따르면, 특수 염색된 어떤 옷감은 파운드당 100데나리온, 즉 3파운드 6실링 8펜스였다고 한다. 로마의 1파운드는 우리의 상용식 온스(16온스)가 아니고 12온스에 지나지 않는다는 점을 기억해야 한다. 이처럼 가격이 높은 이유는 주로 염료 때문이었던 것 같다. 그러나 옷감 자체가 오늘날 생산되고 있는 것보다 훨씬 더 비싸지 않았다면 그처럼 비싼 염료는 아마 쓰이지 않았을 것이다. 보조재료 가치와 원단 가치의 차이가 매우 컸을 것이다. 동일한 저자가 언급한 트리클리아니(의자에 앉을 때 기댈 수 있는 모직 베개나 쿠션)의 가격은 도저히 믿을 수 없다. 어떤 것은 3만 파운드가 넘었고 어떤 것은 30만 파운드가 넘었다고 한다. 이토록 가격이 높았던 이유 역시 염료 때문이었다고 할 수는 없다. 아부스노트(Arbuthnot) 박사는 고대 상류층 남녀의 복장이 현대에 비해 별로 다양하지 않았다고 말한다. 대개 차림이 비슷비슷한 고대 조각상만 보더라도 그의 말이 사실임을 알 수 있다. 그는 이러한 점에서 그들의 옷이 전체적으로 우리 옷보다 값이 낮았으리라 추측하고 있다. 그러나 그 결론을 따르고 싶지는 않다. 유행하는 의복의 비용이 아주 비쌀 때 그 종류는 다양하지 않을 것이다. 그러나 제조 기술과 산업의 생산력이 발전하여 의복 한 벌의 비용이 그 정도로 지나치게 비싸지 않게 되면 그 종류는 매우 다양해질 것이다. 부자들이 더 이상 의복으로 자기를 드러낼 수 없게 되면 당연히 옷을 얼마나 많이, 다양하게 가지고 있는가로 과시하고자 할 것이다.

이미 살펴보았듯이 모든 나라에서 가장 규모가 크고 중요한 상업은 도시민과 농촌주민 사이에 이루어지는 상업이다. 도시민들은 작업원료가 되고, 생계의 재원이 되기도 하는 원생산물을 농촌에서 들여온다. 그들은 이 원생산물의 일부를 직접 쓸 수 있도록 제조하고 가공하여 농촌에 돌려보냄으로써 원생산물에 대한 대가를 지불한다. 그 두 부류의 사람들 사이에 이루어진 거래는 궁극적으로 일정량의 원생산물과 일정량의 제조품을 맞바꾸는 교환인 것이다. 그러므로 제조품이 비쌀수록 원생산물의 가격은 내려간다. 어느 나라에서나 제조품의 가격을 올리는 것은 어떤 것이든 원생산물의 가격을 낮추게 되고, 그렇게 함으로써 농업을 쇠퇴시키는 경향이 있다. 일정량의 원생산물, 또는 같은 말이지만 원생산물 일정량으로 가격을 지불하여 구매할 수 있는 제조품의 양이 적을수록, 일정 원생산물의 교환 가치가 줄어들고, 지주가 개량을 통해, 또는 농부가 경작을 통해 농산물의 양을 증가시키려는 적극성도 줄어든다. 그뿐만 아니라 어떤 나라에서건 수공업자나 제조업자를 감축시키는 것은 무엇이든지 원생산물의 가장 중요한 시장인 국내시장을 축소하고, 그렇게 함으로써 농업을 더욱 위축시키는 경향이 있다.

그러므로 농업을 발전시키고자 농업만을 중시하고 제조업이나 외국무역에 제한을 가하는 학설은 그들이 의도했던 목적과는 정반대로 작용하게 되고, 도리어 발전시키려는 그 산업을 간접적으로 위축시킨다. 그런 점에서 어쩌면 중농주의는 중상주의보다 더 일관성이 없다고 할 수 있다. 중상주의 역시 제조업과 외국무역을 농업보다 장려함으로써 그 사회의 자본 일부를 더 유리한 산업부문에서 덜 유리한 산업부문으로 이동시킨다. 그렇지만 중상주의는 실제로, 또 결과적으로 그들이 촉진하고자 하는 산업을 장려한다. 이에 반해 중농주의

중농주의 : 토지 생산물을 모든 국가의 부와 수입의 유일한, 주된 원천이라고 보는 정치경제학설(제9장)

는 실제로, 또 결과적으로 자기들이 선호하는 산업부문을 위축시킨다.

그리하여 특별한 장려책을 세워 자연히 투입될 양보다 더 많은 사회 자본을 특정부문에 끌어들이려 하거나, 특별 규제를 가하여 그대로 두면 자연히 투입되었을 자본 일정량을 특정 산업부문에서 빼내려는 모든 제도는 실제로는 그것이 추진하려는 원대한 목적을 파괴한다. 그것은 참된 풍요와 빈영으로 나아가는 그 사회의 발전을 가속시키기는커녕 지연시키고 사회의 토지와 노동의 연간 생산물의 실질가치를 증대하기는커녕 감소시킨다.

그러므로 장려하거나 제한하는 모든 제도가 완전히 철폐되면 분명하고 단순한 자연적 자유(natural liberty)의 제도가 저절로 수립된다. 정의의 법(the laws of justice)을 어기지 않는 한 누구든지 완전히 자유롭게 자신의 방식대로 자신의 이익을 추구하게 되며, 자기의 노동과 자본으로 어느 계층, 어느 누구와도 경쟁할 수 있게 된다. 국왕은 집행하려고 할 때마다 수많은 착오에 빠질 수밖에 없었던, 또한 인간의 지혜와 지식으로는 적절하게 집행하기 어려웠던, 즉 개인의 생산활동을 감독하고 그것을 사회 이익에 가장 적합한 곳으로 인도하는 일로부터 완전히 해방된다. 자연스러운 자유 체제에서 국왕은 세 가지 일에만 마음을 쓰면 된다. 사실 이 세 가지 일은 매우 중요하지만, 보통 수준의 이해력만으로도 충분이 이해할 수 있을 정도로 분명한 것이다. 그 세 가지 일은 첫째, 다른 독립국가가 폭력을 행하고 침입하려 할 때 국가를 보호하는 일, 둘째, 가능한 한 사회 각 구성원이 다른 구성원에게 억압받거나 부당함을 당하지 않게 보호하는 일, 즉 엄정한 사법제도를 확립하는 일, 셋째, 일정한 공공사업과 공공시설을 건설하고 유지하는 일이다. 공공사업과 공공시설을 건설하고 유지하는 일은 결코 어떤 개인이나 소수의 이익을 위한 일이 되어서는 안 된다. 왜냐하면 공공사업과 공공시설을 건설하고 유지하는 일은 사회 전체에 이익이 되어 그 일의 비용을 보상받고도 남는 경우가 많지만 어느 개인이나 소수에 대해서는 그 비용이 결코 보상될 수 없기 때문이다.

국왕이 그 일들을 적절히 수행하는 데에는 반드시 일정 경비가 필요하다. 그리고 그 경비를 충당하기 위해서는 일정한 세입이 필요하다. 그리하여 다음 5권에서는 이런 것들을 설명하고자 한다. 첫째, 국왕이나 국가의 필요경비는 무엇인지. 그리고 그 경비 중 어떤 것을 사회 전체의 일반적 과세로 조달해야 하고, 어떤 것을 사회의 특정부류에 속한 사람들, 즉 특정 구성원들의 과세로 조달해야 하는지. 둘째, 사회 전체가 부담해야 하는 경비를 조달할 때 사회전체에 과세하는 방법에는 어떤 것들이 있으며, 또 각 방법의 주요 장점과 단점은 무엇인지. 셋째, 거의 모든 현대 정부들이 이 세입의 일부를 저당 잡힌, 즉 채무를 지게 된 원인과 이유는 무엇인지. 그리고 그 채무가 그 사회의 실질적인 부, 즉 토지와 노동의 연간 생산물에 미치는 영향은 무엇인지. 따라서 다음 5권은 자연스럽게 세 개의 장으로 구성될 것이다.[7]

7) [역자주] 본서에서는 1장과 3장의 일부만 다루고 있음.

5.

국왕 또는 국가의 수입

(제1장 제1절 · 제2절 · 제3절(2)(3), 제3장)

The Wealth of Nations

국왕 또는 국가의 경비(제1장)

– 방위비(제1절)

– 사법 비용(제2절)

– 공공사업과 공립기관의 비용(제3절)

공공부채(제3장)

국왕 또는 국가의 경비

(제1장)

방위비(제1절)

국왕의 첫째 임무, 즉 외국의 무력과 침략에서 자국을 보호하는 일은 오로지 군사력으로만 이룰 수 있다. 그러나 군사력을 평화시에 키우고 전시에 사용하는 데 드는 비용은 그 사회의 상황과 발전 단계에 따라 차이가 크다.

북아메리카의 원주민 부족에서 볼 수 있듯이 가장 원시적이고 미개한 사회인 수렵사회에서는 모든 사람이 사냥꾼이며 동시에 전사다. 부족을 방어하기 위해, 혹은 피해를 입힌 다른 부족에게 보복하기 위해 전쟁에 나갔을 때, 그들은 집에서와 마찬가지로 자신의 노동으로 생활을 유지한다. 이러한 사회에서는 국가와 국왕이 존재하지 않기 때문에 개개인은 전쟁에 대비하고 전장에서 생활하는 데에 어떤 종류의 비용도 지불하지 않는다.

수렵사회보다 좀 더 발전한 유목사회에 해당하는 타타르(Tartar)나 아라비아에서도 모든 주민이 전사다. 유목사회인 나라에는 보통 일정한 주거지가 없다. 주민들은 이리저리 쉽게 옮겨 다닐 수 있도록 단지 텐트나 지붕 있는 마차에서 지낸다. 종족이나 부족 전체는 매년 계절에 따라, 또는 사건에 따라 거주지를 옮긴다. 소나 양떼가 한 지역의 목초를 다 먹어 치우면 다른 곳으로, 그 곳에서 또 다른 곳으로 옮겨 간다. 건기에는 강가로 내려오고 우기에는 높은 지대로 올라간다. 그런 부족에게 전쟁이 닥치면 전사들은 자기 소나 양떼를 연약한 노인, 부녀자, 아이들의 손에 맡기지 않는다. 또 노인, 부녀자, 아이들을 아무런 방비나 생활수단이 없는 상태로 남겨두지 않는다. 더욱이 이들 부족 전체는 평화시에도 유랑생활에 익숙해 있으므로, 전시가 되면 모두가 쉽게 전투에 참가한다. 군대로서 진군을 하건, 유목민 집단으로서 이동을 하건 그 목적은 사뭇 다를지라도 생활 방식은 거의 같다. 그래서 그들은 모두 함께 전쟁에 나가고 각자가 할 수 있는 만큼 역할을 수행한다. 타타르인들 사이에서는 여자들도 전쟁에 참여했다고 알려져 있다. 전쟁에서 승리하면 상대 종족의 소유물을 취하여 승리의 보상으로 삼는다. 하지만 지면 반대로 모든 것을 잃는다. 소나 양떼뿐만 아니라 부녀자와 아이들까지도 상대 종족의 전리품이 되는 것이다. 전쟁에서 살아남은 사람들 대개도 당장 생존하려면 정복자에게 복종할 수밖에 없다. 그 나머지는 보통 불모의 땅으로 뿔뿔이 흩어져 버린다.

타타르인과 아라비아인의 일상생활과 평상시 훈련은 그 자체로 충분히 전쟁에 대한 대비가 된다. 달리기, 레슬링, 봉술, 창던지기, 활쏘기 등은 야외생활을 하는 사람들이 일상에서 즐겨하는 놀이인데, 그 모두가 전쟁을 흉내 낸 것이다. 실제로 타타르인이나 아라비아인이 전쟁에 참가할 경우 평소와 같이 자신이 데리고 다니는 소와 양떼에 의지하여 생활한다. 그런 부족에는 모두 족장이나 왕이 있는데, 족장과 왕은 전쟁 준비에 아무런 비용도 부담하지 않는다. 사람들은 전쟁에 참가하면 오로지 승리하여 상대 종족의 소유물을 탈취해 올 수 있길 바랄 뿐이다.

수렵민족의 무리는 200~300명을 넘지 않는다. 수렵으로 얻은 식량으로는 그 이상의 무리가 상당기간 함께 생활하는 것이 불가능하기 때문이다. 이에 비해 유목민의 무리는 때론 20~30만 명에 이르기도 한다. 그들의 이동을 가로막는 장애물이 없다면, 즉 그들이 어느 지역에서 목초를 다 먹어치우고 다른 목초 지역으로 이동하고자 할 때 아무런 방해를 받지만 않는다면, 함께 이동할 수 있는 인원에는 거의 제한이 없는 것 같다. 수렵민족은 이웃의 문명민족에게 결코 위협이 될 수 없었다. 그러나 유목민족은 위협적인 대상이 될 수 있었다. 인디언이 북아메리카에 침략하여 일으킨 전쟁은 하찮은 사건에 불과했지만, 타타르인이 종종 아시아에 침략한 사건은 모두를 두렵게 만들었다. 스키타이(Scythia) 민족이 통일되었더라면 유럽도, 아시아도 모두 이에 대항할 수 없었으리라는 투키디데스(Thucydides)의 판단은 모든 시대의 경험으로 증명되었다. 아무런 방비가 없는, 광활한 평원에 거주하던 스키타이와 타타르 민족들은 종종 정복자 집단이나, 부족을 이끄는 추장의 지배 아래 통일되었다. 그들이 통일되면 아시아가 유린되고 파괴되곤 했다. 또 다른 거대 유목민족으로 황량한 사막에 살던 아라비아 민족은 단 한 번, 마호메트와 그 후손들에 의해 통일되었다. 그들의 통일은 정복이라기보다는 종교적 열광의 결과였지만, 그것이 드러낸 것도 마찬가지였다. 만약 아메리카의 수렵민족들이 유목민족이었다면 그들을 이웃하고 있는 유럽의 식민지에게는 지금보다 훨씬 더 큰 위협이 되었을 것이다.

조금 더 발전된 사회이지만 외국과 교역을 거의 하지 않고 스스로 만들어 사용하는 조잡한 가정용품 이외에는 별다른 제조품이 없는 농경사회에서도 마찬가지다. 모든 주민이 전사이거나, 쉽게 전사가 된다. 농사를 지으며 살아가는 사람들은 대개 온종일을 들판에서 보내며 매 계절마다 온갖 풍상을 겪는다. 고된 일상생활에 단련된 그들은 힘든 전시 생활에도 쉽게 적응한다. 그들이 필수적으로 하는 농사일 중에는 전쟁에서 행하는 일과 흡사한 일이 있다. 도랑을 파는 일이 그것인데, 이는 참호를 파고 진지를 구축하는 데 도움이 된다. 농경민이 일상에서 즐기는 놀이는 유목민들과 마찬가지로 전쟁을 모방한 것이다. 그러나 농경민은 유목민들만큼 한가한 때가 없으므로 그런 놀이를 자주 즐기지는 못한다. 그들은 병사로서 훈련이 아주 잘 되어 있는 그런 병사는 아니다. 그러나 왕이나 국가는 이들이 전쟁에 대비하는 데에 비용을 부담하지 않는다.

농업은 아무리 원시적이고 미개한 상태에 있다고 할지라도 정주(定住)를 전제로 한다. 즉 커다란 손실을 보지 않는 한 버릴 수 없는 고정된 거주지를 필요로 한다. 그러므로 농경 민족이 전쟁을 치러야 할 경우 모든 사람이 전쟁터에 나갈 수는 없다. 적어도 노인, 부녀자, 아이들은 집에 남아 그 거주지를 보살피지 않으면 안 된다. 그러나 전투에 참가 가능한 나이에 들어선 남자들은 모두 전쟁터로 나가게 되는데, 소규모 민족에서는 아주 흔한 일이었다. 어떤 민족이든 전투 적령기에 해당하는 남자는 전체의 $\frac{1}{4} \sim \frac{1}{5}$에 이르렀을 것으로 추정한다. 만약 전투가 파종기 이후에 시작되어 수확기 이전에 끝난다면 농민과 주된 일꾼들이 농토에서 벗어난다고 해도 그리 큰 손실은 입지 않을 것이다. 그들은 전쟁이 벌어졌을 때 그들이 해야 할 일을 노인, 부녀자, 아이들도 충분히 해낼 수 있으리라 믿고 전쟁터로 나간다. 그렇기 때문에 그들은 단기간에 끝날 전투라면 보수를 받지 않고도 기꺼이 전쟁에 나갔다. 이때에도 전쟁을 대비할 때와 마찬가지로 왕이나 국가가 전쟁터에서 생활하는 데 드는 비용을 거의 부담해 주지는 않았다. 고대 그리스에 속한 여러 도시국가의 시민들은 제2차 페르시아 전쟁이 끝날 때까지, 그리고 펠로폰네소스(Peloponnesus)의 사람들은 펠로폰네소스 전쟁이 끝날 때까지 이런 방식으로 복무한 것 같다. 투키디데스에 따르면 펠로폰네소스 사람들은 일반적으로 여름에는 수확을 위해 전쟁터에서 집으로 돌아갔다. 로마사람들은 왕정 시대와 공화정 초기에 마찬가지 방식으로 복무했다. 집에 남아 있는 사람들이 전쟁에 나간 사람들을 부양하고자 무언가 각출하기 시작한 때는 베이이(Veii) 전투 때부터이다. 로마제국의 폐허 위에 세워진 유럽의 여러 왕국에서, 대영주들은 봉건법이라 불리는 제도가 확립되기 이전과 그 이후 얼마 동안까지 국왕을 위해 스스로 자신의 경비를 들여 전쟁에 참가했다. 전쟁터에서도 영지에 있을 때와 마찬가지로 자기 자신의 수입으로 생활했으며 국왕에게서 받는 봉급이나 수당으로 생활하지 않았다.

더욱더 발전한 사회에서 전장에 나간 사람들이 자기 비용으로 생활하기가 불가능해진 데에는 두 가지 이유가 있다. 그것은 바로 제조업의 발달과 전쟁기술의 발전 때문이다.

농민은 전쟁이 파종기 이후에 시작되어 추수 이전에 끝난다면 원정을 떠나 농사일이 중단되어도 수입이 크게 감소하지는 않는다. 직접 일을 하지 않더라도 이 시기에는 대부분 자연이 농작물을 길러내기 때문이다. 그러나 수공업자, 대장장이, 목수, 직조공의 경우는 다르다. 그들이 일터를 비우면 당장 수입이 끊겨 버린다. 자연이 대신해 줄 수 있는 것이 아무것도 없으며 자신이 모든 일을 스스로 해야 하기 때문이다. 이처럼 그가 국가의 방위를 위하여 전쟁터에 나가면 생활을 유지할 수 있는 수입이 끊기므로 국가로부터 부양받지 않을 수 없다. 주민 대부분이 수공업자와 제조업자인 나라에서는 불가피하게 그들 중에서 전쟁에 나갈 인원을 차출해야 하므로 그들이 군복무를 하는 동안에 국가가 필히 그들을 지원해 주어야만 한다.

전쟁 기술이 점점 발전하여 매우 복잡해지고 정교해질수록 전쟁이란 사건도 초기 사회처럼 한 번의 우연한 다툼이나 싸움으로 그치지 않고 여러 번의 전쟁으로 확대되었다. 게다가 한 번 전쟁이 나면 거의 1년 이상 지속되었다. 그리하여 국가가 전쟁 기간 동안만이라도 전쟁에 참가한 사람에 대하여 부양해야 할 필요가 생겼다. 그렇게 하지 않으면 전쟁터에 나가 있는 기간이 너무 길고 비용도 많이 들기 때문에 직종과 관계없이 전쟁에 참가한 사람에게는 큰 부담이 되었다. 결국 제2차 페르시아 전쟁 이후, 아테네의 군대는 대체로 용병으로 구성되었다. 일부는 시민으로, 일부는 외국인으로 구성되었는데 그들 모두 국가의 경비로 고용되고 지급되었던 것 같다. 로마군대는 베이이의 전투 이후 전쟁터에 나가 있는 동안의 복무에 대해서 수당을 받게 되었다. 일정 기간이 지나면서 봉건통치하에 있던 대영주와 그들의 직속 가신들은 그들에게 주어진 병역의무를 현금으로 납부했다. 이 현금은 그들을 대신해 전쟁에 참가하는 사람들을 부양하는 데 사용되었다.

총인구 대비 전쟁에 나갈 수 있는 사람의 수는 미개사회보다 문명사회의 국가가 훨씬 적다. 문명사회의 군인은 군인을 제외한 사람들의 노동으로 생계를 유지한다. 그렇기 때문에 군인의 수는 군인이 아닌 사람들이 부양할 수 있는 수를 결코 초과할 수 없다. 즉, 군인이 아닌 사람들이 부양할 수 있는 수에는 자기 자신들, 그리고 각각의 신분에 맞는 적합한 방식으로 부양하지 않으면 안 되는 행정부, 사법부 관리들과 그 외 부양해야 하는 사람들이 포함되므로 군인의 수는 그 미만이어야 한다. 고대 그리스의 작은 농업국가에서는 총인구의 $\frac{1}{4} \sim \frac{1}{5}$ 이 스스로를 군인이라 여기며 때때로 전쟁에 참가했다고 한다. 현대 유럽의 문명국들 중에서 병역에 비용을 지불하는 국가들을 따져 통상적으로 계산해 보면, 국가가 무리하지 않고 이상적으로 고용할 수 있는 군인의 수는 주민의 $\frac{1}{100}$ 미만이다.

어느 나라에서건 군대를 양성하는 비용이 처음부터 크지는 않았다. 군사비용이 크게 늘어난 것은 국왕이나 국가가 전쟁에 나간 군대를 부양하기 시작하고도 한참 뒤의 일이다. 고대 그리스의 모든 공화국에서 실시한 군사훈련은 국가가 자유시민에게 부과한 의무교육의 일부였다. 모든 도시에는 공설운동장이 있었고 그곳에서 젊은이들이 정부 관리의 보호 아래 다양한 교사에게서 여러 가지 훈련을 받았던 것으로 보인다. 어떻게 보면 매우 단순한 이 같은 제도에 들인 비용이, 그리스 국가가 전쟁에 대비하여 시민들을 훈련시키는 데 들인 비용 전부였다. 고대 로마의 마르티우스 광장(Martius Campus)에서 실시한 훈련은 고대 그리스의 짐나지움(Gymnasium)에서 실시한 훈련과 목적이 동일했다. 봉건통치하에서는 동일한 목적을 위해 모든 지역의 시민이 궁술과 기타 군사훈련을 받아야 한다는 법령이 많았지만 그다지 잘 추진된 것 같지는 않다. 법령을 시행하도록 위임받은 관리들이 관심을 갖지 않거나 또는 다른 이유로 그 법령들은 무시된 것으로 보인다. 그리고 세월이 지나 봉건통치가 변해 가면서 군사훈련은 사람들 사이에서 점차 사라진 것 같다.

고대 그리스나 로마 공화국에서는 그 존속 기간 내내, 또 봉건통치가 처음 수립된 이후 한동안, 군인이란 어떤 특정 시민 계층의 유일하고 주된 일을 지칭하는 독립적인 별개의 직업이 아니었다. 국가에 속한 모든 개인은 평소 생계를 마련하기 위해 종사하는 직업이나 일에 관계없이 평상시에는 스스로 군복무를 수행하기에 적합하다고 여겼고, 비상시에는 전투에 참여할 의무가 있다고 여겼다.

그러나 전쟁 기술은 분명 고도의 기술을 요하는 것이어서 진보하면 할수록 가장 복잡한 기술이 될 수밖에 없다. 전쟁 기술과 관련 있는 기계 기술과 몇몇 다른 기술의 수준은 특정 시대에 전쟁 기술이 도달할 수 있는 완성도를 결정한다. 이러한 전쟁기술이 수준 높은 완성도에 이르기 위해서는 전쟁기술 분야를 직업으로 삼아 전문적으로 중요하게 다루는 특정 시민집단이 존재할 필요가 있다. 그리고 다른 기술 분야처럼 이 기술의 발전을 위해서는 분업이 필수적이다. 다른 기술 분야에서는 한 가지 특정 작업에 매진하는 편이 여러 가지 일을 하는 것보다 더 큰 이익이 된다는 사실을 개인들이 잘 알기 때문에 그들의 판단에 따라 분업이 자연스럽게 도입된다. 그러나 군인이라는 직업을 다른 직업과 구별하여 별개의 특정 직업으로 만들 수 있는 것은 오직 국가의 판단뿐이다. 어떤 민간인이 국가가 태평성대를 누리는 때에 특별한 보수도 없이 자기 시간의 대부분을 군사훈련에 소비한다면 훈련을 통해 실력이 향상될 것이고 본인 또한 그 실력 향상에 매우 만족스러워 할 것이다. 그러나 그 자신의 이익을 증가시키지는 못한다는 점 또한 분명하다. 그렇기 때문에 자기 시간의 대부분을 이 특정 직무에 할애하여도 개인에게 이득이 될 수 있도록 하는 것은 국가만이 할 수 있는 일이었다. 그럼에도 불구하고 많은 국가들은 그렇게 하지 못했으며 국가의 존립을 좌우할 만한 상황에서도 그리하지 못했다.

유목민은 한가한 때가 많고 농민 역시 농경기술이 발달하지 않은 상태에서는 한가로운 때가 얼마간 있지만 수공업자와 제조업자는 전혀 그렇지 않다. 유목민은 별다른 손실 없이 많은 시간을 군사훈련에 쏟을 수 있고, 농부도 어느 정도는 가능하다. 그러나 기능공이나 제조업자는 손해를 보지 않고서는 단 1시간도 쓸 수 없으므로 자연히 자신의 이익에 집중하느라 군사훈련을 소홀히 하게 된다. 기술과 제조업이 발전하여 농경 또한 발전하면 농민도 직공과 마찬가지로 한가로운 때가 거의 드물게 된다. 도시민뿐만 아니라 농촌 주민도 군사훈련을 기피하게 되고 전 국민이 대체로 전쟁을 반기지 않게 된다. 이와 동시에 농업과 제조업이 발전하면 나라의 부가 증가하는데, 이는 이웃 나라의 침략을 유발한다. 근면하여 부유해진 나라는 가장 공격받기 쉽다. 만일 국가가 국가의 방위를 위해 무언가 새로운 조치를 취하지 않는다면, 사람들의 자연스러운 습성 때문에 스스로 방어할 수 없게 된다.

이런 상황에서 국가가 방위를 위해 마련할 수 있는 대비책은 두 가지밖에 없다.

첫째는 매우 엄격한 통제를 가하여 사람들의 이해관계, 천성, 기호와는 관계없이 군사훈련을 의무적으로 실시하고, 적령기에 있는 시민 모두나 일부에게 현재의 직업과 상관없이 군복무를 어느 정도 수행하도록 강제하는 것이다.

둘째는 시민들을 일정 인원 고용하여 상시 군사훈련을 실시하는 것이다. 이는 군인이란 직업을 다른 직업으로부터 독립된 별개의 직업으로 만드는 것이다.

만약 국가가 첫 번째를 채택하면 그 군대는 민병대가 되고, 두 번째를 채택하면 상비군이 된다. 상비군은 군사훈련을 유일하고도 주요한 업무로 삼는다. 국가가 그들에게 생활비와 수당을 제공하며 이것은 그들이 생활하는 데 필요한 주된 재원이 된다. 반면 민병대는 군사훈련을 단지 필요에 따라 일시적으로 수행하며 다른 직업으로 생활에 필요한 주된 재원을 얻는다. 민병은 군인보다는 노동자, 기능공, 상인의 성격이 더 강하고, 상비군은 그 어떤 직업보다 군인의 성격이 더 강하다. 바로 이러한 본질의 차이가 두 군대를 구분 짓는다.

민병에는 몇 가지 종류가 있다. 어떤 나라에서는 국가를 방위할 의무를 지닌 시민들이 부대로 편성되지는 않고 훈련만 받는다. 즉 별도의 부대로 나뉘어 그곳의 상임 장교의 지휘하에 훈련을 받는 일은 없었던 것 같다. 고대 그리스나 로마 공화국에서 시민 개인은 평소 개별적으로, 또는 마음에 맞는 동료들과 함께 훈련을 했던 것으로 보인다. 그리고 전투에 참가하기 위해 실제로 소집될 때 비로소 특정 부대로 편성된 것 같다. 또 다른 나라에서는 민병이 군사훈련을 받았을 뿐만 아니라 부대로 편성되었다. 잉글랜드와 스위스를 비롯한 이런 불완전한 군대를 가진 현대 모든 유럽 국가에서, 민병은 평화시에도 특정 부대에 배치되어 그 부대에 상근하는 직업 장교의 지휘 아래 훈련을 받고 있다.

총포가 발명되기 이전에는 병사 개개인이 무기를 잘 다루는 군대가 우세했다. 신체의 강건함과 민첩함이 매우 중요했으며 일반적으로 그것이 전투의 운명을 좌우했다. 그러나 그 무기를 다루는 기술과 숙련도는 오늘날의 펜싱처럼 단체로 모여 연습하는 것이 아니라 각자 특정 학교에 들어가 교관에게 가르침을 받거나 또는 몇몇 친구들과 함께 연습함으로써만 익힐 수 있었다. 총포가 발명된 이래 신체의 강건함과 민첩성, 또는 무기를 다루는 기술과 개개인의 숙련도는, 물론 그것이 지니는 가치가 완전히 사라진 것은 아니지만 그 중요성이 감소했다. 총포의 특성상 그것이 결코 서툰 사람과 능숙한 사람을 같은 수준으로 만들지는 않지만 분명 그 둘의 차이는 이전보다 훨씬 줄어들었다. 총포를 사용하는 데 필요한 모든 숙련과 기술은 대부대로 편성되어 훈련하더라도 충분히 습득할 수 있다.

현대 군대에서는 전투의 운명을 결정하는 데 무기를 사용하는 군인의 기술이나 숙련도보다 규율, 질서, 명령에 대한 즉각적인 복종이 더 중요하다. 그러나 총포의 사정거리 안에 들어섰을 때, 심지어는 전투가 시작되기도 전에 총포가 내는 굉음과 포연, 그리고 언제든 죽을 수 있다고 느끼는, 보이지 않는 죽음에 대한 공포 때문에 현대 전투의 초기 단계에서는 규율, 질서, 명령에 즉

각적으로 복종하기란 분명 매우 어려웠을 것이다. 고대 전투에서는 사람 목소리 말고는 굉음과 포연도 없었으며, 가까이 다가가지 않고도 적군을 죽이거나 해칠 수 있는 무기가 없었다. 사람들은 어떤 치명적인 무기가 자기에게 실제로 다가오기 전에는 자기 주위에 위협이 될 만한 무기가 없다고 확신할 수 있었다. 이때에는 무기를 사용하는 자기들의 기술과 숙련도에 자신감이 있는 부대라면 전투가 개시되는 순간뿐 아니라 전쟁 내내, 그리고 어느 한쪽이 완전히 괴멸될 때까지도 어느 정도의 규율과 질서를 유지하는 데에 그리 어려움이 많지 않았을 것이다. 그러나 규율, 질서, 명령에 무조건적으로 복종하는 습관은 대부대에서 훈련받을 경우에만 습득될 수 있다.

그러나 어찌되었건, 민병은 어떤 식으로 훈련되고 통솔되더라도 잘 훈련되고 통솔된 상비군보다 언제나 열등하기 마련이다.

…

국방을 민병에 의존하는 문명국은 항상 주변의 미개국에게 정복당할 위험에 노출되어 있다. 아시아의 모든 문명국들이 수시로 타타르인에게 정복되었다는 것은 문명국의 민병보다 미개국의 민병이 월등히 우월하다는 사실을 보여주기에 충분하다. 상비군은 규율이 잘 잡혀 있어 어떤 민병보다 우수하다. 그러한 상비군은 부유한 문명국에서나 잘 유지될 수 있고, 또 그런 군대만이 가난하고 미개한 이웃 나라의 침략을 막아 나라를 지킬 수 있다. 그러므로 상비군이 있어야만 국가의 문명이 영원히 지속되거나, 상당 기간 유지될 수 있다.

상비군이 방위하여 문명국이 보호될 수 있듯이 미개국도 상비군이 있어야만 더 빨리 상당한 수준으로 문명화할 수 있다. 상비군이 있어야 불가항력적인 힘으로 나라의 가장 먼 지방에까지 국왕의 법을 시행할 수 있으며, 상비군이 없으면 어떤 통치도 받아들이지 않을 지방에서도 어느 정도 통치가 가능하다. 사실 주의 깊게 살펴보면 피터 대제(Peter the great)가 러시아에 개혁을 일으킬 수 있었던 것은 모두 기강이 바로선 상비군이 잘 갖춰져 있었기 때문이라는 것을 알 수 있다. 상비군은 국왕의 모든 법령을 시행하고 유지시켜 주는 수단이었다. 러시아가 그 이후에도 질서를 유지하고 평화를 계속 누릴 수 있었던 것은 모두 그 군대의 힘 덕분이었다.

공화주의 원리를 따르는 사람들은 상비군이 자유를 위협할 수 있다고 경계했다. 국가 조직이 유지하고자 하는 방향과, 장군 또는 주요 장교들의 이해관계가 들어맞지 않은 곳에서는 분명 그러했다. 시저(Caesar)의 상비군이 로마 공화국을 멸망시켰다. 크롬웰의 상비군은 장기 의회(long parliament)를 해산시켰다. 그러나 국왕 자신이 장군이거나 나라의 주요 귀족, 또는 상류층이 군대의 사령관으로 있는 나라에서는, 다시 말해 군대가 국가를 유지하는 데 최대의 이해관계를 가진 정부 요직에 있는 사람들의 통제하에 있는 나라에서는 상비군이 결코 자유를 위협할 수 없다. 오히려 경우에 따라서는 상비군이 자유에 도움이 될 수 있다. 오늘날 몇몇 공화국에서 볼 수 있듯이 상비군이 국왕을 안전하게 보호해 주는 경우에는 국왕의 노심초사하는 경계심, 다시 말하면 시민들의 사소한 행동까지도 감시하고 언제라도 시민들의 평화를 망가뜨릴 수 있는 국왕의 행동을 불필요한 것으로 만들 수 있다. 국가의 주요 인사들이 위정자의 안전을 유지하고 있어도 대중이 불평불만을 언제 터트릴지 몰라 위정자의 안전이 위협받는 국가에서는, 다시 말해 작은 소동이 몇 시간 안에 대혁명으로 확대될 수 있는 국가에서는 반대하는 불평불만을 억누르고 처벌하는 데 위정자의 모든 권위가 쓰이지 않을 수 없다. 이와는 달리 전통적인 귀족뿐만 아니라 군기가 잘 잡힌 상비군이 지지하고 있다고 생각하는 국왕은 아무리 막무가내로 난폭하고, 격렬한 항의가 일어난다고 하더라도 그것에 전혀 위협을 느끼지 않는다. 국왕은 안심하고 그들을 용서하거나 무시할 수 있다. 자신이 우월하다고 여기므로 자연스럽게 그리 행동하는 것이다. 방종에 가까운 자유는 군기가 잘 잡힌 상비군이 국왕의 권위를 보장하는 국가에서만 가능하다. 그런 국가에서는 공공의 안녕과 질서를 위해 지나치게 방탕한 자유를 억압할 수 있는 재량권을 국왕에게 부여할 필요도 없다.

그러므로 국왕의 첫 번째 임무, 즉 사회가 다른 사회로부터 폭력과 불의를 당하지 않도록 방어하는 일은 사회가 문명화될수록 비용이 많이 든다. 애초에 국왕은 평화시에나 전시에나 군사력을 유지하는 데 아무런 비용도 부담하지 않았다. 그러다 처음에는 전시에만, 그리고 나중에는 평화시에도 국왕이 비용을 들여 유지하여야 했다.

총포가 발명되면서 전쟁 기술에 일어난 커다란 변화는 비용의 증가였다. 평화시에 군인을 규율하고 훈련하는 비용과 전시에 그들을 동원하는 비용이 크게 증가했다. 무기와 탄약도 더 비싸졌다. 소총은 창이나 활보다 훨씬 비쌌고, 대포나 박격포 역시 투창기나 투석기보다 값이 더 나갔다. 현대 열병식에 사용되는 화약도 한 번밖에 쓸 수 없어 비용이 상당히 든다. 고대의 열병식에서 주로 사용했던 창과 화살은 쉽게 주워 다시 사용할 수 있었으며 값도 쌌다. 대포나 박격포는 비쌀 뿐만 아니라 투창기나 투석기보다 훨씬 무거워서 전쟁에 대비해 준비하고 전장으로 가져가는 데에 큰 비용이 든다. 오늘날의 대포는 그 성능 면에서 고대 무기와 비교해 월등히 우수하기 때문에 이러한 성능 좋은 대포의 공격에서 단 몇 주만이라도 버티며 도시를 방비하는 일은 이전보다 훨씬 더 어려워졌고 비용이 많이 든다. 오늘날에는 여러 가지 이유 때문에 사회를 방위하는 데 더 많은 비용이 든다. 이러한 점에서 화약의 발명과 같은 단순한 사건이 전쟁기술에 대변혁을 일으켰으며, 이 대변혁은 사회가 자연적으로 발전하는 과정에서 불가피하게 따르는 결과(국방비 증가)를 더욱 증폭시켰다.

총포에 소요되는 비용이 매우 크므로 오늘날의 전쟁에서는 그 비용을 가장 잘 감당할 수 있는 나라가 분명히 우위를 점하게 된다. 결과적으로 부유하고 문명화한 나라가 가난하고 미개한 나라보다 우위에 있는 것이다. 고대에는 부유하고 문명화한 나라들이 가난하고 미개한 나라에 맞서 자신들을 방어하는 것이 어려웠다. 그러나 오늘날에는 미개하고 가난한 나라가 부유하고 문명화한 나라에 맞서 방어하는 것이 더욱 어렵다. 총포의 발명이 얼핏 생각하기에는 파괴를 조장하는 발명으로 보일 수 있지만 문명을 지속시키고 확대하는 데에는 확실히 도움이 된다.

사법 비용(제2절)

국왕의 두 번째 임무는 가능한 한 사회의 모든 구성원이 타인에게 불의한 일이나 억압을 당하지 않도록 보호하는 것, 즉 사법행정을 엄정하게 확립하는 것이다. 이를 시행하는 데에는 두 가지 비용이 필수로 수반되는데, 그 규모는 사회 단계별로 매우 다르다.

수렵민족에게는 재산이란 것이 없거나 기껏해야 2, 3일 동안 생활할 수 있을 분량을 축적하는 정도이므로 치안관이나 정규 사법행정이 없다. 아무런 재산도 없는 사람들이 상대방에게 해를 가할 수 있는 부분은 오직 신체나 명예뿐이다. 누군가를 살해하거나 상해를 입히거나 명예를 훼손하면 피해자가 고통을 받기는 하지만 이로써 가해자가 이득을 얻지는 않는다. 그러나 재산을 침해했을 경우에는 사정이 다르다. 피해자가 입은 손실이 대개 가해자에게는 이득이 된다. 사람들이 마음에 질투, 앙심, 분노가 일면 다른 사람의 신체나 명예를 해치기도 한다. 그러나 대다수의 사람들이 그런 감정에 휩싸일 때마다 누군가를 해치고자 마음먹지는 않으며, 아주 나쁜 사람이라고 할지라도 항상 그러한 것은 아니다. 특이한 성격을 가진 사람은 상대방을 해쳤을 때 쾌감을 느끼고 만족해하겠지만 대개 사람들은 해친다고 하여 실질적인 이익을 얻는 것은 아니므로 신중하게 판단하여 해치려는 욕구를 억제하는 것이 일반적이다. 사람들은 그런 감정에서 비롯되는 침해로부터 보호해 줄 공권력이 없어도 꽤 안전하게 함께 살아갈 수 있다. 그러나 부자가 탐욕과 야망에 휩싸이고 가난한 사람이 눈앞의 편안함과 향락을 누리고 싶은 마음이 들면 다른 사람의 재산을 침해할 수 있으며 이러한 마음은 분노에 휩싸여 신체나 명예를 해하려는 마음보다 훨씬 더 자주 일어나고 더 크게 영향을 미친다. 재산이 많은 곳에는 반드시 불평등이 존재한다. 한 사람의 부자가 있으면 적어도 500명의 가난한 사람이 있게 마련이고, 소수의 풍요로움이 있으면 다수의 빈곤함이 존재하고 있는 것이다. 부자의 풍요는 가난한 사람들의 분노를 자극한다. 그들은 종종 빈곤에 시달리다 못해, 또는 질투심 때문에 부자의 재산을 침해한다. 수년, 혹은 수세대에 걸쳐 노동으로 소중하게 재산을 모은 사람이 단 하루라도 편안하게 잠들려면 오직 사법 행정의 보호 아래에 있어야 한다. 그는 자신이 도발하지 않았는데도 항상 도무지 진정시킬 수 없는 미지의 적들에게 둘러싸여 있다. 그가 그런 침해에서 보호받으려면 오로지 이러한 침해행위를 응징하고자 언제나 준비되어 있는 강력한 공권력이 나서야 한다. 그러므로 재산을 막대하게 모으게 되면 반드시 국가의 내적 통치(civil government)가 필요해진다. 재산이 없거나 기껏해야 2, 3일 치의 노동가치만을 축적하고 있는 곳에서는 국가의 내적 통치가 그다지 필요하지 않다.

내적 통치는 어떤 종속관계를 전제로 한다. 그러나 내적 통치의 필요성은 재산이 증가할수록 늘어난다. 그래서 자연스럽게 종속관계를 형성하는 주요 요인 또한 재산이 증가할수록 점차 늘어난다.

자연스럽게 종속관계를 형성하는 이유나 상황, 즉 자연스럽게, 그리고 어떤 사회제도보다 앞서서, 다른 사람들보다 몇몇 사람에게 더 우월한 지위를 부여하는 요인이나 상황은 네 가지인 것 같다.

그 첫 번째로는 개인의 우월한 자질이다. 육체적인 자질에는 강인함, 아름다움, 민첩함이 있고 정신적인 자질에는 지혜로움, 후덕함, 신중함, 정의로움, 인내심, 중용이 있다. 육체적인 자질은 정신적인 자질이 뒷받쳐 주지 않는 한 어떤 사회에서도 권위를 갖지 못했다. 그저 육체만 강인한 사람은 기껏해야 허약한 한두 명 정도에게 복종을 강요할 수 있을 뿐이다. 한편 정신적 자질은 그것만으로도 상당한 권위를 얻을 수 있다. 그러나 정신적인 자질은 보이지 않아 증명할 수 없으므로 항상 논란거리였으며 또 논란이 되는 게 일반적이었다. 미개사회든 문명사회든 어느 사회를 막론하고 서열과 지위를 결정할 때 누가 보아도 명백하여 단번에 인정할 수 있는 자질이 아니면 결정하기가 쉽지 않았다.

두 번째 요인은 나이다. 노망이라 의심될 만큼 나이가 많지 않다면 어디서든 신분, 재산, 능력이 동일한 젊은이와 나이 많은 사람을 비교했을 때 나이 많은 사람이 더 존경을 받는다. 북아메리카의 원주민들과 같은 수렵민족에서는 나이야말로 신분과 서열을 정하는 유일한 기준이다. 그들은 윗사람을 아버지로, 동년배를 형제로, 손아랫사람을 아들로 호칭한다. 매우 부유하고 문명화한 국가에서도 모든 면에서 동등하여 달리 서열을 정할 만한 기준이 없을 경우 나이로 서열을 정한다. 형제자매 간에도 연장자가 항상 서열이 높고 아버지가 재산을 상속하고자 할 때 명예로운 칭호처럼 나눌 수 없어 한 사람이 가져야만 하는 유산은 대부분 장자에게 돌아간다. 나이는 그 어떤 논쟁도 불식하는 명백하고 뚜렷한 기준이다.

세 번째 요인은 큰 재산이다. 부는 모든 사회에서 권위를 크게 지니지만 아마도 재산의 불평등이 상당했던 미개사회에서 가장 컸을 것이다. 타타르 족장은 가축이 1,000명을 먹여 살릴 만큼 늘어날 경우 오직 1,000명을 부양하는 데에만 재산을 쓴다. 미개사회에서는 소비하고 남은 생산물과 교환할 수 있는 그 어떤 제조품도, 심지어 하찮은 물건도 없기 때문이다. 그러므로 그가 부양하는 1,000명은 자신들의 생계를 전적으로 그에게 의존하기 때문에 전시에는 그의 명령에, 평화시에는 그의 관할권에 복종하지 않을 수 없다. 족장은 필연적으로 그들의 장수이며 재판관이 된다. 그가 족장으로서 권위를 가질 수 있는 것은 재산이 많기 때문이다. 부유한 문명사회에서는 한 사람이 그보다 훨씬 더 많은 재산을 소유할 수 있지만 12명도 지배하기 어렵다. 실제로 그가 토지에서 나오는 생산물로 1,000명을 부양할 수 있다고 하더라도 사람들은 그 생산물을 얻으려면 대가를 지불해야 하고, 그 역시 등가물과 교환하지 않고서는 누구에게도 선뜻 주려고 하지 않는다. 그렇기 때문에 전적으로 그에게 의존하고 있다고 생각하는 사람은 거의 없으며, 그의 권위 역시 하인 몇 명에게만 미칠 뿐이다. 그러나 재산의 권위는 부유한 문명사회에서도 매우 크다. 나이나 개인적인 자질이 가지는 권위보다도 훨씬 더 컸다. 이것은 재산의 불평등을 용인했던 모든 사회에서 끊임없이 재기되는 불만요소였다. 최초의 사회, 즉 수렵사회에는 그런 불평등이 일어날 여지가 없었다. 거기에서는 모두가 가난하므로 모두가 평등했고 그들 사이에 권위의식과 종속관계의 개념이 있기는 했지만 이 또한 미약하나마 나이나 개인의 우월한 자질에 따른 것이었다. 따라서 이 시대 사회에서는 권위와 종속관계의 개념이 거의 없었다. 그다음에 형성된 사회, 즉 유목민 사회는 재산의 불평등이 매우 심했으며 이 시기만큼 재산이 많은 사람의 권위가 상당했던 시기도 없다. 따라서 권위와 종속관계가 이보다 더 완전하게 성립된 시기도 없다. 아라비아 족장의 권위는 대단했고, 타타르 칸의 권위는 더할 나위 없이 전제적(專制的)이었다.

네 번째 요인은 출신의 우월함이다. 출신의 우월함은 어떤 사람의 집안이 옛날부터 재산이 많았음을 뜻한다. 모든 집안은 오래전부터 있어 왔다. 왕후의 조상이 거지의 조상보다 더 잘 알려져 있다고 하여도 그 수가 더 많을 수는 없다. 어디에서나 오래된 가문은 오랫동안 부유했거나 또는 부유하여 오랫동안 높은 지위를 차지한 가문임을 의미한다. 어디서나 벼락출세한 사람은 오랜 시간 높은 지위에 있는 사람만큼 존경받지 못한다. 일반적으로 사람들이 찬탈자를 증오하고 오래된 왕가를 사랑하는 것은 전자를 경멸하고 후자를 존경하는 마음에 크게 기인한다. 어떤 장교가 자신이 늘 따랐던 상관의 권위에는 기꺼이 복종하지만 부하였던 사람이 자신의 상관이 되는 것은 참을 수 없어 하는 것과 마찬가지로 사람들은 그들과 자기 조상들이 늘 복종해 왔던 가문에는 쉽게 복종한다. 그러나 결코 우월하다고 인정한 적이 없는 가문이 자신들을 지배하려고 하면 격분한다.

출신의 차이는 재산이 불평등하여 생겨나는 것이므로 모든 사람들이 재산상 평등하고 따라서 출신도 거의 평등한 수렵민족에서는 출신의 차이가 있을 수 없다. 물론 그들 중에서도 지혜롭고 용감한 사람의 아들은 동일한 능력을 가졌지만 불행하게도 어리석거나 겁쟁이인 사람의 아들로 태어난 사람보다 더 높게 평가받았을 수 있다. 그러나 그 차이는 별로 크지 않았을 것이며, 내가 알기로는 이 세상에 오직 지혜와 덕망만을 물려받아 영화를 누린 위대한 가문은 없었다.

유목민족에서는 출신의 차이가 생길 수 있을 뿐만 아니라 언제나 있었다. 이들 민족은 사치를 부릴 줄도 몰랐으며 거대한 부를 무분별하게 낭비하여 없애버리는 일도 매우 드물었다. 따라서 위대하고 명성을 날린 조상의 후손이라는 이유로 이토록 많은 집안이 존경받는 민족도 없다. 왜냐하면 한 집안이 부를 그토록 오래 지니는 민족이 없기 때문이다.

분명 출신과 재산은 한 사람으로 하여금 남들보다 우위를 차지하게 하는 주된 조건이다. 이 두 가지 주된 원인 때문에 사람들을 구별하여 그들 사이에서 자연스럽게 권위와 종속관계가 형성된다. 유목민족에서는 이 두 원인이 완전하게 작동한다. 대유목인은 그가 가진 커다란 부 때문에, 그리고 그에게 생계를 의존하는 사람들이 많기 때문에 존경받는다. 또한 그는 출신의 존귀함 때문에, 그리고 이름난 그의 가문이 매우 오래되었다는 사실 때문에 높이 추앙받는다. 그리하여 그가 속한 집단, 또는 종족의 영세 유목인들 사이에서 권위를 갖게 되며 많은 사람들의 힘을 하나로 모을 지배력을 갖게 된다. 그의 군사력은 누구보다도 크다. 전시에는 사람들이 자연히 그의 휘하에 모여든다. 그리하여 그는 자신의 출신과 재산으로 자연스럽게 어떤 집행권을 갖게 된다. 그에게는 많은 사람의 힘을 모을 지배력이 있기 때문에 그들 가운데 누군가가 다른 사람에게 피해를 입히면 그는 누구보다도 더 강력하게 그 잘못을 보상하도록 명할 수 있다. 이러한 이유로 그는 힘이 없어 스스로를 방어할 수 없는 사람들이 보호를 요청하는 인물이 된다. 사람들은 자신들이 침해를 입었다고 생각이 들면 자연스럽게 그에게 불평을 호소하며 이 경우 그가 중재하면 불평의 대상이 된 상대방조차 다른 사람이 중재를 나섰을 때보다 중재를 더 쉽게 받아들인다. 역시 그는 자신의 출신과 재산으로 자연스럽게 일종의 사법권을 갖게 된다.

재산의 불평등이 시작되고 사람들 사이에 이전에 없던 권위와 종속관계가 생겨난 것은 사회의 제2기인 유목시대 때부터이다. 그리하여 재산의 불평등은 사회를 유지하는 데 없어서는 안 될 내적 통치를 어느 정도 도입하게 했다. 내적 통치는 그 필요성에 대해 고려할 틈도 없이 자연스럽게 진행된 것 같다. 물론 그 이후 내적 통치가 필요하다는 생각이 생겨났고, 그것은 분명 권위와 종속관계를 유지하고 확보하는 데에 크게 기여했다. 특히 부자들은 당연히 자신들의 유리한 입장을 보장해 줄 수 있는 그 질서를 유지하는 데 관심을 갖는다. 재산이 적은 사람들도 힘을 합해 부자들이 소유한 재산을 보호하는데, 이는 부자들이 단결하여 자신들의 재산을 보호해 주도록 하기 위해서다. 영세 유목인들은 자기들 가축의 안전이 대규모 유목민 가축의 안전에 달려 있다고 여긴다. 그리고 자신의 미약한 권위가 유지되는 것은 대유목민의 권위가 유지되는 것에 달려 있으며, 따라서 아랫사람이 자기에게 복종하도록 하는 것 역시 자신들이 대유목민에게 얼마만큼 복종하는가에 달려 있다고 생각한다. 그들은 자신들의 작은 왕인 대유목민이 자신들의 재산과 권위를 보호하고 유지시켜 줄 수 있도록 그들의 재산과 권위를 보호하고 유지하는 데 관심을 기울이는 소귀족층을 형성한다. 내적 통치 제도는 재산의 안전을 보장하기 위해 도입되었지만 사실 실제로는 가난한 사람에게서 부자를 지키기 위해 도입되었다. 다시 말하면 재산이 전혀 없는 사람들에게서 재산을 어느 정도 가지고 있는 사람을 지키기 위해 도입된 것이다.

청소년 교육시설의 비용(제3절(2))

유럽의 공립학교와 대학들은 원래 특정 직업, 즉 성직자 양성을 목적으로 교육하였다. 그리고 직업에 필요하다고 생각되는 학문조차 학생들에게 열심히 가르치지 않았지만, 유럽의 공립학교와 대학들은 점차 거의 모든 사람들, 특히 귀족과 부자들의 교육을 담당하게 되었다. 유년 시절을 거치고 난 이후부터 세상에 나가 실무를 접하기 전, 즉 앞으로 평생토록 종사할 일에 본격적으로 뛰어들기 전까지, 그 기간은 꽤 길다. 이때 학교에 다니는 것만큼 이 시기를 잘 보내는 방법은 없는 것 같다. 그러나 학교와 대학에서 가르치는 교육 대부분은 실제로 세상에서 일을 잘할 수 있도록 준비시켜 주지 못하는 것 같다.

잉글랜드에서는 젊은이들이 학교를 마치자마자 이들을 대학에 보내는 대신 외국 여행을 보내는 것이 점차 관행처럼 되고 있다. 대개 사람들은 젊은이들이 여행을 하고 오면 더 성장하여 돌아온다고들 말한다. 17~18세인 젊은이가 외국에 나가면 보통 서너 살 나이를 먹고 스물한 살이 되어 집으로 돌아온다. 사실 그 나이 때에는 3, 4년 동안에 크게 성장하지 않는 것이 오히려 더 이상하다. 보통 여행 중에 외국어 한두 개를 어느 정도 습득하긴 하지만 온전히 말하고 쓸 수 있는 정도로 익히는 경우는 거의 없다. 도리어 국내에서 지냈다면 생각하지 못했을 정도로 단기간에 급격히 변하여, 매우 건방지고 무절제하고 방탕해지고, 공부와 일에 착실히 임할 수 없는 상태가 되어 돌아온다. 이들은 어린 나이에 여행하면서 부모나 친척에게서 멀리 떨어져 감시와 통제를 받지 않는 가운데 인생의 가장 소중한 시간을 허랑방탕하게 낭비한다. 이전에 교육을 받아 익힌 모든 유용한 습관이 제대로 발달되지 못하고 약화되거나 아예 없어진다. 어린 자녀를 여행 보내는, 이러한 어리석은 관행이 호평을 얻을 수 있었던 이유는 대학들이 자초한 불신 때문이었다. 아들을 해외에 보내면 아버지는 직업도 없이 무시당하고 망가져 가는 아들을 곁에서 봐야 하는 고통에서 잠시나마 벗어날 수 있는 것이다.

이러한 현상은 바로 현대 교육기관들이 초래한 결과다.

다른 시대, 다른 나라에는 다양한 교육정책과 교육기관이 있었던 것 같다.

고대 그리스의 여러 공화국에서는 모든 자유시민이 관료의 지휘하에서 체육과 음악 교육을 받았다. 체육훈련은 신체를 단련하고 용기를 기르며 전쟁에서 겪을 피로와 위험에 대비하는 것이 목적이었다. 그리스 민병이 모든 면에서 볼 때 세계에서 뛰어난 민병이었으므로 분명 이 분야의 공교육은 소기의 목적에 완전히 부합했다. 또 음악교육은 이런 제도에 대해 설명한 철학자와 역사가들에 따르면 인간다운 정신을 함양하고 기질을 부드럽게 하여 공공생활과 사적 생활에서 모든 사회적, 도덕적 의무를 수행하도록 하는 것이 목적이었다.

고대 로마에서는 마르티우스 캠퍼스(Campus Martius)에서 이 같은 훈련을 실시하였는데 그리스 짐나지움(Gymnazium)에서 했던 훈련과 목적이 같았으며 그 목적을 아주 잘 달성했던 것 같다. 그런가 하면 그리스의 음악교육에 해당하는 교육은 로마에 없었지만 공공생활과 사생활에서 로마인들의 도덕성은 그리스인 못지않았을 뿐만 아니라 전반적으로 훨씬 우수했던 것 같다. 로마인들이 사생활에서 더욱 우수했다는 사실에 대해서는 그리스인과 로마인 모두에 정통한 두 역사가인 폴리비우스(Polybius)와, 할리카르나수스(Halicarnassus)의 디오니시우스(Dionysius)가 증언했다. 그리고 그리스와 로마 역사에서도 전반적으로 로마인들의 공중도덕이 우수함을 증명하고 있다. 당쟁을 하면서도 평정과 절제를 유지하는 것은 자유시민의 공중도덕에서 가장 중요한 요소일 것이다. 그런데 그리스의 당파들은 대개 난폭하여 늘 피비린내가 났던 반면, 로마 당파들은 그라쿠스(Gracchi) 시기까지 피 한 방울 흘리지 않았다. 그라쿠스 시대부터 로마 공화정은 사실상 해체되었다고 간주할 수 있다. 그러므로 플라톤, 아리스토텔레스, 폴리비우스의 권위가 높았음에도 불구하고, 또 몽테스키외가 매우 그럴듯한 이유를 들어 그 권위를 옹호하려고 노력했음에도 불구하고 그리스인의 음악교육이 그들의 도덕성을 함양하는 데 별다른 효과가 없었다는 것은 확실한 것 같다. 왜냐하면 그런 교육 없이도 로마인들의 도덕성은 전체적으로 훨씬 우수했기 때문이다. 그러한 고대 현인들은 자기 조상들의 제도를 존경하여 그들 사회의 초창기부터 상당한 문명수준에 도달한 시기까지 끊임없이 계속되어 온, 어쩌면 오랜 관습에 지나지 않는 제도에서 많은 정치적 의의를 발견하려고 했던 것 같다. 춤과 음악은 대개 모든 야만족의 대표 오락거리이며, 누구든지 자신이 속한 사회나 집단을 즐겁게 하는 데 적합한 예능이다. 아프리카 연안의 흑인들에게는 지금도 그러하다. 고대 켈트인(Celtes), 고대 스칸디나비아인(Scandinavians), 호머(Homer)를 보면 알 수 있듯이, 트로이 전쟁 이전 시대의 고대 그리스인들에게도 그러했다. 그리스 여러 부족들이 스스로 형성했던 작은 공화국의 시기에 그런 예능을 익히는 것이 오랫동안 국민에 대한 공공교육으로 자리 잡은 것은 당연했다.

젊은이들에게 음악교육이나 군사훈련을 담당했던 교사들은 로마에서도, 그리고 (우리가 익히 법과 관습에 대해 잘 알고 있는) 그리스 공화국의 아테네에서도, 국가로부터 봉급을 받거나 정식 임명되었던 것 같지는 않다. 국가는 모든 자유시민에게 전시에 나라를 방위할 수 있도록 스스로 준비하고, 그런 이유로 군사훈련을 습득할 것을 요구했다. 그러나 국가는 훈련에 적합한 교사를 찾고 배우는 모든 과정을 개개인에게 맡겼다. 국가가 그 목적을 위해 제공한 것은 군사훈련에 필요한 공공장소를 제공하는 일 이외에는 아무것도 없었다.

그리스와 로마 공화국 초기에 이루어진 또 다른 교육 부문은 읽기와 쓰기, 그리고 당시의 산술에 따른 계산법이었던 것으로 보인다. 부유한 시민은 이런 교양을 집에서 노예, 혹은 해방된 노예인 가정교사에게 배웠고 가난한 시민은 학교에서 봉급을 받고 가르치는 사람들에게 배웠다. 그러나 그런 교육부문은 전적으로 부모나 보호자에게 맡겨졌으며 국가는 어떤 감독이나 지시도 하지 않았다. 실제로 부모가 자녀에게 밥벌이가 될 직업이나 일을 가르치는 데 소홀했다면 솔론(Solon)의 법률에 따라 자녀들은 부모가 늙었을 때 부모를 부양할 책임을 지지 않아도 되었다.

철학과 수사학이 유행하게 되었을 때 상류층은 더욱 세련되어져서 자녀들을 철학자와 수사학자가 설립한 학교에 보내어 이런 유행하는 학문을 배우도록 하였다. 그러나 그 학교들은 국가로부터 지원을 받지 않았다. 그 학교들은 오랫동안 그저 묵인되었을 뿐이었다. 철학과 수사학에 대한 수요가 오랫동안 너무 적어서 이를 직업으로 삼았던 초창기 교사들은 안정적인 일자리를 얻지 못해 이곳저곳을 떠돌아다닐 수밖에 없었다. 엘리아의 제노, 프로타고라스, 고르기아스 히피아스, 그 밖의 많은 사람들이 그렇게 살았다. 그러다 점차 수요가 늘자 철학과 수사학을 가르치는 학교들은 아테네를 기점으로 이후 여러 도시에 정착

했다. 그러나 국가는 기껏해야 몇몇 학교에 특정 장소를 학교 부지로 제공하는 것 이외에는 더 이상 지원하지 않았다. 심지어 개인이 학교 부지를 기증하여 설립되는 경우도 있었다. 플라톤의 아카데미(Academy), 아리스토텔레스의 리케움(Lyceum), 스토아학파를 창시한 키티온 출신 제노의 포르티코(Portico)는 국가에서 제공한 것으로 보이지만 에피쿠로스(Epicurus)는 자기 집 정원을 이용해 학교를 세웠다. 그런데도 마르크스 아우렐리우스(Marcus Antonius) 시대까지 교사들은 국가로부터 봉급을 받지 않았으며 학생의 사례금과 수업료 외에 다른 어떤 보수도 받지 않았던 것 같다. 루치안(Lucian)의 저서에서 알 수 있듯이 이 철학을 좋아한 황제가 철학교사에게 내린 장려금도 아마 그의 생전에만 계속되었을 것이다. 이런 학교를 졸업했다고 해서 어떤 특혜를 받는 것도 아니었고, 특정 직업이나 사업에 종사하기 위해 이런 학교를 다닐 필요도 없었다. 그런 학교가 유익하다고 하여도 학생들이 찾지 않을 경우 의무로 학생들이 그곳에 다니도록 강제하지도 않았으며 또 그런 학교에 다닌 사람에게 아무런 혜택도 주지 않았다. 교사에게는 학생에 대한 어떤 관할권도 없었다. 뛰어난 덕성과 능력으로 젊은이를 가르쳐 그들에게서 자연히 권위를 인정받는 것 이외에는 아무런 권위도 가지지 않았다.

로마에서 법률에 대한 학습은 대다수 시민이 아니라 몇몇 특정 가정에서만 이루어지는 교육이었다. 그러나 법률을 배우고 싶은 젊은이들이 갈 만한 공립학교가 없었으며 법률을 알 만한 친척이나 친지와 교류하는 방법 외에는 달리 공부할 방법이 없었다. 비록 12동표법의 대부분이 고대 그리스 공화국의 것을 모방한 것이지만, 고대 그리스의 어떤 나라에서도 법률이 하나의 학문으로까지 발전한 적은 없었다는 점에 주목할 필요가 있다. 로마에서는 일찍부터 법률이 학문으로 자리 잡았고 법률에 대해 잘 안다고 알려진 사람들은 상당한 명성을 얻었다. 고대 그리스 공화국, 특히 아테네의 경우 일반 법정은 수많은 사람들로 구성되어 무질서하고 대개 무리를 이룬 사람들이 임의로, 소란스럽게, 파벌에 따라, 정당의 의견에 따라 결정을 내리곤 했다. 부당한 판결이라는 불명예를 얻어도 이것이 500명, 1,000명, 또는 1,500명(몇몇 법정은 이와 같이 많은 사람들로 구성되어 있었다)에게 돌아갔기 때문에 한 개인이 지는 부담은 별로 크지 않았다. 반면에 로마에서는 주요 법정이 한 명, 또는 소수의 판사들로 구성되어 있었고, 또 항상 공개석상에서 심의되었기 때문에 경솔한 판결이나 부당한 판결은 그들의 평판에 반드시 큰 영향을 미칠 수 있었다. 이러한 법정에서는 의심스러운 사건에 대해서는 비난을 회피하고자 자연스레 그 법정이나 다른 법정에서 이전에 다루었던 판례나 선례를 보호 장치로 삼으려고 했다. 이렇게 판례와 선례에 집중한 것이 필연적으로 로마 법률을 규칙적이고 질서정연한 체계로 만들었으며 우리에게까지 전해 내려 왔다. 그리고 그와 같은 집중이 다른 나라들의 법률에도 동일한 영향을 미쳤다. 폴리비우스(Polybius)와 할리카르나수스(Halicarnassus)의 디오니시우스(Dionysius)가 숱하게 언급한 로마인의 우수한 품성은 그들이 말하고 있는 그 어떤 요인 때문이라기보다는 아마도 법정의 구성이 우수했기 때문인 것 같다. 특히 로마인들은 선서를 각별히 존중했다고 한다. 엄숙하고 정통한 사법 재판소에서 선서하는 것에만 익숙한 사람들은 떠들썩하고 무질서한 집회에서 선서하는 사람들보다 자연히 자신들의 선서에 훨씬 더 신경을 쓸 것이다.

그리스인과 로마인의 문무 능력에 대해서는 누구나 현대의 그 어떤 국가와 비교하여도 손색이 없다고 쉽게 인정할 것이다. 어쩌면 우리는 편견 아래 오히려 그들을 과대평가하고 있는지도 모르겠다. 그러나 군사훈련과 관련된 것을 제외하면 국가가 그런 능력을 키우는 데에 애쓴 것 같지는 않다. 왜냐하면 그리스의 음악교육이 그런 능력을 형성하는 데 큰 영향을 미쳤다고 보기 어렵기 때문이다. 하지만 그들 나라의 상류층은 그 사회적 환경에서 배워두면 편리하거나 필요한 학문과 예술을 가르치고자 교사들을 찾았던 것 같다. 그런 가르침에 대한 수요는, 그런 수요가 항상 불러오듯 가르치는 재능을 키웠고, 무한한 경쟁을 유발하여 결국 그 능력을 완벽한 수준까지 끌어올린 것으로 보인다. 청강생들의 주의를 집중시키고, 청강생들의 의견과 사상에 큰 영향을 주고, 그들의 행동과 대화에 어떤 격조와 기개를 부여한 능력 면에서 고대 철학자들은 현대의 어떤 교사들보다 우월했던 것 같다. 현재 공립학교 교사들은 대체로 근면하지 못하다. 그 원인은 명성을 쌓지 않고 성공하지 않아도 살아갈 수 있는 환경에 있다. 봉급을 받는 공립학교 교사와 개인교사의 관계는 마치 상당한 지원금을 받고 사업하는 상인과 지원금을 한 푼도 받지 않는 상인이 경쟁하는 것과 같다. 만일 지원금을 받지 않는 상인이 상당한 지원금을 받는 경쟁자와 같은 가격에 상품을 판다면 그는 경쟁자와 동일한 이윤을 얻을 수 없을 것이며, 비록 파산과 파멸은 면할지라도 거지꼴로 빈곤상태에 처하게 될 것이다. 그렇다고 해서 비싸게 팔려고 한다면 많은 고객을 잃게 되어 역시 그의 상황은 별로 나아지지 않을 것이다. 게다가 졸업장은 많은 나라에서 지적 전문직에 종사하려는 사람들, 즉 지적 교육을 필요로 하는 대부분의 사람들에게 필수적이거나 적어도 매우 중요한데, 그런 졸업장은 공립학교에 출석하여야만 얻을 수 있다. 어떤 개인교사가 강의를 매우 훌륭하게 한다고 하더라도 그의 강의에 열심히 출석해 봐야 그런 졸업장을 얻을 수는 없다. 이런 여러 가지 이유 때문에 대학에서도 다루는 학문을 가르치는 개인교사는 현대에 와서 일반적으로 최하급의 학자로 여겨지고 있다. 진정으로 실력 있는 사람이 종사할 수 있는 직업으로서, 개인교사보다 더 굴욕적이고 불리한 직업은 없을 것이다. 학교나 대학의 기부금 제도 역시 공립 교사들을 태만하게 만들었을 뿐만 아니라 훌륭한 개인교사들의 존립을 불가능하게 만들었다.

만약 공립학교가 없었다면 수요가 없거나 시대적 상황으로 보아 배울 필요가 없거나 도움이 되지 않거나, 또는 적어도 낡은 학문이나 학설을 가르치는 일은 없었을 것이다. 개인교사가 유용하다고 인정된 학문의 뒤떨어지거나 낡은 학설이나, 또는 아무런 쓸모도 없고 현학적인 궤변 덩어리라고 여겨지는 학문을 가르쳐서는 잘될 수가 없다. 그런 학설과 학문은 교사의 번영과 수입이 명성이나 근면성과는 무관한 교육기관에서만 존재할 수 있다. 만약 공립학교가 없다면, 노력과 능력을 갖춘 어떤 사람이 당대의 가장 완전한 교육과정을 이수한 후 사회에 나갈 때 세상 사람들 사이에서 화두가 되고 있는 주제를 전혀 모른 채로 나갈 수는 없을 것이다.

여성을 위한 공립교육기관이 없다. 따라서 그들의 통상적인 교육과정에 쓸모없거나, 말도 안 되는 것, 괴상한 것도 물론 없다. 그들은 부모나 보호자들이 판단하기에 필요하거나 쓸모 있다고 여기는 것들만 배운다. 그들이 받는 모든 교육에는 분명 유용한 목적이 있다. 즉 자신의 자연스러운 매력을 증진한다거나 정신을 가다듬고 겸손하게, 정숙하게, 검소하게 하는 등 그들이 한 가정의 부인이 될 수 있게 준비하거나, 또 그렇게 되었을 때 올바로 행동하도록 하는 것이다. 여자들은 자신의 삶의 매 순간 그 교육이 편리하고 어느 정도 도움이 된다고 느낀다. 반면 남자들은 일생의 어느 부분에서든 힘들고 어렵게 받은 교육으로 편리해지거나 이득을 본다고 느끼는 경우가 거의 없다.

따라서 이런 의문이 들지 모르겠다. 국가는 국민에 대한 교육에 아무런 주의를 기울이지 말아야 하는가? 또는 만약 국가가 그런 주의를 기울여야 한다면 교육의 어떤 부분에, 어떤 계층의 사람들에게, 어떤 방식으로 그 교육을 받게 할 것인가?

사회의 상태에 따라 반드시 정부가 주의를 기울이지 않더라도 대다수의 개인들이 스스로 국가가 요구하거나 필요하다고 인정하는 능력과 도덕성을 스스로 자연스럽게 갖추는 경우가 있다. 반면에 사회의 상태에 따라 많은 개개인이 스스로 그런 능력과 도덕성을 스스로 갖출 수 없는 경우가 있다. 그런 경우에는 국민 대다수가 완전히 타락하거나 퇴보하는 것을 막기 위해 어느 정도 정부가 나서서 주의를 기울여야 한다.

분업이 진행되면서 대개 사람들이 생계를 유지하기 위해 하는 노동, 즉 직업 대부분은 아주 단순한 몇 가지, 기껏해야 한두 가지 작업에 국한된다. 그런데 대다수 사람들의 이해력은 불가피하게 그들이 가진 직업을 통해 형성된다. 일생 동안 간단한 몇 가지 조작만 하고, 아마 그 결과도 늘 같거나 거의 같은 작업을 하는 사람은 예기치 못한 어려움을 해소할 방법을 찾고자 자신의 지식을 활용하거나 창조력을 발휘할 기회가 없다. 그래서 그는 자연히 그런 노력을 하는 습관을 상실하게 되어 일반적으로 인간으로서 가장 둔하고 무지한 상태가 된다. 정신적으로 무기력해져서 어떤 합리적 대화에 끼거나 주도하는 것이 불가능하게 될 뿐만 아니라 너그럽고 고상하고 부드러운 마음을 품기도 어려워, 일상에서 지켜야 할 의무에 관한 판단조차 제대로 할 수 없게 된다. 자기 나라의 최대 이익이 걸려 있는 중요한 문제에 관해서도 자신에게 특별히 고통이 가해지지 않는 한 판단할 수 없게 되어 결국 전시에도 국가를 수호할 수 없게 된다. 판에 박힌 똑같은 날들이 마음의 용기도 무너뜨리고 불규칙적이거나 불확실한 것, 또 모험으로 가득한 군인의 삶을 질색하게 만든다. 또한 신체 활동도 멀리하게끔 하여 자기가 길들여진 직업 외에 인내하며 활력을 가지고 힘써야 하는 일을 할 수 없게 한다. 이처럼 그가 특정 직업에서 보이는 재능은 결국 자신의 지적, 사회적, 군사적 덕목을 희생시켜 얻는다. 그런데 정부가 이를 막기 위해 어떠한 노력도 하지 않는다면, 발전하고 문명화된 모든 사회에서 빈곤한 노동자 계층, 즉 국민 대다수가 반드시 이런 상황에 빠지게 된다.

이와는 반대로 보통 야만사회라고 불리는 수렵인과 유목민의 사회, 그리고 제조업이 발달하고 대외무역이 확대되기 이전의 원시농업 사회에서는 그렇지 않았다. 그런 사회에서는 각기 다른 일을 하는 모든 이들이 각자의 능력을 활용해야만 했고, 끊임없이 난관에 부딪혔으므로 이를 극복할 방편을 고안해 내야만 했다. 이들은 끊임없이 발명하며, 문명사회의 하층민 대개가 그 정신이 졸고 있는 듯한 우둔한 상태에 빠져 이해력이 마비된 것과는 달리, 우둔한 상태에 빠지지 않았다. 야만사회에서는 앞에서 살펴본 것처럼 모두가 전사이다. 또한 모두가 일종의 의회의원으로 사회의 이해관계와 통치자들의 행동에 대하여 적절한 판단을 내릴 수 있다. 그들의 수장이 평화시에는 얼마나 훌륭한 행정관인지, 전시에는 얼마나 훌륭한 지휘관인지 개개인 모두가 관찰하여 알고 있다. 사실 그런 사회에서는 문명사회에서 소수의 사람들이 가지고 있는 세련되고 진보적인 이해력을 어느 누구도 가지고 있지 않다. 미개사회에서는 개개인이 하는 일은 매우 다양하지만 사회 전체의 직업은 그리 다양하지 않다. 모든 사람이 누구나 하거나 할 수 있는 일들을 한다. 모든 사람이 어느 정도 지식과 독창성과 창의력을 가지고 있지만 그 수준이 아주 월등한 사람은 찾기 힘들다. 그렇지만 그들이 일반적으로 지닌 수준만으로도 그 사회의 단순한 직업을 수행하는 데는 충분하다. 반면 문명사회에서는 대체로 개개인이 하는 일이 그리 다양하지는 않지만 사회 전체로 보면 직업이 매우 다양해 그 종류가 거의 무한하다. 이런 직업의 다양성은 특정 직업을 갖지 않으면서 다른 이들의 직업을 관찰할 의향이나 여유가 있는 몇몇 사람들에게 다양한 생각거리를 무한히 제공한다. 이 같은 다양한 생각 거리들을 끝없이 비교하고 결합하면서 그들의 이해력은 굉장한 정도로 예리해지고 폭넓어진다. 그러나 이러한 소수의 사람들이 매우 특수한 위치에 있지 않는 한, 그들의 훌륭한 능력은 자신들에겐 명예로울지 몰라도 사회의 건강한 질서나 행복에는 별로 기여하지 못한다. 따라서 이들의 훌륭한 능력에도 불구하고 대다수 국민들에게서는 인간 본성의 고귀한 부문이 거의 사라지거나 소멸될 수도 있다.

문명화한 상업사회라면 국가는 지위나 재산을 가진 사람들에 대한 교육보다 일반 사람들에 대한 교육에 관심을 두어야 한다. 어느 정도 지위와 재산이 있는 사람들은 출세하기 위해 보통 18~19세에 특정 직업이나 산업, 전문직에 들어간다. 그 이전에는 대중에게 존경을 받을 수 있는 모든 교양을 습득하거나, 또는 적어도 습득한 것을 몸으로 익히는 데 충분한 시간을 가진다. 부모나 후견인들은 그렇게 되기를 너무도 바라고, 대개는 그런 목적에 부합하도록 비용을 지불할 의향을 충분히 가지고 있다. 만약 그들이 올바로 교육되지 못했다면 그것은 비용을 충분히 들이지 않아서가 아니라 비용을 올바로 쓰지 못해서이다. 또한 교사가 부족해서가 아니라 교사가 게으르고 무능해서이며, 현 상황에서 더 나은 교사를 구하는 것이 어렵거나 불가능해서이다. 지위나 재산이 있는 사람들이 평생 종사하는 직업은 일반 사람들이 가지는 직업처럼 단순하고 획일적이지 않다. 대부분 매우 복잡하여 손보다는 머리를 쓰는 일이다. 그런 직업에 종사하는 사람들은 머리를 사용하지 않아 이해력이 둔해지는 경우가 거의 없다. 게다가 지위와 재산이 있는 사람들의 직업은 대부분 아침부터 저녁까지 해야 하는 고된 일이 아니다. 그들은 일반적으로 시간적인 여유를 가지고 있다. 그래서 그들은 그 시간을 이용해 어렸을 때 기초를 닦았던 학문이나 다소 좋아하게 된 유용하고 값진 지식의 일부를 연마하여 자기 자신을 완성시켜 갈 수 있다.

그러나 일반인들은 그렇지 않다. 그들은 교육받을 시간이 거의 없다. 부모들은 자녀가 갓난아기일 때부터 먹을거리를 겨우 제공할 뿐이다. 그들이 성장하여 일할 수 있게 되면 곧바로 자기 먹을거리를 벌 수 있는 일에 임해야 한다. 그 일 역시 매우 단순하고 획일적이어서 이해력을 연마해야 할 필요가 거의 없으며, 동시에 너무 고되고 쉴 틈 없이 계속해야 한다. 그렇기 때문에 그들에게는 그 외의 것을 생각할 욕구조차 없다.

그러나 문명사회에서 일반 대중이 지위나 재산이 있는 사람들만큼 충분히 교육받을 수는 없다고 하더라도, 가장 기본적인 읽고 쓰고 셈하는 것에 대한 교육은 어릴 적에 익힐 수 있으며, 최하위 직업에 종사하게 될 사람들도 대부분 그 직업에 종사하기 전에 익힐 시간은 있다. 국가는 거의 모든 국민이 가장 기본적인 교육을 쉽게 습득할 수 있도록 교육비용을 매우 낮게 책정하여 장려하거나 또는 의무로서 강제할 수 있다.

국가는 모든 교구나 지역에 작은 학교를 설치하여 이런 교육을 쉽게 습득하게 할 수 있다. 이곳에서는 아이들이 어떤 노동자라도 지불할 수 있을 정도로 적은 수업료를 내고 교육을 받으며, 교사들은 국가로부터 보수의 전액이 아니라 일부를 지급받는다. 왜냐하면 국가가 교사에게 보수의 전액 또는 거의 대부분을 지불한다면 교사들은 곧 직무를 게을리하게 될 것이기 때문이다. 스코틀랜드에서는 이런 교구학교들을 설립하여 거의 모든 일반인들에게 읽기를 가르쳤고 그들 중 대다수에게 쓰기와 셈하기를 가르쳤다. 잉글랜드에서도 자선학교를 설립하여 스코틀랜드와 동일한 효과를 얻긴 했지만 많이 설립되지는 않아서 그 효과가 널리 확산되지는 않았다. 그런 작은 학교에서 어린이에게 읽기를 가르칠 때 사용하는 책이 일반 책보다 조금 더 도움이 되고, 일반 서민층 자녀에게 이따금 아무 쓸모없는 피상적인 라틴어 지식을 가르치는 대신 기하학과 역학의 기초를 가르친다면, 서민계층의 사람들에게 이루어지는 소양교육은 그야말로 완벽해질 것이다. 기하학과 역학의 원리를 응용하지 않는 직업은 거의 없을 것이다. 따라서 서민층은 어느 분야에서든 유용하고 탁월하게 적용되는 과학의 필수 기초과정인 그러한 원리들을 점차 훈련하고 계발하게 될 것이다.

국가는 우수한 서민의 자녀에게 소액의 보상금이나 작은 명예 배지를 주어 기초 교육의 습득을 장려할 수 있다.

국가는 모든 국민을 대상으로 어떤 단체에서든 그 일원이 되기 전에, 또는 마을이나 도시 관할 내에서 사업을 허가받기 전에 검정이나 시험을 통과하게 함으로써 누구나 의무적으로 가장 기본적인 교육을 받게끔 할 수 있다.

바로 이런 방법으로, 그리스나 로마 공화국은 국민들이 군인정신을 함양하는 데 필요한 훈련을 받도록 강요하고 장려하였으며 군사훈련과 체조훈련을 습득하게 하였다. 국가는 그런 것들을 배우고 연마할 특정 장소를 지정하고, 특정 교사에게 가르칠 특권을 줌으로써 그런 훈련을 진행시켰다. 그 교사들은 봉급을 받지도, 어떤 배타적 특권을 갖지도 않았던 것 같다. 그들의 보수는 모두 학생들에게서 받는 것뿐이었다. 그리고 공립 짐나지움에서 교육을 받은 사람과 개인적으로 교육받은 사람의 실력이 동등하다면 공립 짐나지움에서 교육을 받은 사람이라고 해서 그에게 어떤 법적인 특전을 주지는 않았다. 그 공화국들은 이 같은 훈련에서 우수한 사람들에게 소액의 보상금을 지급하거나 배지를 수여함으로써 그 습득을 장려하였다. 올림픽, 이스트미아(Isthmian), 또는 네메아(Nemaean) 경기에서 상을 받으면 그 개인뿐만 아니라 가족과 친척까지 유명해졌다. 시민들은 소집되면 공화국의 군대에서 몇 년간 복무하는 의무를 갖고 있었는데, 그 의무 때문에 시민들은 이 같은 훈련을 받아야 했으며 훈련을 받지 않으면 군복무를 해낼 수가 없었다.

발전이 더해 갈수록 정부가 적절한 노력을 하지 않는 한 군사훈련은 점차 쇠퇴하고 사람들의 상무정신(尙武精神) 역시 대체로 쇠퇴한다는 사실이 현대 유럽의 실례를 통해 어실히 드러나고 있다. 그러나 사회의 안전은 거의 언제나 국민들의 상무정신에 달려 있다. 사실 오늘날에는 잘 훈련된 상비군 없이 상무정신만으로 사회를 방위하고 안전을 지키기에 충분하다고 할 수는 없을 것이다. 그러나 만약 모든 시민이 상무정신을 갖는다면 분명 비교적 적은 상비군으로도 충분할 것이다. 게다가 상무정신은, 실존하건 상상뿐이건, 보통 상비군에 대해 우려하는 자유에 대한 위험을 반드시 크게 감소시킬 것이다. 상무정신이 외부의 침입에 맞서 군대를 크게 돕듯이, 군대가 불행하게도 국기를 어지럽히며 반역한다면 이때에도 상무정신은 이를 저지할 것이다.

국민들의 상무정신을 유지하는 데에 그리스와 로마의 고대 제도가 근대의 이른바 민병제보다 훨씬 효과적이었던 것 같다. 그것은 훨씬 더 단순했다. 일단 제도가 확립된 후 그것은 자체적으로 운영되었고, 원활하고 활발하게 진행되도록 하는 데 정부의 관심이 거의 필요하지 않았다. 반면 현대의 민병제는 그 규정이 복잡하여 이를 유지하고 어느 정도 실행하려면 정부가 주의를 기울여야 하며 부단히 노력해야 한다. 그렇지 않으면 그 규정들은 완전히 외면당하고 쓸모없어질 것이다. 그뿐만 아니라 고대 제도의 영향력은 훨씬 더 컸다. 제도를 통해 전 국민이 무기 사용법을 완벽하게 배웠다. 그에 반해 현대 민병제의 규정을 통해 무기 사용법을 배우는 사람들은 아마도 스위스를 제외하고 극소수에 불과할 것이다. 하지만 겁쟁이, 즉 자신을 방어하거나 누군가에게 복수할 수도 없는 사람은 분명 인간의 가장 기본적인 특성이 결여된 사람이다. 그는 정신적으로는 신체의 중요부분을 잃거나 쓸 수 없는 사람과 마찬가지로 불구이거나 기형인 셈이다. 분명 신체가 불구인 사람보다 더 비참하고 불쌍하다.

왜냐하면 행복과 불행은 모두 정신의 문제여서 필연적으로 신체 상태보다 정신 상태가 건강한지 건강하지 못한지, 불완전한지 완전한지에 달려 있기 때문이다. 비록 국민들의 상무정신이 사회를 방위하는 데 별 소용이 없을지라도 비겁함 속에 반드시 내포되어 있는 정신적 결함, 왜곡, 비열함 등이 국민 전체에 확산되는 것을 방지하는 일은 여전히 정부가 가장 심각하게 신경 써야 할 사안이다. 이것은 나병이나 그 외 치명적이건 그렇지 않건 기타 위험하고 공격적인 질병들이 국민들 사이에 퍼지지 않도록 온 힘을 다해 주의를 기울여야 하는 것과 같은 이치다. 그런 커다란 사회악을 방지하는 것 이외에 다른 공공의 이익이 없더라도 정부는 그런 주의를 기울여야 한다.

마찬가지로 정부는 집단적 무지몽매에 대해서도 주의를 기울여야 할 것이다. 문명사회에서 무지몽매로 인해 하층민의 이해력이 떨어지는 경우가 아주 흔한 것 같다. 인간의 지적 능력을 제대로 사용하지 못하는 사람은 겁쟁이보다 더 무시당할 수 있다. 그리고 그런 사람은 인간 본성의 아주 중요한 부분이 망가지고 뒤틀려 있는 것처럼 보일 수 있다. 국가가 하층민에 대한 교육으로 아무런 이득을 얻지 못할지라도, 그들을 전혀 교육받지 못한 상태로 방치되도록 놔두어서는 안 된다. 그들의 교육으로 아무런 이득이 없는 것은 아니다. 교육을 받으면 받을수록 그들이 광신이나 미신의 유혹에 잘 빠지지 않는다. 광신이나 미신으로 인해 그들 사이에서 끔직한 다툼이 벌어지는 경우가 흔하다. 광신이나 미신의 유혹에 잘 빠지지 않는 것뿐만 아니라 교육을 받은 지적인 국민은 무지몽매한 사람들보다 예의가 바르며 질서를 잘 지킨다. 그들은 각자가 스스로 존중을 받고 있다고 느끼며, 실제로 법적 상급자의 존중을 더 받는 경향이 있다. 따라서 그들은 상급자들을 더욱 존경하는 성향을 갖는다. 당파와 선동의 이기적인 불평을 자세히 검토하고 감시하려고 한다. 그런 이유로 그들은 정부 정책에 대하여 악의적으로, 불필요하게 반대하는 입장에 현혹되는 경향도 적다. 자유국가에서 정부가 안전하려면 정부의 행동에 대하여 국민들이 호의적인가, 호의적이지 않은가로 크게 좌우되기 때문에 국민들이 정부의 행동을 경솔하게, 혹은 변덕스럽게 판단하지 않도록 하는 것은 분명 매우 중요한 사안이다.

전 연령층의 국민 교육을 위한 제도에 드는 비용(제3절(3))

모든 문명화된 사회, 즉 계층 간의 구분이 완전히 확립된 사회에서는 언제나 서로 다른 두 개의 도덕적 체계나 구조가 동시에 존재한다. 하나는 엄격주의, 혹은 금욕주의라고 부를 수 있을 것이고, 다른 하나는 진보주의, 혹은 (그렇게 부르고 싶다면) 방탕주의라고 부를 수 있겠다. 전자는 대개 일반 서민들에게서 더욱 선호되고 존중되며, 후자는 이른바 상류층 사이에서 더욱 존중되고 채택된다. 이 상반된 두 가지 주의 또는 체계를 구분 짓는 중요한 요인은 경거망동, 즉 엄청난 번영과 지나친 환락, 쾌락을 추구할 때 생겨나기 쉬운 악덕을 얼마나 비난하는가에 달려 있다. 진보주의 혹은 방탕주의에서는 사치, 방종, 심지어 무질서하게 흥청망청 즐기는 것, 과도할 정도로 쾌락을 탐닉하는 것, 또는 남녀 중 적어도 어느 한쪽에서 정조를 지키지 않는 것 등이 지나치게 외설적이지 않고 허위와 부정을 수반하지 않는 한, 일반적으로 아주 관대하게 취급되고 쉽게 용서된다. 반대로 금욕주의에서는 그와 같이 무절제하게 생활하는 것을 극도로 혐오하고 증오한다. 경거망동의 악덕은 보통사람들에게는 항상 파멸을 초래한다. 단 1주일만 무분별하고 흥청망청하게 생활해도 가난한 노동자는 영원히 일어서지 못할 수 있고, 낙담한 나머지 끔찍한 범죄를 저지를 수도 있다. 그러므로 보통사람들은 현명하고 선하면 선할수록 그런 무절제한 생활을 극도로 혐오하고 증오한다. 그들은 경험적으로 그렇게 무절제하게 생활하면 자신에게 즉각적으로 치명적인 결과가 닥치리란 것을 안다. 이와 반대로 상류층은 아무리 오랜 시간 무절제하게 생활하고 낭비해도 반드시 파멸하지는 않을 것이다. 그 계층의 사람들은 어느 정도 무절제한 생활에 빠질 수 있는 능력을 자신들의 부가 갖는 이점 중 하나로 여기고, 비난이나 질책을 받지 않고 그런 행동을 할 자유를 자신들의 지위에 속하는 특권 중 하나라고 생각하는 경향이 있다. 따라서 그들은 자신과 동등한 지위의 사람들이 그런 무절제한 행동을 하더라도 그리 부정적으로 보지 않고, 비난하더라도 그 정도가 심하지 않거나 아예 비난하지 않는다.

모든 종파는 일반 서민들 사이에서 시작되었으며 최초의 신자뿐만 아니라 많은 개종자들도 모두 그들에게서 나왔다. 따라서 거의 모든 종파들은 대부분 (약간의 예외는 있었지만) 도덕적 엄격주의를 채택했다. 이러한 엄격주의를 기반으로 그들은 일반 서민에게 먼지 기성종교들에 대한 개혁안을 제안하고 전도할 수 있었다. 거의 대부분의 종파들이 이 엄격주의를 더 구체화하고, 어리석을 정도로 지나치게 확대하여 신뢰를 얻고자 노력했다. 때로는 이 지나친 엄격함이 일반 서민들의 존경과 숭배를 얻는 데 다른 어떤 것보다도 도움이 되었다.

지위와 재산이 있는 사람은 신분에 따라 사회의 유명인사가 된다. 그의 일거수일투족은 주목을 받게 되고, 그렇기 때문에 그는 자신의 행동에 주의하지 않을 수 없게 된다. 그의 권위와 지명도는 사회에서 얼마나 존경을 받는지에 달려 있다. 그는 자기의 명예를 훼손시키거나 신용을 잃게 하는 어떤 일도 하지 않으려고 한다. 그리고 그는 사회가 지위와 재산이 있는 사람에게 일반적으로 요구하는 도덕을, 그것이 진보주의든 엄격주의든 간에 엄수하지 않을 수 없다. 반면에 사회적 지위가 낮은 사람은 사회의 유명인사가 되지 않는다. 시골 마을에서라면 그의 행동이 주목받을 수 있으므로 자신의 행동에 주의를 기울여야 하겠지만, 단지 이런 상황에서만 그는 이른바 잃을 만한 평판이라는 것을 가질 수 있다. 그러나 그가 대도시에 나오는 순간, 그는 은둔과 암흑 속에 묻히고 만다. 아무도 그의 행동을 관찰하거나 주의하지 않으며, 따라서 그 자신도 행동을 조심히 하지 않고 모든 종류의 방탕과 악에 빠지기가 쉽다. 그가 이런 은둔 상태에서 실질적으로 벗어나고, 어떤 사회라 불리는 집단의 관심을 받을 수 있는 유일한 길은 작더라도 어느 한 종파의 일원이 되는 것이다. 그 순간부터 이전에는 받지 못했던 어떠한 대우를 받게 된다. 동료 신도들은 그 종파의 명예 때문에 그의 행동에 관심을 갖는다. 그가 어떤 추문을 일으키거나, 서로에게 항상 요구하는 엄격한 도덕체계에서 크게 벗어난다면 그들은 매우 무거운 징계, 즉 사법상 효과는 없지만 종파에서는 매우 심한 벌에 속하는 제명이나 추방 명령을 내려 처벌한다. 이러한 이유로 작은 종파에서 일반 서민이 행하는 도덕체계에는 규율과 질서가 놀라울 만큼 엄격하게 잡혀 있다. 이는 영국 국교회에서보다 훨씬 강하다. 사실 그런 작은 종파의 도덕은 종종 받아들일 수 없을 만큼 지나치게 엄격하고 비사회적이다.

그러나 이러한 작은 종파의 문제를 간단하고도 효과적으로 해결할 수 있는 대책이 두 가지 있다. 이것들을 동시에 사용하면 국가는 폭력을 사용하지 않고도 나라를 분열시키는 모든 작은 종파들의 비사회적이고 받아들일 수 없을 정도로 엄격한 도덕을 바로잡을 수 있다.

첫 번째 대책은 과학과 철학을 가르치는 것이다. 국가는 중산층과 그 이상의 계층이 이 학문을 빠짐없이 학습하도록 유도할 수 있다. 이를 보편화시킬 수 있는 방법은 교사들에게 봉급을 주어 태만하게 만드는 것이 아니라 일종의 시험제도, 심지어는 높은 수준의 난해한 과학지식에 대한 시험제도를 도입하여 누구든지 자유직업에 종사할 허가를 받기 전에, 또는 무급이나 유급의 명예 직위에 오를 후보자가 되기 전에 반드시 그 시험을 치르게 하는 것이다. 만약 국가가 이 계층의 사람들에게 학습의 필요성을 강조한다면 국가가 직접 그에 알맞은 교사를 제공하지 않아도 될 것이다. 그들은 국가가 제공할 수 있는 교사들보다 훨씬 나은 교사들을 찾아낼 것이기 때문이다. 과학은 광신과 미신이라는 독에 대한 해독제다. 중산층 이상의 모든 사람들이 이 독에서 안전하게 되면 하층민들이 그 독에 크게 노출되는 일은 없을 것이다.

두 번째 대책은 대중오락이 더 유쾌해질 수 있도록 북돋고, 사람들로 하여금 더 자주 즐길 수 있게 하는 것이다. 추문이 있거나 추잡스럽지만 않다면 자신의 흥미에 따라 그림, 시, 음악, 춤으로, 또는 각종 연극이나 전시를 통해 사람들을 즐겁게 하고 기분을 전환시키는 모든 이들에게 국가가 완전한 자유를 허용하고 장려할 경우 미신이나 광신의 온상이 되는 쓸쓸하고 어두운 기분을 대다수 국민으로부터 쉽게 몰아낼 수 있다. 대중의 광란을 부추기는 모든 광신적 선동자들에게는 대중오락이 언제나 두려움과 증오의 대상이었다. 오락이 불어넣는 유쾌하고 흥겨운 분위기는 선동자들의 목적과 맞지도 않을 뿐더러, 이로써 대중의 마음 상태가 즐거워지면 선동자들이 활동하기 힘들어지기 때문이다. 게다가 연극 공연은 광신자들의 술책을 드러내어 대중의 웃음거리로 삼고, 때때로 대중으로 하여금 그들을 혐오하게끔 하므로 그 어떤 오락보다도 그들이 특별히 싫어하는 대상이었다.

법률상 어떤 한 종교의 교사들을 특별히 편애하지 않는 국가에서는 어떤 교사도 왕이나 통치 권력에 특별히 또는 직접적으로 의존할 필요가 없으며, 왕이나 통치권자도 그들의 임명이나 해임에 관여할 필요가 없을 것이다. 그런 상황에서 통치권자는 교사들 사이의 평화를 유지하는 것을 제외하고는 그들에 대해서 관여할 필요가 없다. 이것은 나머지 백성들에 대해서도 마찬가지이다.

즉 통치권자가 할 일은 그들이 서로 학대하거나, 모욕하거나 억압하지 못하도록 하는 것뿐이다. 그렇지만 국교나 지배적인 종교가 있는 나라에서는 사정이 전혀 다르다. 이 경우 국왕은 그 종교의 대다수 설교자들에게 상당히 영향을 미칠 수 있는 수단을 가지지 않는 한 결코 안전할 수 없다.

....

대영주의 권력을 무너뜨렸던 수공업, 제조업, 상업의 점진적인 발전은 마찬가지 방법으로 유럽 전역에서 성직자의 세속적 권력 모두를 파괴하였다. 대영주들과 마찬가지로 성직자들은 수공업, 제조업, 상업의 생산물에서 자신들의 원생산물과 교환할 수 있는 무언가를 발견했다. 그리하여 수입의 상당 부분을 다른 사람들에게 나눠 주지 않고 그 모두를 자신들을 위해 지출하는 방법을 찾아냈다. 그들은 점점 자선을 베풀지 않았고 누군가를 환대하는 일도 점차 줄어들었으며 인색해지기 시작했다. 그 결과 그들의 시종들도 점차 줄어들어 완전히 사라져버렸다. 대영주처럼 성직자도 자기들 영지에서 더 많은 지대를 받기 원했으며 자신의 개인적 허영이나 어리석은 욕구를 만족시키는 데 쓰고 싶어 했다. 그러나 지대를 더 많이 받을 수 있는 방법은 오직 차지인에게 토지임대 계약을 해주는 것이었다. 그리하여 꽤 많은 차지인이 성직자들에게서 독립하게 되었다. 이렇게 하여 하층민들을 성직자와 묶어 놓았던 이해관계의 고리는 점점 끊어지고 해체되어 버렸다. 그 고리는 대영주와 연계되어 있던 고리보다 더 빨리 끊어지고 해체되었다. 왜냐하면 교회 소유의 토지는 대지주의 소유지보다 훨씬 작아 그 소유자들이 수입전체를 자기 자신에게 쓰는 데 더 빨리 소비할 수 있었기 때문이다. 14~15세기에는 대영주가 막강한 권력으로 유럽 전역에서 전성기를 누렸다. 그러나 성직자의 세속적 권력은, 즉 한때 대다수 국민에 대해 가지고 있었던 절대적 지배권은 크게 쇠퇴했다. 이 시기에 유럽 대부분의 지역에서 교회의 권력은 크게 줄어 영적 권위 정도에 그쳤다. 그 영적 권위조차 성직자가 행하던 자선행위와 환대가 사라지자 크게 약화되었다. 하층민은 더 이상 성직자를 이전에 생각했던 것처럼 자신들의 고통을 이해하고 위로하거나 곤궁에서 구제해 주는 사람으로 여기지 않았다. 도리어 이전에는 성직자들이 항상 가난한 이들을 위해 재산을 쓰는 것처럼 보였으나 이제는 개인의 쾌락을 위해 소비하는 것처럼 보이자 부유한 성직자들의 허영, 사치, 낭비에 분개하였다.

일이 이렇게 되자 유럽의 여러 국왕들은 한때 교회의 중요한 성직록(성직자에게 부여하는 물질적 직봉－역자주)의 배분에 대해 자신들이 가졌던 영향력을 되찾으려고 했다. 이런 노력의 일환으로 취해진 조치가 각 교구의 사제단장과 사제단, 그리고 각 수도원의 수도사들에게 예전에 그들이 가졌던 주교와 수도원장을 선출할 권리를 회복시켜 주는 것이었다. 잉글랜드에서 14세기에 제정된 몇 가지 법령, 특히 성직후보자법(the Statute of Provisors)과 15세기 프랑스에서 제정된 국사조칙(the Pragmatic Sanction)의 목적은 이런 구제도의 부활이었다. 선출의 유효성을 위해서는 국왕의 사전 동의와 선출자에 대한 사후 승인이 필요했다. 그리고 비록 선거에서 의사를 자유롭게 행사할 수 있다고 여겨졌지만, 국왕은 자신의 지위에 따른 모든 간접적 수단을 이용해 자기 영토 안의 성직자에게 영향력을 행사할 수 있었다. 이와 유사한 제도들이 유럽의 다른 국가에서도 도입되었지만, 종교개혁 이전에 교회의 중요한 성직 임명에서 교황이 가지는 권력이 프랑스나 잉글랜드처럼 효과적으로, 보편적으로 제한되었던 곳은 없었던 것 같다. 그 뒤 16세기에 정교조약(Concordat)에 따라 갈리아(Gallican) 교회(프랑스 가톨릭교회)의 모든 중요한 성직, 즉 이른바 추기경회의의 성직을 추천할 절대적 권한이 프랑스 왕에게 주어졌다.

국사조칙과 정교조약이 제정된 이후 프랑스 성직자들은 대체로 다른 가톨릭 국가의 성직자들과는 달리 교황청의 법령을 그리 존중하지 않았다. 국왕과 교황 간에 분쟁이 일어날 때면 그들은 지속적으로 국왕의 편에 섰다. 프랑스 성직자들이 로마 교황청에 보인 이런 독립성은 주로 국사조칙과 정교조약에 근거한 것 같다. 왕정 초기에는 프랑스 성직자들도 다른 나라의 성직자와 마찬가지로 교황에게 충성했던 것으로 보인다. 카페왕조의 제2대 국왕인 로베르가 로마교황청에서 부당하게 파문당했을 때 그의 하인들은 파문당한 사람이 만진 것은 더럽게 여겨 어떤 것도 먹기를 거부하며 그의 식탁에 남은 것들을 개에게 던져 주었다고 한다. 그 교구에 있는 성직자들로부터 그렇게 하라는 지시를 받았기 때문이었을 것이다.

교회의 중요한 성식록 수여권은 로마 교황청이 몇몇 기독교 국가의 국왕들의 왕위를 자주 뒤흔들고 전복시키면서까지 지키려고 했던 것이었지만, 그 수여권은 이런 방식으로 종교개혁 이전에 이미 유럽 대부분의 지역에서 제한되고 수정되거나 완전히 포기되었다. 이제 성직자가 국민에게 미치는 영향력이 감소하면서 국가가 성직자에 대해 더 큰 영향력을 갖게 되었나. 그리하여 성직자들이 국정에 관여하여 마음대로 휘두르기가 어렵게 되었다.

로마 교회의 권위는 이렇게 쇠퇴하고 있었고, 종교개혁을 낳은 논쟁들이 독일에서 시작되어 이내 유럽 전역으로 확산되어 갔다. 새로운 교리는 어디서나 대중에게 큰 인기를 얻으면서 받아들여졌다. 새로운 교리는 기존 권위를 공격하며 파벌심을 불러일으키는 열광적인 열정을 통해 전파되었다. 새로운 교리의 전도사들은 어떤 면에서 기성교회를 옹호하는 수많은 신학자들보다 더 배우지는 못했지만, 일반적으로 교회의 역사와 교회 권위의 기초를 이루는 사상체계의 기원이나 진보에 대해서는 더 잘 알고 있었던 것 같다. 그래서 그들은 거의 모든 논쟁에서 앞서 나갔다. 그들은 생활 태도가 매우 엄격했기 때문에 대중에게서 권위를 얻었다. 사람들은 그들의 엄격한 생활 태도와 성직자들의 방종한 생활을 비교했다. 새로운 교리의 전도사들은 또한 대중에게서 인기를 얻고 그들을 전도하는 데 필요한 더 나은 기술을 보유하고 있었다. 이 기술은 오만하고 위엄 있는 성직자들에게는 별 쓸모가 없어 오랫동안 무시되어 왔던 기술들이었다. 새 교리의 논리는 일부 사람들에게 크게 환영받았고 그 참신함은 많은 이에게 호감을 주었다. 많은 사람들이 기성 성직자들을 증오하고 경멸한 까닭도 있었다. 그러나 무엇보다도 많은 사람들은 비록 거칠고 세련되지는 않지만, 설파할 때 열정적으로 격렬하게, 광적으로 웅변하는 모습에 크게 매료되었다.

새 교리는 거의 모든 곳에서 성공을 거두었다. 그래서 당시에 로마 교황청과 사이가 좋지 않았던 국왕들은 새 교리를 이용하여 자기 영토에서 교회를 쉽게 타도할 수 있었다. 이미 하층민들은 교회를 더 이상 존경하고 숭배하지 않았기 때문에 교회들은 아무런 저항도 할 수 없었다. 로마 교황청은 독일 북부의 작은 왕국들을 하찮게 여겨 관리할 가치가 없다고 생각해 함부로 다루었다. 그 때문에 그 왕국들은 자기들 영토 안에서 종교개혁을 단호하게 단행했다.

구스타브 바사(Gustavus Vasa)는 폭정을 일삼았던 크리스티안(Christian) 2세와 웁살라의 트롤(Troll) 대주교 모두를 스웨덴에서 추방했다. 교황이 이 폭군과 대주교의 편을 들어 주었으나 구스타브 바사가 스웨덴에서 종교개혁을 단행하는 데 아무런 어려움이 없었다. 이후 크리스티안 2세는 덴마크의 왕좌에서도 쫓겨났다. 그 나라에서도 그의 행동은 스웨덴에서와 마찬가지로 악명이 높았기 때문이었다. 그러나 교황은 여전히 그를 옹호하는 태도를 보였다. 그러자 크리스티안 2세를 밀어내고 왕위에 오른 홀스타인의 프리드리히(Frederic)는 구스타브 바사의 선례를 따라 그를 제거했다. 베른과 취리히의 위정자들은 교황과 특별한 분쟁을 하고 있지는 않았지만 각각의 지역에서 아주 쉽게 종교개혁을 실시했다. 그곳에서는 몇몇 성직자들이 종교개혁 직전에 과도한 사기 행각을 벌여 이미 성직자 전체가 증오와 경멸의 대상이 되어 있었기 때문이었다.

이런 위기 상황에서 교황청은 강력한 프랑스와 스페인의 국왕들과 우의를 돈독히 하기 위해 많은 애를 썼다. 당시 스페인 국왕은 독일 황제를 겸하고 있었다. 큰 어려움과 유혈사태가 없지는 않았지만, 교황청은 그들의 도움으로 그들의 영토 안에서 종교개혁의 진척을 완전히 억제하거나 크게 방해할 수 있었다. 교황청은 잉글랜드 국왕과도 우호적으로 지내려는 의향을 가지고 있었다. 그러나 당시 상황으로는 스페인 국왕이자 독일 황제인 카를(Charles) 5세가 더욱 강력했으므로 그의 반감을 사지 않고는 불가능했다. 그래서 헨리(Henry) 8세는 자신은 종교개혁 교리의 대부분을 수용하지는 않았지만 당시 널리 보급되어 있었던 새 교리들 덕분에 자기 영토 안에 있는 모든 수도원을 압박하고 로마 교회의 권위를 없앨 수 있었다. 비록 그가 그 이상 더 나아가지는 않았지만 그가 그나마 했다는 것이 종교개혁 지지자들을 어느 정도 만족시켰다. 종교개혁 지지자들은 헨리 8세의 아들이 후계자가 되어 다스린 시기에 정부를 장악하여 헨리 8세가 시작한 일을 아무런 어려움 없이 완성했다.

스코틀랜드처럼 정부가 약하고 별로 인기도 없으며 그 기초가 그다지 튼튼하지 않은 일부국가에서는 종교개혁의 기세가 교회뿐만 아니라 교회를 지지하려는 국가마저 전복시킬 만큼 막강했다.

유럽 각지로 퍼진 종교개혁가들 사이에는 로마 교황청이나 공의회처럼 그들 간의 모든 논쟁을 해결해 주고, 강력한 권위로 모두에게 정통 종교의 범위를 규정해 줄 수 있는 총괄법정이 없었다. 그래서 한 나라의 종교개혁가들이 다른 나라의 종교개혁가들과 견해를 달리하는 경우가 발생할 때 그들이 의뢰할 만한 공통 재판관이 없어 논쟁이 결코 해결되지 않았고, 그런 논쟁이 무수히 생겨났다. 교회 관리와 성직 임명권에 관한 논쟁은 아마도 시민사회의 평화와 복지에 가장 밀접한 관계가 있었던 것 같다. 그로 인해 종교개혁가들 사이에서는 루터주의(Lutheran)와 칼뱅주의(Calvinistic)라는 두 개의 중요한 부류, 즉 종파가 생겨났다. 여러 교파 중 이 두 교파의 교리와 규율만이 유럽에서 처음으로 법률로써 확립되었다.

잉글랜드 교회와 루터파는 어느 정도 감독제도(episcopal government)를 유지했으며, 성직자들 사이에 상하관계를 확립하고, 국왕에게 영토 내 모든 주교직과 그 밖의 고위 성직 임명권을 넘겨주었다. 그리하여 국왕이 실질적인 교회의 수장이 되었다. 그들은 주교의 교구 내 하급 성직 임명권을 박탈하지 않고, 국왕과 모든 세속 후원자들에게 이 하급 성직에 대해서도 추천권을 인정했을 뿐만 아니라 장려했다. 이런 교회 관리제도는 처음부터 평화와 질서를 훌륭하게 유지하고, 세속의 국왕에게 복종한다는 측면에서 긍정적이었다. 따라서 이 제도가 일단 확립된 국가에서는 어디서든 교회관리제도가 소동이나 내란을 일으키는 일은 없었다. 특히 잉글랜드 교회가 항상 국가를 찬양하고 국가의 규율에 한결같은 충성을 보인 데는 충분한 이유가 있었다. 그런 제도하에서 성직자는 자신의 승진에 영향력을 행사할 수 있는 국왕, 귀족, 상류층에게 자신을 드러내려고 노력하게 마련이다. 물론 그들은 그런 후원자들에게 비열하게 비위를 맞추거나 아첨하기도 했겠지만, 칭송받을 만한 모든 교양을 길러 존경을 받는 경우도 많았다. 유용하고 인상적인 다양한 지식을 두루 갖춤으로써, 품위 있고 너그러운 태도를 보임으로써, 또 사교적이고 온화한 대화를 나눔으로써, 그리고 스스로 황당하고 위선적인 금욕생활을 한다고 주장하는 광신도들에 경멸을 표함으로써 그렇게 하였다. 그 당시 금욕 생활을 하지 않는 상류층의 사람들을 욕 먹이고 자신들은 서민에게서 숭배를 받기 위해 금욕 생활을 강조한 광신도들이 많았었다. 여하튼 성직자들은 이런 방식으로 상류층의 환심을 사려고 하였지만, 하층민들에 대한 권위와 영향력을 유지하려는 데에는 아주 소홀했다. 그들은 그들이 전하는 설교로 상류층에게서 존중받고 존경받았지만, 하층민 앞에서는 자신들을 공격하려는 무지한 광신자들에 대항하여 자신들의 온화하고 온건한 교리를 효과적으로 설파하지 못해 청중들을 납득시키지 못했다.

반면에 츠빙글리(Zwingli)의 추종자들은, 좀 더 정확히 말하면 칼빈파들은 교회에 공석이 생길 때마다 각 교구의 주민에게 자기들의 목사를 선출할 권리를 부여했다. 그리고 동시에 성직자들 간의 완벽한 평등제도를 마련했다. 주민들에게 목사를 선출할 수 있도록 한 제도는 그것이 존속할 동안 무질서와 혼란만 발생시켰으며 성직자와 주민 모두의 도덕을 함께 타락시켰다. 그러나 성직자들 간의 평등제도는 그 제도의 목적에 완전히 부합하는 효과를 거두었다.

각 교구 주민이 목사를 선출할 권리를 가지고 있는 동안 주민들의 선출은 목사의 영향을 받는 경우가 많았다. 일반적으로 가장 파벌적이고 광신적인 목사의 영향을 받아 선출했다. 목사는 그런 민중적인 선거에서 영향력을 유지하기 위하여 스스로가 광신자가 되거나 광신자가 된 척하며 대중에게 광신주의를 부추겼다. 그렇게 늘 가장 광신적인 후보가 선출되었다. 그러자 교구 목사를 뽑는 작은 일이 언제나 그 교구만이 아니라 분쟁에 끼어들기를 마다하지 않는 이웃 교구에까지 확산되면서 경합이 격렬해졌다. 교구가 대도시에 있는 경우에는 모든 시민들이 두 편으로 나뉘었다. 그리고 그런 도시가 그 자체로 한 공화국이거나 또는 스위스나 덴마크에 있는 많은 도시처럼 작은 공화국의 수도이기라도 하면, 이런 하찮은 분쟁은 다른 모든 종파들 간의 적대감을 심화시켰다. 그뿐만 아니라 교회에는 새로운 분파를, 국가에는 새로운 당파를 만들어 낼 위험이 있었다. 그래서 그런 작은 공화국들의 위정자들은 국가의 평화유지를 위해 공석이 된 모든 목사에 대한 추천권을 자신이 전부 장악해야 할 필요가 있다는 것을 알게 되었다. 장로제 형태의 교회 관리제가 확립된 나라 중에서 가장 큰 나라였던 스코틀랜드에서는 윌리엄 3세 초기에 장로제 수립법에 따라 목사 추천권이 사실상 폐지되었다. 다만 그 법에 각 교구의 특정 계층 인사들이 목사를 선출할 수 있는 권리를 아주 적은 금액을 내고 구입할 수 있도록 했다. 이 법령에 따라 확립한 제도는 약 22년간 존속했지만 앤(Anne) 여왕 통치 10년에 법령 12에 의해 폐지되었다. 더욱 민중적이었던 이 선거제도가 곳곳에서 혼란과 무질서를 야기했기 때문이었다. 그러나 스코틀랜드와 같이 큰 나라에서는 멀리 떨어져 있는 교구에서 분란이 일어나도 작은 나라에서처럼 정부를 소란스럽게 만들지는 않았다. 한편, 앤 여왕 10년에 목사 추천권이 부활됐다. 스코틀랜드에서는 법률에 따라 예외 없이 목사추천권자가 추천한 사람에게 성직이 수여됐다. 그러나 때때로 교회는 피추천인에게 사제직(the cure of souls), 즉 교구 사법권을 수여하기에 앞서 주민들의 전체 동의를 받도록 요구하는 일관성 없는 행태를 보였다. 교회는 교구의 평화를 고려한다는 명분을 내세우면서 때때로 주민들의 동의를 얻을 수 있을 때까지 목사 취임을 연기하기도 했다. 가끔은 인근 목사가 개인적으로 참견하여 이 동의를 얻는 데 도움을 주기도 했지만, 이 동의를 방해하는 경우가 더 많았다. 그런 경우에 그들은 그 효과를 높이기 위해 연마해 온 민중적인 기술을 사용했다. 스코틀랜드 사람들이나 성직자들에게 낡은 광신적 기질이 남아 있는 데에는 어쩌면 이러한 것들이 그 원인일지도 모르겠다.

장로파 교회제도는 성직자 간의 두 가지 평등을 정했다. 첫째, 권위의 평등, 즉 교회사법권의 평등과 둘째, 성직봉록의 평등이다. 모든 장로교회에서 권위의 평등은 완벽하게 이루어졌지만 성직봉록의 평등은 꼭 그렇지는 않았다. 하지만 성직자들이 받는 봉록에는 차이가 그렇게 크지 않았기 때문에 성직봉록을 적게 받는 사람도 더 많이 받고자 아첨하거나 일을 꾸미는 등 비열한 술책을 동원하여 추천자의 환심을 사려고 하지 않았다. 추천권이 완전히 확립되어 있는 장로교회에서는 성직이 안정되어 있으므로 일반적으로 상급자의 환심을 사는 데에 좀 더 고상하고 품위 있는 방법, 즉 학식을 쌓고 규칙적으로 생활하며 신앙심과 근면함으로 의무를 다할 뿐이었다. 이에 추천자들은 과거에 추천해 주는 호의를 베풀었음에도 자신들을 심드렁하게 대하는 것에 대해 배신감을 느낀다고 투덜대곤 했다. 그러나 성직자들의 그런 태도는 좀 심하게 표현하면 아마 더 이상 결코 그런 호의가 없을 것이라는 사실을 깨달은 데서 자연스럽게 나오는 무관심이지 않을까 한다. 덴마크, 제네바, 스위스, 스코틀랜드의 장로교 성직자들보다 더 박식하고, 점잖고, 독립적이며 존경할 만한 사람들은 유럽 그 어디에서도 찾아보기 어려울 것이다.

교회의 성직봉록이 모두 거의 동일한 곳에서는 그 어떤 한 봉록이 특별히 많을 수가 없다. 그리고 이러한 성직봉록의 동일성에는, 좀 지나칠 수도 있지만 몇 가지 바람직한 효과가 있다. 재산이 적은 성직자에게는 모범적인 도덕밖에 위엄을 보일 것이 없다. 만일 경솔함이나 허영 같은 악덕을 부릴 경우 그는 조롱거리가 되고 이러한 악덕으로 보통사람들이 파멸되는 것과 같이 그 또한 파멸된다. 그래서 그는 어쩔 수 없이 보통사람들이 가장 존경하는 도덕체계를 따라 행동하게 된다. 그는 자신의 이익과 처지에 따른 그러한 생활방식 덕분에 보통사람들의 존경과 사랑을 받는다. 우리는 우리의 처지와 비슷하지만 사실 더 높은 처지에 있어야 마땅하다고 생각하는 사람에게 자연스럽게 호감을 갖는데, 보통사람들은 그와 같은 호감을 가지고 그 성직자를 바라보게 된다. 이렇게 보통사람들이 호감을 보이면 당연히 성직자도 그들에게 호감을 가진다. 그는 공을 들여 그들을 교화하고 그들을 도와주거나 구제하는 데 마음을 쓴다. 그는 자신에게 그렇게 호의적인 사람들이 가지고 있는 편견에 대해 경멸도 하지 않을 뿐만 아니라, 부유하고 기부재산도 많은 교회의 거만한 고위 성직자들에게서 종종 볼 수 있는 모욕적이고 오만한 태도로 그들을 대하지도 않는다. 그러므로 장로교 성직자들은 그 어떤 기존의 교회 성직자들보다 보통사람들의 마음에 더 많은 영향을 미친다. 그에 따라 우리가 알게 된 사실은 오직 장로교 국가에서만 보통사람들이 박해 없이 완전하게, 거의 한 사람도 빠짐없이 국교로 개종했다는 것이다.

교회의 성직봉록이 매우 적은 나라에서는 대개 대학의 교수직이 교회의 성직보다 더 나은 지위에 있다. 이 경우 대학들은 국내의 성직자들 가운데에서 그 구성원을 끌어오고 선택할 수 있었다. 어느 나라에서건 성직자들이 지식인층을 가장 많이 형성하고 있었다. 반면, 교회 성직봉록이 좀 많은 나라에서는 교회가 대학에서 저명한 학자들을 발탁해 간다. 일반적으로 그런 학자들은 그들을 물색하여 교회의 성직자로 발탁해 가는 것을 명예로 여기는 어떤 추천인을 접하게 된다. 전자의 상황에서는 대학이 국내의 저명한 학자들로 채워질 것이다. 후자의 경우에는 대학에서 저명한 학자를 찾아보기 어렵고, 젊은 학자들만이 있을 것이다. 그들조차도 대학에서 크게 쓰일 경험과 지식을 충분히 획득하기 전에 그곳에서 빠져나가는 경향이 있다. 볼테르(Voltaire)에 따르면 지금까지 프랑스에서 읽을 만한 가치가 있는 책을 저술한 교수는 학계에서 그리 유명하지 않았던 예수회의 신부 포레(Porree)가 유일하였다고 한다. 그렇게 많은 학자를 배출한 나라에서 대학 교수가 단 한 사람뿐이었다는 것은 좀 희한

한 일이다. 유명한 가생디(Gassendi)는 원래 엑스(Aix) 대학 교수였다. 그의 천재성이 드러나자, 교회로 가면 대학보다 더 좋은 환경에서 연구를 수행할 수 있을 뿐만 아니라 더 조용하고 안락한 생활을 할 수 있다는 제안이 들어왔고, 그는 즉각 그 제안을 따랐다. 볼테르가 관찰한 사실은 아마 프랑스뿐만 아니라 모든 로마 가톨릭 국가에도 적용될 수 있을 것이다. 교회가 건드리지 않는 법학과 물리학 분야를 제외하고는 그 나라들 어디에서도 저명한 학자 중에 대학교수인 경우는 찾기가 매우 힘들다. 로마 교회 다음으로 가장 부유하고 기부금이 많은 곳은 잉글랜드 교회였다. 따라서 잉글랜드에서도 교회가 가장 유능하고 훌륭한 교수들을 빼내어 갔다. 그리고 로마 가톨릭 국가에서와 마찬가지로 잉글랜드에서도 유럽에서 학자로서 이름 날린 연륜 있는 대학교수를 찾아보기 어렵다. 반면 제네바, 스위스의 개신교 연방, 독일의 개신교국, 네덜란드, 스코틀랜드, 덴마크에서는 그들 국가가 배출한 저명한 학자들이 대부분 대학의 교수들이었다. 그런 나라들에서는 대학이 끊임없이 최고의 학자들을 교회에서 빼내어 갔다.

살펴보건대, 시인과 소수의 웅변가, 역사가를 제외하면 그리스나 로마의 저명한 학자들 대부분이 공립교사이거나 개인교사였고, 그것도 일반적으로 철학 또는 수사학 교사였다는 사실은 지적해 둘 만한 가치가 있을 것이다. 실제로 리시아스와 이소크라테스, 플라톤과 아리스토텔레스에서부터 플루타르크와 에픽테투스, 수에토니우스와 퀸틸리아누스에 이르기까지 정말 그랬다. 어떤 이로 하여금 특정 학문분야를 완전히 통달하게 하려면 해당 학문분야를 매년 가르치도록 하는 것이 가장 효과적이다. 매년 똑같은 학문을 되풀이하여 연구할 수밖에 없으므로 만약 그가 그 분야에 소질이 있다면 몇 해 안에 그에 관해 정통하게 될 것이다. 또 어떤 해에 견해를 너무 성급하게 내놓았다 하더라도 해를 거듭하여 강의를 해 나가면서 바로 잡게 될 것이다. 학문의 교사는 순수한 학자가 갖게 되는 천직이기도 하지만, 어쩌면 그를 학문과 지식을 견실하게 갖춘 학자로 만들어 줄 수 있는 최상의 교육이 되기도 할 것이다. 교회의 성직봉록을 적절하게 유지하고 있는 나라에서는 학자들 대부분이 자연히 그 사회의 유용한 직업(교사)에 종사하도록 하고, 동시에 그들이 자신의 분야에서 최상의 연구를 할 수 있는 기회를 제공하는 경향이 있다. 성직봉록을 적절하게 유지하는 것은 학자들의 학문 수준을 가능한 한 높이고, 동시에 유용하게 만드는 경향이 있다.

주목해야 할 것은 특정 토지나 장원에서 나오는 부분을 제외한 국교회의 수입은 국가 방위와는 전혀 다른 목적에 전용되어 쓰이는 국가 세입의 일부라는 사실이다. 예를 들어 십일조($\frac{1}{10}$세)는 실제로는 토지세이다. 왜냐하면 그렇지 않았을 경우 토지소유자가 국방을 위해 기여할 수 있었을 능력을 그만큼 빼앗아버리는 것이기 때문이다. 거대 왕국에서 토지의 지대는 국가의 긴급 사태 시에 궁극적으로 충당될 수 있는 유일한 재원이라고 하는 사람도 있고, 주된 재원이라고 하는 사람도 있다. 그만큼 이 재원 중 교회로 들어가는 부분이 크면 클수록 국가에 할애되는 재원이 줄어드는 것은 분명하다. 모든 것이 같다면 교회가 부유할수록 한편으로는 국왕이, 다른 한편으로는 국민이 가난해질 것이고, 어느 경우에도 국가의 국방력이 감소한다는 것은 일종의 원칙으로 규정될 수 있을 것이다. 몇몇 프로테스탄트 국가들에서, 특히 스위스의 모든 프로테스탄트 주에서, 과거 로마 가톨릭 교회에 속해 있던 수입, 즉 십일조와 교회 소유지의 수입은 국교회의 성직자에게 적절한 급여를 제공하는 데 충분할 뿐만 아니라 국가의 다른 모든 경비를 추가부담 없이 지불하기에 충분한 재원이었다. 특히 강력한 베른 주의 위정자들은 이 재원을 절약하여 수백만 파운드에 달하는 거액을 축적했고, 그중 일부는 국고에, 또 다른 일부는 유럽 채무국의 공채, 주로 프랑스와 영국의 공채에 투자하여 이자수입을 올리고 있다. 베른이나 다른 프로테스탄트 주의 교회가 국가에게 부담을 지우는 총금액이 얼마인지 나로서는 알 수 없다. 정확히 알려진 바에 따르면 1775년 스코틀랜드 교회 성직자들의 총수입은 그들의 성직령 경지(교회 소유 토지)와 그들의 목사관(주거지)의 임대료를 합리적으로 따진 것을 포함하여 겨우 68,514파운드 1실링 $5\frac{1}{12}$펜스밖에 되지 않았다. 이 적은 수입으로 성직자 944명에게 훌륭한 삶을 제공할 수 있었다. 건물과 교회 수리비, 목사들의 주거지에 쓰이는 것까지를 포함한 전체 교회비용은 연간 8만에서 8만 5천 파운드를 넘지 않을 것으로 추정된다. 기독교국(Christendom)에서 가장 부유한 교회도 기부재산이 아주 적은 스코틀랜드의 교회보다 국민들의 신앙의 통일성, 헌신하려는 열의, 질서의식, 규율 정신, 엄격한 도덕 정신을 더 갖추고 있지는 않다. 국교가 낼 수 있는 바람직한 사회적, 종교적인 효과를 스코틀랜드 교회는 다른 어떤 교회에 뒤지지 않을 정도로 완벽하게 만들어 내고 있다. 스위스의 프로테스탄트 교회 대부분은 스코틀랜드 교회보다 기부재산이 많지 않지만 더 대단한 효과를 만들어 내고 있다. 대부분의 프로테스탄트 주에서는 스스로 국교를 믿지 않는다고 말하는 사람을 한 사람도 찾아볼 수 없다. 사실 만약 국교 이외의 다른 종교를 믿는다고 고백하면 법령에 따라 그는 강제적으로 그 주를 떠나야 한다. 그러나 성직자가 성실하게 노력하여 극소수를 제외한 모든 주민들을 미리 국교도로 개종시켜 놓지 않았다면 그런 자유스러운 주에서 그토록 엄격하고 억압적인 법령이 시행될 수 없었을 것이다. 한편 프로테스탄트 지역과 로마 가톨릭 지역이 우연히 합병되는 바람에 개종이 그다지 완전하게 이뤄지지 않은 스위스의 몇몇 지방에서는 두 종교가 모두 허용될 뿐만 아니라 법률에 따라 국교로 정해져 있다.

어떤 직무라도 그것을 제대로 수행하게끔 하려면 가능한 한 그 직무의 성질에 맞추어 그의 봉급이나 보상을 적절하게 해야 할 필요가 있다. 만약 어떤 직무에 대한 보수가 직무의 성질에 비해 지나치게 낮다면 그 직무에 고용된 사람들 대부분이 열의를 갖지 않고 무능에 빠져 그 직무가 제대로 수행되기 어려울 것이다. 만약 지나치게 높다면 맡은 일에 소홀해지고 게을러져 더욱더 수행되기 어려울 것이다. 그 직업이 무엇이든, 수입이 많은 사람은 자신도 당연히 수입이 많은 다른 사람처럼 생활해야 하며 많은 시간을 향락과 허영, 낭비에 써 버려야 한다고 생각한다. 그러나 성직자의 경우 이런 식으로 생활하면 직무 수행에 써야 할 시간을 허비할 뿐만 아니라 일반인들의 눈에는 고결한 품격을 완전히 떨어뜨리고 있는 것으로 비친다. 고결한 품격을 유지할 때 그는 적절한 영향력과 권위를 가지고 자신의 직무를 수행할 수 있는 것이다.

공공부채

(제3장)

상업과 제조업이 발달하기 이전의 미개사회의 상태에서는 상업과 제조업만이 제공할 수 있는 고가의 사치품들이 전혀 존재하지 않았다. 제3권에서 보여주고자 했듯이 그 사회에서 큰 수입을 얻는 사람은 자기가 할 수 있는 한 최대한 많은 사람들을 부양하는 것 이외에 달리 그 수입을 쓸 곳이 없었다. 거대한 수입은 어느 시대나 많은 양의 생활필수품에 대한 지배력을 갖는다. 그런 미개사회 상태에서 수입은 대개 많은 양의 생필품, 소박한 식료품과 거친 의복의 재료, 곡물과 가축, 양모와 생가죽 등의 형태로 들어온다. 이런 물품들의 소유자가 자신이 쓰고 남는 물품들과 교환할 수 있는 어떤 것을 상업이나 제조업이 제공하지 못할 때 그가 그 잉여분을 가지고 할 수 있는 일이란 그저 가능한 한 많은 사람들을 먹이고 입히는 것뿐이었다. 이런 상황에서 부자와 귀족들은 주로 환대하고 베푸는 일에 비용을 지출하였다. 환대는 사치스럽지 않았고 베풂은 과시적이지 않았다. 제3권에서 밝혔듯이 그런 지출로 그들이 망하는 일은 거의 없었다. 그렇지만 이기적인 향락은 다르다. 그것이 아무리 사소한 것일지라도 그것을 추구하면 아주 분별력 있는 사람들조차도 종종 파멸에 이르렀다. 한 예로, 투계에 미쳐 신세를 망친 사람들이 많다. 그러나 내가 알기로는 앞에서 말했듯이 사치스럽지 않은 환대와 과시적이지 않게 베푸는 행위로 신세를 망친 사람은 그리 많지 않다. 반면 사치스럽게 환대하고 과시적으로 베푸는 행위로 신세를 망친 사람들은 많다. 우리의 봉건시대 조상들 중에는 한 가문이 영지를 장기간 소유하는 것이 보통이었다. 이것은 자신들의 수입 범위 내에서 생활하려는 사람들의 일반적인 성향을 잘 보여준다. 대지주가 늘 베풀었던 시골 잔치식 환대는 현대의 우리가 생각하는 건전한 절약이라는 덕목과는 일치하지 않는 것처럼 보일지 모르지만 우리는 적어도 그들이 수입 전체를 탕진하지 않을 만큼 절약하는 사람이었다는 것을 인정하지 않으면 안 된다. 그들은 양모나 생가죽 일부를 돈을 받고 팔 기회를 갖고 있었다. 아마도 그 수익 중 일부는 그 당시의 시대에서 가능했을 사치품이나 고급품 몇 가지를 사는 데 사용했을 것이다. 그러나 그 일부는 대개 저축해 놓았던 것으로 보인다. 그들은 저축한 돈을 저장해 놓는 것 이외에는 쓸 데가 없었다. 상업은 신사에게 점잖치 못한 일이었고, 그 당시 고리대금업이라 하여 법으로 금지된 이자놀이는 더욱 그랬다. 게다가 그때는 폭력과 불안의 시대였기 때문에 돈을 가까이 쥐고 있는 것이 편리했다. 왜냐하면 자기 집에서 쫓겨날 수밖에 없는 일이 일어날 경우 다른 안전한 장소로 옮겨갈 때 값어치 나가는 무엇인가를 조금이라도 가져갈 수가 있었기 때문이다. 폭력 때문에 저장하였지만, 또 그 폭력 때문에 저장한 것을 숨겨 왔다. 매장된 귀중품들이 자주 발견되고, 그 발견된 귀중품들의 주인이 누구인지를 알 수 없다는 것은 바로 그 당시에 저장과 은닉이 흔한 일이었다는 것을 잘 보여준다. 그 당시 매장된 귀중품들은 국왕이 거두어들이는 수입의 중대한 항목으로 여겨졌다. 오늘날에는 왕국의 매장된 귀중품들을 모두 합쳐도 거대한 영지를 소유한 한 개인 신사의 수입 일부에도 미치지 못할 것이다.

절약하고 저장하는 성향은 국민뿐만 아니라 왕도 마찬가지였다. 상업과 제조업이 별로 알려지지 않은 나라에서는 제4권에서 말했듯 왕이 축적하기 위해 절약을 할 수밖에 없는 상황에 놓였다. 그런 상황에서는 국왕의 지출조차 궁정을 화려하게 꾸미는 데 즐거워하는 허영심에 좌우되는 일이 없다. 당시에 상업과 제조업이라는 것이 없어서 궁정을 화려하게 꾸미는 일이 거의 없었다.

당시에는 상비군도 필요하지 않았으므로 국왕도 대영주와 마찬가지로 소작인들에게 무언가를 베풀거나 가신들을 환대하는 것 이외에는 지출할 곳이 없었다. 물론 허영심으로 종종 낭비가 일어나긴 했지만 베푸는 행위나 환대가 도를 넘는 경우는 거의 없었다. 따라서 앞에서 살펴보았듯이 유럽의 고대 왕들은 모두 보물을 소유하고 있었다. 현재에도 모든 타타르 족장들이 보물을 가지고 있다고 전해진다.

온갖 사치품이 풍성한 상업국가에서는 국왕이 모든 대지주와 마찬가지로 자연히 수입의 상당부분을 그런 사치품들을 구입하는 데 지출한다. 자신의 나라와 이웃나라들이 그에게 궁정을 꾸미는 데 화려하지만 무의미한 값비싼 장신구를 풍부하게 제공한다. 이보다는 못해도 비슷하게 꾸미기 위해 귀족들은 하인들을 내보내고 소작인들을 독립시키며, 점점 영지 안에 있는 대부분의 부유한 시민들과 별반 다르지 않은 사람이 되고 만다. 그들은 향락을 즐기려는 천박한 열정에 사로잡히고 국왕 역시 이러한 열정에 사로잡힌다. 어떻게 자국 안의 부자들 중에서 국왕만이 그런 향락에 빠지지 않는 유일한 사람일 수 있겠는가? 물론 가능성은 매우 높지만, 국왕이 국가의 방위력을 약화시킬 만큼 자기 수입의 대부분을 그런 향락을 위해 지출하는 일이 없다고 할지라도 그가 방위력을 유지하는 데 지출하고 남는 부분을 그런 향락거리에 지출하지 않았다고 단정 지을 수는 없다. 경상수입만큼 경상지출이 일어났다. 경상지출이 경상수입을 초과하지 않으면 그나마 다행이었다. 재물 축적을 더 이상 기대할 수 없었다. 그래서 예외적인 긴급 상황이 발생하여 특별한 경비지출이 필요해지면 국왕은 국민들에게 긴급 도움을 청할 수밖에 없게 됐다. 1610년 프랑스의 앙리(Henry) 4세가 사망한 이후 유럽의 국왕들 중에서 상당한 재물을 축적했으리라고 생각되는 인물은 프로이센의 현재 국왕과 전 국왕뿐이다. 축적을 가져오는 절약은 왕국에서와 마찬가지로 공화국에서도 매우 드문 일이 되었다. 이탈리아의 공화국들과 네덜란드 연방(United Provinces of Netherlands)은 모두 빚투성이다. 유럽에서는 스위스의 베른 주만이 유일하게 상당량의 재물을 축적하였다. 다른 스위스 공화국들은 그렇지 못하다. 화려한 건물이나 공공 장식물과 같은 일종의 겉치레에 대한 취향은 수수해 보이는 작은 공화국의 의사당에서나 거대 왕궁에서나 만연해 있기는 마찬가지다.

평상시에 절약하지 않으면 전시에는 빚을 낼 수밖에 없게 된다. 전쟁이 일어나도 국고에는 평상시의 경상경비를 충당하는 데 필요한 돈밖에 없다. 전시에는 평상시 국방비의 3~4배의 비용이 필요하다. 따라서 수입도 평상시의 3~4배가 되어야 한다. 국왕이 경비 증대에 비례하여 수입을 증대시킬 수 있는 직접적인 수단을 가지고 있는 일은 매우 드물지만, 가지고 있나고 하더라도 수입을 증대시키기 위해서는 세금을 더 올려 걷어야 하는데, 세수가 들어오기 시작하는 것은 아마도 과세한 뒤 10~12개월이 지나야만 가능할 것이다. 그러나 전쟁이 발발한 순간, 또는 발발할 것 같은 순간에 군대를 증원해야 하며 군함을 갖추어야 하고 수비대가 있는 도시는 즉시 방위태세를 갖춰야만 한다. 군대와 군함, 그리고 수비도시에는 무기와 탄약과 식량이 보급되어야만 한다. 이 엄청난 비용은 위험한 바로 그 순간에 즉시 동원되어야만 한다. 그것은 천천히, 조금씩 들어오는 새로운 세금을 기다려 주지 않는다. 이런 긴급사태에 놓인다면 정부는 차입하는 것 이외에 재원을 마련할 방법이 없다.

사치 풍조를 조장함으로써 정부를 차입상태로 몰고 가는 그 상업사회가 마찬가지로 국민들에게 대출할 능력을 부여하고 그러한 성향을 만들었다. 상업사회가 빌려야 할 필요성을 만들어 낸다면 마찬가지로 그것을 수용할 수 있는 장치도 만들어 낸 것이다.

상인과 제조업자가 많은 나라에는 반드시 자신들의 자본뿐만이 아니라 돈을 빌려주거나 재화를 맡기려는 사람들의 자본을 유통시키려는 사람들도 많다. 그 자본들이 유통되는 빈도는 장사나 사업을 하지 않고 자신의 소득에만 의존하여 사는 개인의 수입이 유통되는 빈도보다 훨씬 높다. 그런 개인의 수입이 규칙적으로 그 사람의 손을 거치는 것은 1년에 한 번뿐이다. 그러나 대금 회수가 매우 빠른 거래를 하는 상인의 자본이나 신용은 1년에 2번, 3번, 4번까지도 그의 손을 거쳐 갈 수 있다. 그러므로 상인과 제조업자가 많은 나라에는 당연히 마음만 먹으면 언제라도 거액의 돈을 정부에게 빌려줄 수 있는 능력을 갖춘 사람들이 많다. 그래서 상업국의 국민들에게는 돈을 빌려줄 능력이 있는 것이다.

사법행정이 원칙적으로 운영되지 않는 나라, 즉, 국민이 재산소유를 보장받고 있다고 느끼지 못하는 나라, 계약의 법적 효력이 신뢰받지 못하는 나라,

그리고 채무상환 능력이 있는 사람으로 하여금 채무를 상환하도록 강제하는 데 국가의 권위가 합당하게 활용된다고 믿기지 않는 나라에서는 상업과 제조업이 오래도록 번성할 수 없다. 한마디로 상업과 제조업은 정부의 사법행정에 대하여 확실한 신뢰가 없는 나라에서는 결코 번성할 수 없다. 대상인과 제조업자들이 평상시에 자기들의 재산을 정부의 보호에 맡기기를 신뢰할 때, 비상시에도 그 정부가 자신의 재산을 사용하도록 맡길 수 있다. 정부에 돈을 빌려주었다고 해서 그들의 거래와 제조업을 꾸려 나갈 능력은 조금도 줄어들지 않는다. 오히려 늘어난다. 국가에서 긴급히 필요하므로 대개 정부는 대여자에게 지극히 유리한 조건으로 차입하려고 한다. 정부가 최초의 대여자에게 발행해 주는 채무증서는 다른 대여자에게 양도가 가능하고, 국가의 사법행정에 대한 보편적인 신뢰 때문에 이것은 시장에서 최초에 지불된 금액 이상의 가격으로 거래된다. 상인이나 돈을 가진 사람은 돈을 정부에 빌려줌으로써 돈을 벌기 때문에 자신의 사업자본이 줄어드는 것이 아니라 오히려 늘어난다. 그러므로 정부가 새롭게 차입하려 최초로 모집할 때 그의 참여를 허용하는 경우 그는 일반적으로 이를 혜택이라 여긴다. 그래서 상업국의 국민들은 돈을 빌려주려는 성향이나 의사를 갖고 있다.

그런 나라의 정부는 비상시에 정부에 돈을 빌려줄 국민들의 의향과 능력에 많이 의존하는 경향이 있다. 정부는 돈을 쉽게 빌릴 수 있다고 생각하고, 그리하여 절약할 의무를 스스로 포기하는 것이다.

미개한 사회 상태에서는 대규모 상업 자본이나 제조업 자본이 없다. 개인들은 절약할 수 있는 돈을 저장하고 저장한 돈을 은닉한다. 개인들이 그렇게 하는 이유는 정부의 사법행정에 대한 불신이 만연하고, 만약 저장한 사실이 알려지거나 은닉한 장소가 발각되면 곧바로 빼앗기리라는 두려움을 가지기 때문이다. 그런 상태에서는 비상시에 정부에 돈을 빌려주고자 하는 사람도 없을 뿐더러 그럴 능력이 있는 사람도 거의 없다. 국왕은 빌릴 가능성이 절대 없다는 것을 예견하기 때문에 비상시를 대비하여 저축해야만 한다는 것을 느낀다. 이런 예견 때문에 그의 저축 성향은 더욱더 커지게 된다.

현재 유럽의 모든 국가를 억누르고 있는, 그리고 장기적으로는 아마 파멸에 이르게 할 거대한 채무는 거의 똑같은 과정으로 진행되어 왔다. 국가도 개인과 마찬가지로 일반적으로 채무 상환을 위해 특정 재원을 맡기거나 담보를 설정하지 않고 이른바 개인 신용을 바탕으로 차입하기 시작했다. 그리고 이런 방식으로 더 이상 차입할 수 없게 되면, 국가는 특정 재원을 맡기거나 담보를 설정하여 차입하기 시작했다.

대영제국에서 일시차입금(unfunded debt)이라고 불리는 것은 앞의 두 가지 방식 중 전자, 즉 신용으로 차입하는 것을 말한다. 그 차입금의 한 종류는 개인이 외상으로 계약하는 것과 유사한 것으로서 이자가 붙지 않는 채무다. 그리고 다른 종류는 개인이 약속어음으로 계약하는 것과 비슷한 것으로서 이자가 딸린 채무다. 첫 번째 종류의 채무는 특별한 서비스나, 이행해야 할 당시 지급준비가 되어 있지 않거나 지급되지 않은 서비스에 대해 져야 할 채무를 말한다. 육군, 해군, 무기에 예외적으로 들어가는 지출의 일부, 외국 군주에게 주는 사례금 미지급금, 선원의 임금 체불 등이 여기에 해당한다. 두 번째 종류의 채무에는 해군성과 재무부 증권이 있다. 해군성과 재무부 증권은 채무의 일부를 지급하기 위해 발행되고, 가끔은 다른 목적으로 발행되기도 한다. 재무부 증권은 당일부터, 해군성 증권은 6개월 후부터 이자가 붙는다. 잉글랜드은행은 재무부 증권의 가치를 유지시키고 그 유통을 돕는다. 잉글랜드은행은 자발적으로 그 증권들을 현재가치로 할인하거나, 또는 정부로부터 어떤 대가를 받고 증권을 유통시키는 협정, 다시 말하면 액면가로 인수하고 만기에 이자를 지급받는다는 협정을 체결함으로써 그렇게 한다. 잉글랜드은행 때문에 정부가 이런 종류의 대규모 채권을 수시로 발행할 수 있게 됐다. 은행이 없는 프랑스에서는 국채가 60~70% 할인되어 팔렸다. 윌리엄 국왕 시기에 대규모 화폐가 재주조(再鑄造)됐던 기간 동안 잉글랜드은행은 정부와의 통상적인 거래를 정지하는 것이 적절하다고 생각했다. 그때 재무부 증권과 정부채무 증서가 25~60% 할인된 가격으로 팔렸다고 한다. 그 이유는 의심할 여지없이 혁명으로 수립된 새 정부가 불안해 보였기 때문이었지만, 부분적으로는 잉글랜드은행의 지원이 부족했기 때문이었다.

이러한 신용차입을 할 수 없게 되고 자금 조달을 위해서 채무상환에 재정수입의 특정 부분을 양도하거나 담보로 제공할 필요가 있게 되었을 때, 정부는 경우에 따라 두 가지 다른 방법을 사용했다. 어떤 때는 양도나 담보의 기간을 단기간(예를 들어 1년이나 몇 년간)으로 하였고, 어떤 때는 영구기간으로 하였다. 단기간으로 하는 경우는 재원이 한정된 기간 안에 차입금의 원금과 이자를 모두 상환할 만큼 충분하다고 생각될 때였고, 영구기간으로 하는 경우는 이자만, 즉 이자와 동등한 영구 연금(年金, 역자 주: 해마다 지불하는 채무원금이나 이자)만을 지불할 정도라고 생각될 때였다. 그 경우 정부는 언제라도 차입한 원금을 상환하고 연금지급에서 벗어날 수 있었다. 단기간으로 자금을 조달하는 것을 예상수입에 의거한 차입이라고 하고, 영구기간으로 자금을 조달하는 경우를 영구적 펀딩(perpetual funding), 간단히 말해 펀딩에 의한 차입이라고 한다.

영국에는 토지세와 맥아세를 부과하는 법에 들어 있는 차입조항에 의하여 매년 정기적으로 들어오는 토지세와 맥아세가 예상된다. 잉글랜드은행은 이자(혁명 이후 8%에서 3%로 변동)를 받기로 하고 그 세금들로부터 들어올 금액을 미리 빌려준다. 그리고 세수가 차츰 들어옴에 따라 지급을 받는다. 늘 있는 일이지만 결손이 생기면 다음해의 세입으로 지급된다. 이렇게 하여 아직 담보로 잡히지 않은 재정수입의 상당한 부분마저 수납도 되기 전에 정기적으로 지출되고 만다. 빚에 쫓겨 자신의 정기적인 수입을 제대로 받아보지 못하는 씀씀이가 헤픈 사람처럼 국가가 국민들과 기관들(역자 주: 잉글랜드은행, 동인도회사, 남해회사 등)로부터 돈을 빌려 쓰고 그 돈을 사용하는 데에 이자를 지불하는 관행이 이어지고 있다.

우리가 지금처럼 영구채 발행의 관행에 익숙해지기 전인 윌리엄 왕과 앤 여왕의 통치 기간에는 새로운 세금들의 과세 기한이 대부분 단기(4년, 5년, 6년, 7년 동안)였고, 매년 정부지출의 상당 부분은 그 세수 금액의 예상에 따른 차입으로 구성되어 있었다. 그렇지만 제한된 기간 내에 빌린 돈의 원금과 이자를 지불하기에 세수가 충분치 않아 갚지 못하는 일이 다반사였고, 그것을 메우기 위해 차입기간을 연장해야만 했다.

1697년 윌리엄 3세 8년에 제20호 법률에 따라 몇 가지 세수 부족분은 이른바 제1차 총괄저당(general mortgage) 또는 총괄기금에서 채워졌다. 이 총괄기금은 과세기한이 얼마 남지 않은 몇몇 세금들의 과세기한을 1706년 8월 1일까지 연장하고 거기서 들어오는 세수를 쌓아 놓는 것이었다. 기한이 연장된 세금에 부담시킨 결손액은 5,160,459파운드 14실링 $9\frac{1}{4}$펜스나 되었다.

1701년 이 세금들은 일부 다른 세금들과 함께 비슷한 목적으로 1710년 8월 1일까지 또다시 연장되었다. 이것을 제2차 총괄저당 또는 총괄기금이라고 했다. 이것이 부담한 세수 결손액은 모두 2,055,999파운드 7실링 $11\frac{1}{2}$ 펜스였다.

1707년 이 세금들은 신규 차입금에 대한 상환기금으로서 다시 1712년 8월 1일까지 더욱더 연장되었다. 이것을 제3차 총괄저당 또는 총괄기금이라고 했다. 이것이 부담한 세수 결손액은 983,254파운드 11실링 $9\frac{1}{4}$ 펜스였다.

1708년 이 세금들은 전부(톤세 · 파운드세의 구(舊)보조금 일부와 스코틀랜드산 마직물의 수입세는 제외. 톤세 · 파운드세 구보조금 중 일부만이 이 기금으로 들어갔고, 마직물 수입세는 잉글랜드와 스코틀랜드 합병 조약에 의해 폐지됨) 신규차입금을 위한 상환기금으로서 1714년 8월 1일까지 더 연장되었고, 이것을 제4차 총괄저당 또는 총괄기금이라고 불렀다. 이것에 의하여 차입한 금액은 925,176파운드 9실링 $2\frac{1}{4}$ 펜스였다.

1709년 이 세금들은 전부(톤세·파운드세의 구(舊)보조금 완전 제외) 동일한 목적을 위해 1716년 8월 1일까지 연장되었고, 이것을 제5차 총괄저당 또는 총괄기금이라고 했다. 이것에 의해 차입한 금액은 922,029파운드 6실링이었다.

1710년 이 세금들은 다시 1720년 8월 1일까지 연장되었고, 이것을 제6차 총괄저당 또는 총괄기금이라고 했다. 이것에 의하여 차입한 금액은 1,296,522파운드 9실링 $11\frac{3}{4}$ 펜스였다.

1711년 동일한 세금들이(이때 이 세금들은 네 가지 다른 목적에 쓰일 것으로 기대했었다) 다른 몇몇 세금들과 함께 영구 연장되었고, 남해회사(South Sea Company)에서 빌린 융자금의 이자지불을 위한 기금이 되었다. 남해회사는 그 해에 채무지불과 세수 부족분 보전을 위해 정부에 9,177,967파운드 6실링 4펜스를 빌려주었다. 그 금액은 그 당시 최대 규모의 융자금이었다.

이 시기 이전에 부채의 이자 지불을 위해 영구적으로 과세되었던 주된, 내가 알기로는 유일한, 세금은 잉글랜드은행과 동인도회사가 정부에게 대출해 준 돈, 그리고 설립 예정이었던 한 토지은행이 대출해 줄 것으로 기대했던(이 대출은 이뤄지지 않았지만) 돈에 대한 이자를 지불하기 위한 세금이었다. 이때에 잉글랜드은행이 정부에 대출해 준 금액은 모두 3,375,027파운드 17실링 $10\frac{1}{2}$ 펜스였다. 이것에 대해 매년 206,501파운드 13실링 5펜스의 이자가 지불되었다. 동인도회사에서 정부에 대부해 준 금액은 모두 320만 파운드였고, 이것에 대해 매년 16만 파운드의 이자가 지불되었다. 잉글랜드은행 대출금의 이자율은 6%였고, 동인도회사의 이자율은 5%였다.

1715년 조지 1세 원년의 제1호 법률에 따라 잉글랜드은행에게 연금을 지불하기 위해 담보로 제공되었던 각종 세금들이 동 법률에 의거하여 영구화되었던 다른 세금들과 함께 공동기금으로 통합되었다. 이것을 총합기금(aggregate fund)이라고 했으며, 이 기금은 잉글랜드은행의 연금뿐만 아니라 기타 다양한 연금과 부담금을 상환하는 데에 충당되었다. 나중에 이 기금은 조지 1세 3년의 제8호 법률과 조지 1세 5년의 제3호 법률에 의해 규모가 더 커졌고, 이때 거기에 추가된 각종 세금들도 역시 영구화되었다.

1717년에는 조지 1세 3년의 제7호 법률에 따라 기타 다양한 세금들이 영구화되고, 724,849파운드 6실링 $10\frac{1}{2}$펜스에 달하는 특정 연금들을 지불하기 위해 총괄기금이라 불리는 또 다른 공동기금으로 통합되었다.

이런 다양한 법률로 인해 이전에는 수년에 걸쳐 단기적으로 걷히던 세금의 대부분이 차입금의 원금이 아닌 이자만을 지불하는 기금으로서 영구화되었다. 그 뒤에 이어진 차입금에 대해서도 마찬가지였다.

…

유럽의 채무국들의 공채는, 특히 영국의 공채는 거대한 자본축적을 나타내는 것, 즉 국가의 다른 자본에 자본을 추가하는 것이라고 주장하는 저자가 있다. 그 공채 자금으로 그 자금이 없을 때보다 훨씬 더 거래가 많아지고, 제품생산이 증가되고, 더 많은 토지가 경작되고 개량된다고 주장한다. 그러나 그는 공채의 최초 채권자들이 정부에 빌려주는 자금은 연간 생산물의 일부이고, 그 자금을 빌려주는 순간부터 그 연간 생산물의 일부가 수행하는 자본의 기능이, 즉 제품생산을 늘리고, 더 많은 토지를 경작하게 하고 개량되게 하여 수입을 증가시키는 것이 사라진다는 생각을 못하고 있다. 다시 말하면 그는 공채가 생산적 노동자를 고용하던 것에서 비생산적 노동자를 고용하는 것으로, 미래의 재생산에 대한 기대는 고사하고 매년 소비되고 낭비되는 것으로 전환시킨다는 사실을 생각하지 못하고 있다. 물론 그들이 정부에 빌려준 자본에 대한 보수로 대부분의 경우 동등한 가치 이상의 공채 연금을 받는 것은 사실이다. 이 연금이 그들의 자본을 대체하고, 그들로 하여금 이전과 같거나 또는 더 큰 거래와 사업을 할 수 있게 하는 것은 의심할 여지가 없다. 즉 그들은 이 연금을 담보로 다른 사람들로부터 새로운 자본을 빌리거나 이 연금을 팔아 그들이 정부에 빌려준 금액과 같거나 그보다 더 큰 자본을 다른 사람들로부터 얻을 수 있다. 그러나 그들이 이러한 방식으로 타인에게서 얻거나 빌린 새로운 자본이라는 것은 이전에 이미 국내에 존재하고 있었던 것이고, 모든 자본과 마찬가지로 생산적 노동을 고용하는 데 확실히 사용되고 있었던 것이다. 그 자본이 정부에 돈을 빌려준 사람들의 수중에 들어왔을 때, 비록 그것이 어떤 측면에서는 그들에게는 새로운 자본이지만, 한 나라 전체로 보면 그렇지 않다. 다른 용도로 쓰이기 위해 어떤 용도에서 빠져나간 자본일 뿐이다. 그 자본이 그들에게는 정부에 빌려준 것을 대체해 주었다 해도, 국가 전체로 보면 그렇지 않다. 만약 그들이 이 자본을 정부에 빌려주지 않았더라면, 국가 안에서 하나가 아니라 두 개의 자본, 즉 연간생산물의 두 부분이 생산적 노동을 고용하는 데 사용되었을 것이다.

정부의 지출을 갚기 위해 그해 세수가 담보로 잡히지 않고 마음대로 사용될 수 있는 세금으로부터 거둬질 경우, 그것은 민간 수입의 일정 부분이 한 종류의 비생산적 노동을 유지하는 것에서 다른 종류의 비생산적인 노동을 유지하는 것으로 전환되는 것에 불과하다. 그러한 세금으로 민간이 납부하는 것의 일부분은 분명히 자본으로 축적될 수 있었던 것이고, 그리하여 생산적 노동을 유지하는 데 사용될 수 있었던 것이지만, 그 대부분이 축적되지 않고 소비되어 결과적으로 비생산적 노동을 유지하는 데 사용되는 것이다. 이런 방식으로 사용되는 경우 공공지출은 의심할 여지없이 새로운 자본 축적을 많든 적든 방해한다. 그렇다고 해서 실제로 현존하고 있는 자본을 반드시 파괴하는 것은 아니다.

정부지출이 공채 발행을 통해 조달되는 경우, 그것은 국가의 기존 자본을 매년 조금씩 파괴한다. 즉 이전에 생산적 노동의 고용에 사용되던 연간생산물의 일부가 비생산적 노동의 고용으로 변질되면서 조달된다. 그러나 그 해에 동일한 정부지출을 증세로 충당할 경우보다 공채를 발행하는 경우에 세금이 그만큼 감소하기 때문에 개인들의 사적 수입이 지는 부담은 자동적으로 가벼워지고, 결과적으로 개인들이 수입의 일부를 절약하고 자본을 축적하는 능력이 손상되는 부분은 훨씬 덜하다. 공채 방법이 기존의 자본을 더 많이 파괴한다면, 상대적으로 새로운 자본의 축적과 획득에 대한 방해는 덜하다. 정부의 낭비와 탕진이 때때로 사회의 전반적인 자본 파괴를 초래하는데, 이런 민간부문에서 자본 훼손이 덜 되고 획득에 대한 방해가 덜한 효과 때문에 공채 발행을 통한 자금 조달의 경우 증세를 통해 자금 조달하는 경우보다 정부에 의한 자본 파괴가 더 쉽게 복구될 수 있다.

그러나 다른 방법(역자 주: 앞의 조세 방법)에 비해 공채 방법이 더 유리한 때는 전쟁이 지속될 때만이다. 만일 전쟁비용을 항상 그해 거둬들인 세금으로만 조달한다고 하면 세금을 올리지 않고서는 오랜 전쟁을 치를 수 없을 것이다. 전쟁 중에는 민간의 자본축적 능력이 줄겠지만, 평화 시에는 공채를 발행하지 않아야 자본축적 능력이 증가할 것이다. 공채 발행을 통한 자금 조달을 하지 않으면 전쟁 시에 반드시 기존 자본들이 파괴되는 결과를 초래하지는 않을 것이고, 평화 시에는 더 많은 새로운 자본이 축적되는 결과를 초래할 것이다. 일반적으로 전쟁은 더 빨리 종결되고 무모하게 일어나는 일이 없을 것이다. 전쟁이 계속되는 동안 전쟁의 온전한 부담을 느낀 사람들은 곧 전쟁에 지쳐 갈 것이고, 정부는 사람들의 비위를 맞추기 위해 전쟁을 필요 이상으로 오래 끌지 않을 것이다. 사람들은 전쟁의 피할 수 없는 무거운 부담들을 예견하기 때문에 실제적이고 확실한 이득을 쟁취할 수 없다면 무턱대고 전쟁을 하려고 하지 않을 것이다. 민간의 축적 능력이 손상되는 전쟁이 자주 발생하지 않을 것이고, 그 기간도 매우 짧을 것이다. 그래서 공채 발행으로 자금을 조달하지 않으면 민간의 축적 능력이 절정에 달하는 기간이 훨씬 더 길어질 것이다.

더욱이 공채 발행을 통한 자금 조달로 채무가 어느 정도 증가하면, 그에 따라 세금이 증가한다. 전쟁 시에 공채를 발행하는 경우처럼 세금 증가는 심지어 평화 시에도 민간의 축적 능력을 악화시킨다. 평화 시 영국의 세수는 현재 매년 1,000만 파운드가 넘는다. 만일 이 세수가 담보로 잡히지 않고 마음대로 사용될 수 있다면 적절하게 운용할 경우 공채를 단 한 푼도 새로 발행하지 않고도 가장 치열한 전쟁마저 충분히 치를 수 있을 것이다. 그러나 해로운 공채 제도를 채택한 결과 평화 시인 현재 개인 소득으로 영국 국민들이 지는 조세

부담은 비용이 가장 많이 드는 전쟁을 수행하고 있을 때만큼이나 되고, 그들의 축적 능력도 그때만큼이나 악화되고 있다.

공채의 이자지급은 오른 손에 있는 돈을 왼손으로 옮기는 것과 같은 것이라고 하는 사람이 있다. 돈이 나라 밖으로 빠져나가는 것이 아니며, 주민들 가운데 어떤 사람들에게 이전되는 것일 뿐, 국가의 부는 난 한 푼도 줄지 않는다는 것이다. 이러한 입장은 중상주의의 궤변에 근거한 것이다. 이미 제4권에서 중상주의에 대해 자세히 검토했기 때문에 이에 대해 더 이상 설명할 필요가 없을 것 같다. 더구나 모든 정부 부채는 자국민들에게 빚진 것으로 생각하지만 사실은 그렇지 않다. 네덜란드인과 다른 외국인들도 우리 공채의 상당부분을 가지고 있다. 그래서 정부 부채 모두가 자국민에게 빚진 것이었어도 그런 이유 때문에 해가 덜하지 않다.

모든 민간과 정부의 수입의 두 가지 원천은 토지와 자본이다. 자본 스톡은 농업, 제조업, 상업 어디에 고용되든지 간에 그 생산적 노동의 임금을 지불한다. 그 두 가지 수입의 원천에 대한 관리는 토지소유자와 자본소유자 또는 자본고용주의 몫이다.

토지소유자는 자신의 수입을 위해 소유지를 가능한 한 좋은 상태로 유지하려는 데 신경을 쓴다. 임차인의 가옥들을 건축하고 수리하며, 필요한 배수구와 울타리를 만들고 정비하는 것뿐만 아니라 그 밖의 개량공사에 비용을 들여 실시한다. 그러나 각종 토지세 때문에 토지소유자의 수입이 크게 감소하고, 생활필수품과 편의품에 대한 온갖 세금들 때문에 그 감소한 수입의 실제 가치가 더 줄어 토지소유자는 비용이 들어가는 그런 개량을 전혀 할 수 없게 된다. 토지소유자가 토지 개량을 하지 않게 되면 임차인 역시 자신의 일을 계속해서 해 나가기는 절대적으로 불가능하다. 토지소유자의 어려움이 커질수록 그 나라의 농업은 필연적으로 쇠퇴하게 된다.

생활필수품과 편의품에 붙는 각종 세금 때문에 자본의 소유자와 고용주들이 자신의 수입 정도면 다른 나라에서는 충분히 구입할 수 있는 생활필수품과 편의품을 자기 나라에서는 구입할 수 없다는 사실을 알면 그들은 다른 나라로 떠나고 싶은 마음을 갖게 될 것이다. 그리고 그런 세금을 걷기 위해 세금 징수자들이 계속 방문해 상인이나 제조업자들(즉 거대한 자본을 사용하고 있는 사람들)을 굴욕적으로 만들고 분통 터지게 할 경우 다른 나라로 떠나고 싶은 마음은 곧 실제의 행동으로 옮겨질 것이다. 산업을 지탱하고 있는 자본의 이전과 함께 그 나라의 산업은 쇠퇴할 것이고, 상업과 제조업의 붕괴는 농업의 쇠퇴로 이어질 것이다.

수입의 두 가지 원천인 토지와 자본의 소유자들(즉 토지를 양호한 상태로 유지하고 자본을 양호한 상태로 관리하는 데 직접적인 관심을 가지고 있는 사람들)에게서 다른 사람들(그러한 것에 특별한 관심을 가지고 있지 않은 정부의 채권자들)로 수입의 상당부분이 이전되면 장기적으로 토지가 방치되고, 자본이 낭비되거나 유출하는 일이 필연적으로 벌어진다. 물론 정부의 채권자도 국가의 농업, 제조업, 상업의 번영에 대한 기본적인 관심을 가진다. 그래서 토지의 양호한 상태와 자본의 적절한 관리에 대해서도 기본적인 관심을 갖게 된다. 만약 이러한 것들 중 어느 하나라도 전반적으로 실패하거나 감소한다면 그에게 연금이나 이자를 지불하지 못할 만큼 조세수입이 부족하게 될 수 있을 것이다. 그러나 단지 그렇게만 생각하는 정부의 채권자는 특정토지의 양호한 상태나 특정자본의 적절한 관리에 대해서는 관심이 없다. 정부의 채권자로서 그는 그러한 특정부분에 대해 아무런 지식을 가지고 있지 않다. 그것을 감독하지도 않고, 그것에 대해 신경을 쓸 수도 없다. 그것이 붕괴되더라도 그에게 알려지지 않는 경우도 있고, 그에게 직접적으로 영향을 끼치지 않을 수도 있다.

공채 발행은 공채 발행을 채택하는 모든 나라들을 점점 약화시켰다. 공채 발행을 처음 시작한 나라는 이탈리아 공화국들이었던 것 같다. 이탈리아 공화국들 중 독립적인 존재인 것처럼 굴 수 있었던 제노아와 베니스가 공채 발행으로 인해 약화되었다. 스페인은 이탈리아 공화국들부터 공채 발행을 배웠던 것 같다. (스페인의 조세체계가 아마도 이탈리아 공화국들보다 현명하지 못해서) 스페인은 그 국력에 비해 이탈리아 공화국보다 훨씬 더 피폐해졌다. 스페인은 오래전부터 부채를 지고 있었다. 영국이 빚지기 시작한 시점보다 약 100년 전인 16세기 말에 스페인은 이미 큰 빚을 지고 있었다. 프랑스는 풍부한 천연자원에도 불구하고 동일한 종류의 부담에 억눌려 허덕였다. 네덜란드 공화국 또한 제노바와 베니스와 마찬가지로 부채 때문에 쇠약해졌다. 다른 모든 나라를 약화시키고 피폐하게 만든 공채의 발행이 영국에서만 아무런 피해를 야기하지 않는다고 할 수 있을까?

그러한 다른 나라들이 실행하고 있는 조세체계가 영국의 조세체계보다 뒤떨어져 있다고 말할지도 모른다. 나도 그렇게 믿고 있다. 그러나 아무리 현명한 정부라도 적절한 과세 대상을 모두 소진할 경우 긴박해지면 부적절한 과세에 의존할 수밖에 없다는 점을 명심해야 한다. 현명한 네덜란드 공화국도 스페인의 많은 세금과 같은 부적절한 세금에 의존할 수밖에 없던 경우들이 있었다. 정부 세수가 채무부담에서 크게 벗어나기 전에 또 다른 전쟁이 발발하여 지난번 전쟁처럼 비용이 많이 들어가게 되면 영국의 조세체계도 어쩔 수 없이 네덜란드나 심지어 스페인의 조세체계처럼 억압적인 형태로 바뀔 수 있다. 사실 우리의 현재 조세체계 때문에 산업이 입은 피해는 거의 없었다. 가장 비용이 많이 드는 전쟁 중에도 개인들이 절약하고 잘 운영하여 저축과 축적을 해왔기 때문에 정부의 낭비와 탕진으로 파괴되었던 전반적인 사회 자본이 복구될 수 있었던 것 같다. 영국 역사상 가장 비용이 많이 들었던 최근의 전쟁이 끝나자 이전과 마찬가지로 영국의 농업이 번창하고, 제조업은 그 수가 늘어나서 완전고용되고, 상업이 왕성해졌다. 따라서 다양한 산업 부분을 지원했던 자본의 양이 이전과 분명히 같아졌을 것이다. 평화가 찾아온 이후 농업이 더욱더 개량되었다. 전국의 모든 도시와 농촌에서 주택의 임대료가 상승했다. 이는 사람들의 부와 수입이 증가했다는 증거다. 그리고 기본 세금 대부분에서, 특히 국내 소비세와 관세의 주요 부문에서 들어오는 연간 세수가 지속적으로 증가했다. 이는 소비 증대와 그 소비를 지원할 수 있는 생산물의 증대를 보여주는 확실한 증거다. 50년 전에는 아무도 감당할 수 있을 것이라고 믿지 않았던 부담을 영국은 어려움 없이 감당하고 있는 것 같다. 하지만 그렇다고 해서 영국이 아무리 무거운 부담도 감당할 수 있다고 성급하게 결론지어서는 안 된다. 또 이미 감당하고 있는 것보다 좀 더 큰 부담을 커다란 어려움 없이 감당할 수 있을 것이라고 과신해서도 안 될 것이다.

내가 알기로 국가 채무가 어느 정도 누적되면 그것이 공정하게, 완전하게 상환된 경우는 한 번도 없었다. 만약 정부 수입이 채무로부터 벗어난 적이 있다고 한다면 그것은 항상 파산하는 경우였다. 가끔 파산을 공공연하게 인정하는 경우는 있었지만, 상환을 위장하는 경우가 많았다.

진짜 재정파산을 거짓 상환의 형태로 위장하는 가장 일반적인 방법은 주화(화폐)의 명목가치를 인상하는 것이었다. 이를테면 의회 입법이나 칙령에 의해 6펜스를 1실링으로, 6펜스 20개를 1파운드로 인상하는 것이다(역자 주: 옛 화폐제도에서 12펜스가 1실링이고, 20실링이 1파운드임. 그래서 6펜스 20개는 파운드의 가치가 절반으로 떨어진 것이 됨). 그리하면 구 화폐로 20실링(약 은 4온스 가량, 또는 1파운드)을 차입한 사람은 새 화폐로 20개의 6펜스(은 2온스 미만, 또는 0.5파운드)로 상환할 것이다. 이런 방식으로 한다면 약 1억 2,800만 파운드(담보 채무와 무담보 채무를 합한 총액)의 영국의 국가 채무는 현재의 화폐 약 6,400만 파운드로 상환될 수 있다. 그런 상환은 그야말로 위장일 뿐이다. 정부에 대한 채권자들은 자신들이 받아야 할 금액에서 1파운드당 10실링(역자 주: 채권금액의 $\frac{1}{2}$)을 사취당하는 것이다. 이런 재앙은 정부의 채권자들에 국한되지 않고 모든 민간의 채권자들에게로 확대되어 그에 비례하는 손실을 입을 것이다. 이것은 정부의 채권자들에게 아무런 이득을 주지 못하고, 오히려 추가적으로 막대한 손해를 입힐 것이다. 만약 정부의 채권자들이 일반적으로 다른 사람들에게 많은 빚을 지고 있다면 정부가 그들에게 지불해준 동일한 화폐로 자신들의 채권자들에게 지불하면 어느 정도 손해를 벌충할지도 모른다. 그러나 대부분의 나라에서 정부의 채권자들은 거의 모두 부유한 사람들이고 다른 시민들에 대하여 채무자보다는 채권자의 위치에 있다. 그러므로 이런 위장된 상환은 대부분의 경우 정부의 채권자들의 손해를 경감시키지 않고 악화시키며, 아무런 이익도 주지 않은 채 다수의 무고한 사람들에게 재앙을 초래한다. 그것은 전반적으로 엄청나게 피해를 입히며 민간인들의 재산을 파괴한다. 대부분의 경우 근면하고 검약한 채권자를 희생시켜 게으르고 낭비가 심한 채무자를 부유하게 만들고, 많은 국가 자본을 증가시키고 개선할 수 있는 사람들의 수중에서 낭비하고 파괴할 사람들의 수중으로 이전시킨다. 국가가 파산선고를 할 필요가 있을 때는, 개인이 파산선고를 할 필요가 있을 때와 마찬가지로, 공정하고 공개적이며 공공연하게 파산을 선언하는 것이 채무자에게 있어서는 가장 불명예스럽지 않음과 동시에 채권자에게는 피해가 가장 적은 방법이다. 국가가 실제 파산의 불명예를 은폐하기 위해 매우 쉽게 간파되고 동시에 지극히 해로운 이런 술책에 의존할 경우 분명히 국가의 명예는 그야말로 형편없이 땅에 떨어질 것이다.

그러니 거의 모든 현대 국가들뿐만 아니라 고대국가들은 이런 불가피한 상황에 몰리면 이런 술책을 쓰는 경우가 많았다. 로마는 제1차 포에니전쟁이 끝나고 다른 주화의 가치를 산정하는 주화나 명칭인 아스(As)의 구리 함유량을 12온스에서 2온스로 줄였다. 즉 구리 2온스를 이전의 12온스의 가치를 가진 것처럼 액면가를 끌어올려 버린 것이다. 로마 공화국은 이런 방식으로 실제로 빌린 돈의 $\frac{1}{6}$을 가지고 막대한 채무를 상환할 수 있었다. 현재의 우리는 그렇게 갑작스럽고 큰 파산이 있으면 매우 격렬한 민중의 소요가 일어났을 것이라고 상상할지 모르겠다. 그러나 아무런 소요도 일어나지 않았던 것 같다. 주화와 관련된 다른 법률처럼 그것을 제정한 법률이 호민관에 의해 민회에 제출되어 통과되었으니 말이다. 아마 매우 인기가 있던 법률이었을 것이다. 다른 고대 국가들에서 그랬던 것처럼 로마에서도 가난한 사람들이 부자들과 권력자들에게 항상 빚을 지고 있었다. 이들은 매년 선거에서 가난한 사람들의 표를 얻기 위해 가난한 사람들에게 매우 높은 이자로 돈을 빌려주었다. 갚지 못한 이자가 누적되어 채무자가 갚을 수도 없고, 다른 사람이 대신 갚아 줄 수 없을 만큼 너무 큰 금액이 되었다. 채무자는 가혹한 이행조치가 두려워 더 이상 아무런 사례금도 받지 않고 채권자가 추천한 후보자에게 투표해야만 했다. 뇌물 공여와 매수를 금지하는 법률에도 불구하고, 선거 때마다 후보자가 뿌리는 돈은 원로원의 명령에 따라 이따금씩 배분되는 돈과 함께 로마 공화국 말기에 가난한 시민들이 생계를 잇는 주요 자금이었다. 채권자에 대한 이러한 종속에서 벗어나기 위해 가난한 시민들은 부채를 완전히 탕감하거나, 이른바 '신동표법New Tables'(누적된 부채의 일부만을 상환하면 빚을 완전히 탕감받도록 하는 법률)을 끊임없이 요구했다. 모든 주화를 이전 가치의 $\frac{1}{6}$로 줄인 법률은 가장 좋은 신동표법에 해당하는 것이었다. 그 법률로 그들은 실제로 빌린 금액의 $\frac{1}{6}$만으로 빚을 갚을 수 있었기 때문이었다. 대중들을 만족시키기 위해 부자들과 권력자들이 부채를 탕감하고 신동표법을 도입하는 법률에 동의해야만 했던 경우는 이 외에도 많이 있었다. 이런 종류의 조작을 하면 1억 2,800만 파운드의 채무는 즉시 2,133만3,333파운드 6실링 8펜스로 줄어든다. 2차 포에니전쟁이 진행되는 동안 아스(As)는 더욱더 감소되었다. 처음에 구리 12온스에서 2온스로, 2온스에서 1온스로, 나중에는 1온스에서 0.5온스로, 즉 원래 가치의 24분의 1로 줄어들었다. 이런 방식으로 로마가 실시한 세 차례의 조작을 한꺼번에 한다면 우리의 현재 1억 2,800만 파운드의 부채는 당장 533만 3,333파운드 6실링 8펜스로 줄어들 수 있다. 이렇게 하면 막대한 영국의 부채도 금방 상환될 수 있을 것이다.

그러한 수법 때문에 모든 나라의 주화는 점점 그 본래의 가치 이하로 떨어졌고, 동일한 명목 금액에 들어 있는 은의 양은 점점 줄어들었다.

이와 같은 목적으로 국가들은 때때로 다량의 합금을 혼합하여 자국 주화의 표준을 변조했다. 예를 들어 은화의 파운드 무게에 현행 표준에 따라 은 18페니-무게(역자 주: 페니-무게(penny-weight)는 영국의 금속 무게 단위를 말함)를 넣는 대신 8온스의 합금을 혼합한다면 1파운드 스털링(그런 주화의 20실링)은 현재 화폐로 6실링 8펜스의 가치밖에 되지 않을 것이다. 그리하여 현재 화폐로 6실링 8펜스에 들어 있는 은의 양은 1파운드 스털링의 명목가치 수준으로 인상될 것이다. 표준의 변조는 프랑스인들이 말하는 주화의 액면가 부풀리기(액면가를 직접 인상하는 것)와 정확히 동일한 효과를 갖는다.

주화 액면가의 부풀리기(액면가를 직접 인상하는 것)는 항상 공개적이고 공공연하게 선언되고, 그 성격상 그래야만 한다. 그런 방법으로 줄어든 중량과 부피를 갖는 주화가 이전의 큰 중량과 부피를 가진 주화에게 주어진 것과 동일한 명칭을 갖게 된다. 이와는 달리 표준 변조는 일반적으로 은밀하게 이뤄진다. 그렇게 해서 이전에 훨씬 더 큰 가치로 유통되었던 주화와 동일한 명칭으로, 최대한 유사하게 고안되어 동일한 무게, 부피, 외관을 가진 주화가 조폐국을 통해서 발행된다. 프랑스의 장(John) 왕이 빚을 갚기 위해 주화의 표준을 변조하였을 때 조폐국의 관리들은 비밀을 지키겠다고 서약했다. 두 가지 조작은 모두 부당하다. 그러나 단순한 부풀리기는 공공연한 행패의 부당함인 반면, 주화의 표준을 변조하는 것은 기만적 사기의 부당함이다. 그러므로 주화의 표준 변조는 오래 숨길 수도 없었고 드러나게 되는 순간, 단순한 부풀리기보다 항상 훨씬 더 큰 분노를 불러일으켰다. 단순한 부풀리기의 경우 주화가 이전의 무게로 되돌아간 경우는 거의 없었다. 그러나 표준 변조의 경우에는 대부분 이전의 순도로 되돌아갔다. 그렇지 않으면 사람들의 분노와 반발을 달래기 어려웠기 때문이다.

헨리 8세 말기와 에드워드 6세 초기에 영국 주화는 액면가가 올라갔을 뿐만 아니라 표준도 변조되었다. 스코틀랜드에서는 이와 같은 속임수가 제임스 6세가 성년이 되기 전까지 계속 행해졌다. 그런 행위는 대부분의 다른 나라에서도 종종 행해졌다.

영국의 재정수입은 결코 채무부담에서 완전히 벗어날 수 없으며, 영국의 재정수입의 잉여분, 즉 평화 시에 소요되는 연간경비를 지불하고 남는 부분이 너무 적어서 채무부담에서 벗어나는 방향으로 커다란 진전이 이루어질 것으로 기대하는 것은 정말 허황된 것으로 보인다. 재정수입을 아주 크게 늘리거나 재정지출을 그만큼 크게 줄이지 않고서는 채무부담으로부터 벗어나는 일은 결코 일어날 수 없을 것이다.

Epilogue

역자 후기

『국부론』 전반에 걸쳐 애덤 스미스가 주창하는 것은 국가의 간섭이 없이 사람들이 원하는 것을 마음대로 할 수 있는 자유, 즉 '자연적 자유'의 원리다. 이것은 노동, 자본, 화폐, 재화의 자유로운 이동을 의미한다. 그리고 경제적 자유는 더 나은 물질적 생활뿐만 아니라 인간의 기본권을 보장한다고 주장한다. 다시 말하면 스미스는 자유시장 자본주의를 통해 국가의 부와 번영이 어떻게 창출되는지를 제시하며, 첫째, 생산물, 노동, 그리고 자본을 생산하고 교환할 자유, 둘째, 자기 자신의 사업을 추구하고 다른 사람들에게 자기 이익을 호소할 권리를 의미하는 자기 이익(self interest), 셋째, 재화와 서비스의 생산과 교환에서의 경쟁을 강조한다. 이 세 가지 요소가 노동자, 지주, 자본가들 간의 이익들이 '자연스러운 하모니'를 이루게 한다고 주장한다. 수많은 개인들의 자발적인 자기 이익 추구가 국가의 중앙명령 없이도 안정적이고 번영하는 사회를 만든다는 것이다. 이것이 바로 '보이지 않는 손(제4권 2장, 본서 172쪽)'의 원리다.

우리 사회에서 이 '자기이익'에 대한 오해가 많다. 자본주의 시장경제가 자기이익을 바탕으로 하고 있기 때문에 도덕적이지 못하다고 비난하는 것이 그 한 예다. 자기이익은 이기심이나 탐욕과는 다르다. 애덤 스미스도 『국부론』에서 그 둘을 분명하게 구분한다. 자기 이익은 인간의 가장 기본적인 속성으로서 자연스럽고 필요한 것이다. 자기 자신을 스스로 돌보는 것이 자기이익이다. 중요한 것은 시장에서 자신의 이익을 얻기 위해서는 다른 사람에게 이익을 주어야만 한다는 사실이다. 자신의 이익을 존중받기 위해서는 다른 사람들의 이익도 존중해야 하는 것이다. 그것을 말해주는 유명한 구절이 바로 이것이다.

"우리가 저녁상을 차릴 수 있는 것은 정육점 주인, 양조업자, 제빵업자의 자비심 때문이 아니라 그들이 자기 이익을 추구하려는 마음 때문이다. 우리는 그들의 자비심이 아니라 그들의 자기애에 호소하는 것이며, 우리의 필요가 아닌 그들의 이익에 호소하는 것이다(제1권 2장, 본서 24쪽)."

사실 이기적이거나 탐욕적인 방법으로 다른 사람들을 이용해서는 자기이익을 얻을 수 없다. 겉만 그럴듯한 재화를 만들어 팔면 잠깐의 이익을 얻을 수 있을지 모르지만 금방 소문이 퍼져 망하게 된다. 품질이 좋은 재화를 팔아 고객들이 믿고 다시 찾으며, 다른 사람들에게 추천할 수 있도록 해야 한다. 그것이 자기이익을 얻는 방법이다. 애덤 스미스는 그것을 강조하고 있는 것이다. 고객을 속이거나 사기를 치는 것과 같은 이기심과 탐욕은 사회 후생을 희생시킨다고 주장한다.

그리고 스미스는 당시에 국부를 증대시킨다고 믿고 있던 두 정치경제 시스템인 중상주의와 중농주의를 비판하고 대안을 제시한다. 그가 제시한 대안이 바로 자본주의 시장경제체제다. 그 자본주의 시장경제체제가 원활히 작동하기 위해서는 무엇보다도 정부가 작아야 한다고 주장하고, 정부의 한계와 정부가 해야 할 일을 명확하게 제시한다. 그는 개인의 활동을 감독하고 개인의 활동이 사회의 이익에 가장 적합한 상태에 이르도록 끌고 가는 것은 어떠한 인간의 지혜와 지식으로도 불가능함을 지적하면서 정부가 해야 할 일로서 세 가지, 첫째, 국방, 둘째, 치안 및 사법기능, 셋째, 공공사업을 제시한다.

『국부론』을 읽어 보면 왜 애덤 스미스를 경제학의 아버지라 부르는지 그 이유를 알 수 있다. 현대 경제학에서 다루는 기본적인 내용의 70~80%가 거기에 들어 있기 때문이다. 물론 현대 경제이론으로 볼 때 오류가 있는 내용도 있다. 그 대표적인 것이 재화의 가치가 투입된 비용에 따라 결정된다는 객관적 가치설이다. 그래서 그는 물이 다이아몬드보다 훨씬 더 귀중함에도(사용가치가 높음에도) 불구하고 다이아몬드의 가격(교환가치)이 물의 가격보다 훨씬 높다는 것을 설명하지 못했다. 물론 이 다이아몬드-물 패러독스는 나중에 제본스, 멩거, 그리고 발라 등이 재화의 가치는 개인의 주관적인 효용에 의해 결정된다는 한계효용이론으로 밝혀냈다.

애덤 스미스의 사상을 바탕으로 데이비드 리카도, 존 스튜어트 밀, 세이 등과 같은 후학들이 정립한 것이 고전학파 경제이론이다. 그리고 이 고전학파 이론을 계승하는 동시에 한계효용이론을 종합하여 새로운 경제학 체계를 정립한 인물이 알프레드 마셜이다. 마셜은 기하학, 수리, 계량 방법을 동원하여 수요공급 원리와 가격결정, 생산비용, 균형이론 등을 개발했다. 마셜이 정립한 이론을 신고전학파 경제학이라 한다. 그의 이론들이 수록된 것이 1890년 출판된 『경제학 원리』이다. 이 책 이전에는 경제학을 정치경제학(political economy)이라 하였다. 『국부론』에서도 정치경제학이라는 용어를 쓰고 있다. 그러나 마셜 이후 경제학이 엄밀한 과학으로서의 '경제학(Economics)'이 되었다. 오늘날 경제학 교과서에서 배우는 주된 내용들은 그의 경제학 원리를 바탕으로 하고 있으며, 그러한 이유로 신고전학파 이론들을 '주류경제학'이라고 말하기도 한다. 수세기 동안 많은 학자들이 마셜의 명제를 확장시키고, 추론을 도출하고 발전시키는 작업에 매달렸다. 그 결과 불완전 경쟁이론과 후생경제학, 외부효과에 관한 이론 등으로 미시경제이론의 영역이 확대되었고, 실증적 연구도 활성화되었다.

그러나 현재 주류경제학인 신고전학파에서 다루고 있는 경쟁과 독점의 개념은 애덤 스미스 등 고전학파 경제학자들이 사용했던 개념으로 복구되어야만 한다. 애덤 스미스는 정부가 기업에 특혜를 주는 것을 독점이라고 하였으며, 정부가 특정 기업이나 산업에 특혜를 주지 않는 한 경쟁적이라고 하였다. 『국부론』을 찬찬히 읽어 보면 이러한 경쟁과 독점의 개념을 이해할 수 있다. 그런데 이런 개념이 신고전학파 이론에서 왜곡되어 버렸다.

신고전학파 이론에서는 경쟁과 독점을 시장의 구조로 다룬다. 즉 기업의 수가 많을 경우 경쟁적이라고 하며, 기업의 수가 1개면 독점, 그리고 2개 이상이면 과점이라고 한다. 이러한 개념은 수학자였던 앙투안 오귀스탱 쿠르노가 만든 '완전경쟁모형'에서 나왔다. 완전경쟁모형의 첫 번째 가정이 기업의 수가 많다는 것이다. 이런 모형에 근거해 기업의 수가 1개일 경우를 독점이라고 정의하고, 기업의 수가 2개 이상인 경우를 과점으로 정의한다. 사실 완전경쟁모형은 경쟁의 결과로 나타난 상태를 의미하는 정태적인 것으로서 실제로 매일 매일 현실에서 동태적으로 일어나는 경쟁의 과정에 대한 설명이 아니다. 이러한 완전경쟁이 쿠르노의 뒤를 이은 경제학자들에 의해 경쟁의 대표적 패러다

임으로 자리 잡으면서 실제 경쟁의 의미가 왜곡되고 인간 세상에 존재할 수 없는 기준이 되면서 현실의 시장은 언제나 실패하는 것으로 다뤄지고 있다. 게다가 이러한 경쟁 개념이 시장에 대한 정부 개입을 정당화하는 근간이 됐다.

애덤 스미스(Smith) 등의 고전학파 경제학자들이 사용하고 하이에크로 이어진 경쟁 개념은 '최상의 것'을 찾아가는 동태적인 '시장과정(market process)'을 말한다. 이것은 상대방보다 더 매력적인 기회를 제공함으로써 상대방을 이기려는 대항적 행위로서 스포츠에서의 경쟁과 본질적으로 같다. 제프 베조스가 온라인 쇼핑몰을 통해 유통비용을 낮추며 아마존을 세계 제일의 기업으로 만든 것, 이건희 회장이 반도체와 스마트폰을 생산하며 삼성을 글로벌 기업으로 성장시킨 것, 모두 다 경쟁의 산물이다. 이런 기업가들의 경쟁적 행위 때문에 우리의 삶이 나아지고 경제가 성장한다. 신고전학파의 경쟁의 개념은 기업이 어떤 경쟁과정을 거쳐 현재의 위치를 차지하게 됐는지에 대한 고려가 전혀 없다. 『국부론』에서 말하는 경쟁과 독점의 개념으로 되돌아와야 현실에서 일어나는 경제현상을 잘 설명할 수 있다.

이 책을 번역하게 된 동기는 송병락 교수님의 권유와 은근한 압력 때문이었다. 송 교수님께서 이 책을 보여주시면서 번역을 한 번 해보지 않겠느냐고 하셨다. 우리나라에 『국부론』 번역이 많이 되어 있지 않고, 현재 한국경제가 침체되어 가고 있다는 점에서 대한민국을 다시금 부강하게 만드는 데 꼭 필요하다고 하셨다. 그 이야기를 듣고 사실 엄두가 나지 않았다. 아무리 일부의 내용이긴 하지만 『국부론』이 어디 번역하기 쉬운 책인가. 할 수 없다고 했다. 그런데 만날 때마다 번역 말씀을 하셨다. 어느 날 『국부론』 번역을 꼭 했으면 좋겠다고 전화까지 하셨다. 이에 아내 이은영 박사와 상의했다. 아내가 자기가 도와줄 테니 한번 해보라고 했다. 그렇게 하여 송 교수님께 한번 해보겠다고 하고 번역을 시작했다.

그러나 번역을 시작하면서 '내가 왜 이것을 하겠다고 했지'하며 곧 후회가 밀려왔다. 고통의 연속이었다. 번역하면서 몇 번씩 그만둘까도 생각했다. 『국부론』의 내용은 거의 아는 내용이지만, 문장이 너무 어려워 그것을 우리말로 번역하는 것이 여간 어려운 일이 아니었다. 초벌 번역하는 데만 꼬박 1년이 걸렸고 문장을 다시 다듬고 교정하면서 최종본이 나오기까지 3년여의 시간이 걸렸다. 문장을 다듬고 고치는 데 박영사의 박송이 대리가 많은 수고를 해주었다. 문장이 훨씬 수려해지고 읽기가 편해진 것은 거의 박송이 대리 덕분이다. 박송이 대리께 심심한 감사의 말씀을 전한다.

그리고 이 원고를 기꺼이 출판해주기로 했던 조성호 이사님과 안종만 회장님께 감사의 말씀을 드린다. 끝으로 이번 번역을 도와주고 교정본이 나올 때마다 읽으며 코멘트해 준 나의 사랑하는 아내 이은영 박사에게도 감사의 말씀을 드린다.

안재욱 씀

Index

찾아보기

ㅇ

ㅈ

ㅊ

ㅋ

ㅌ

ㅍ

ㅎ

지은이 애덤 스미스(1723-1790)

애덤 스미스는 1723년 스코틀랜드의 커칼디(Kirkcaldy)에서 태어났다. 두뇌가 뛰어났던 스미스는 14살의 나이인 1737년에 글래스고대학교에 들어가 3년 동안 도덕철학의 허치슨, 수학의 심슨 등 당대 최고의 학자들로부터 가르침을 받았다. 그리고 1740년에 옥스퍼드대학교 발리올 칼리지에 장학생으로 들어가 고대 그리스어와 라틴어 고전들을 섭렵했다.

1748년 모교인 글래스고대학교에서 논리학을 가르치기 시작했으며, 이듬해 그의 은사였던 허치슨이 강단을 떠나면서 공석이 된 도덕철학 교수직을 이어받았다. 글래스고 대학교에서 교수로 활약하면서 1759년 『도덕감정론』(The Theory of Moral Sentiments)을 발간했다.

1764년에 교수직을 사임하고 버클리 공작 3세 헨리 스콧의 개인교수가 되어 프랑스를 비롯한 유럽 여러 지역을 여행하면서 튀르고, 볼테르를 비롯한 유명 인사를 만났으며, 케네 등 중농주의 사상가들과 교류했다.

1766년 귀국 후 고향인 커칼디에 머물면서 『국부론』을 집필하기 시작하여 10년 후인 1776년에 출간했다. 초판이 6개월 만에 모두 판매될 만큼 『국부론』은 출간되자마자 날개 돋친 듯이 팔렸다. 『국부론』이 출간되면서 애덤 스미스는 당시 최고의 사상가로 존경받았다.

1778년 스코틀랜드의 관세위원회 위원으로 임명되었고, 1783년 에든버러 왕립 학술원 창립멤버가 되었으며, 1787년에 글래스고대학의 총장(Lord Rector)으로 선출되었다. 1786년 건강이 좋지 않았음에도 불구하고 『도덕감정론』을 개정하기 시작하여 1790년에 6판을 출간하고 그해 7월 17일 에든버러의 캐넌게이트에서 세상을 떠났다.

옮긴이 안재욱

경희대학교 경제학과를 졸업하고 미국 오하이오 주립대학교에서 경제학 박사 학위를 취득하였다. 1989~2020년 동안 경희대학교 경제학과 교수로 재직했으며, 현재 경희대학교 경제학과 명예교수이다. 경희대학교 부총장, 한국하이에크소사이어티 회장, 한국제도경제학회 회장을 역임했고, 문화일보 <시평>과 <포럼>의 필진과 한국경제신문 객원논설위원으로 활동했다. 주요 저서로는 『화폐와 통화정책』, 『흐름으로 읽는 시장경제의 역사』, 『경제학－시장경제원론』(공저), 『세계경제를 바꾼 사건들 50』(공저), 『자본주의 오해와 진실』(공저), 『새경제학원론』(공저), 『시장경제와 화폐금융제도』, 『응답하라! 자유주의』, 『얽힌 실타래는 당기지 않는다←시장경제와 정부의 역할』, 『피케티의 <21세기 자본> 바로읽기』(공저) 등이 있으며, 역서로는 『한 권으로 읽는 국부론』, 『도덕감성』(공역), 『화려한 약속 우울한 성과』(공역)가 있다.

증보판
한 권으로 읽는 국부론

초판발행 2018년 5월 18일
초판8쇄발행 2021년 3월 10일
증보판발행 2022년 9월 1일
증보판2쇄발행 2024년 8월 30일

지은이 애덤 스미스
옮긴이 안재욱
펴낸이 안종만·안상준

편 집 박송이
기획/마케팅 조성호
표지디자인 이영경
제 작 고철민·조영환

펴낸곳 (주) 박영사
서울특별시 금천구 가산디지털2로 53, 210호(가산동, 한라시그마밸리)
등록 1959. 3. 11. 제300-1959-1호(倫)
전 화 02)733-6771
f a x 02)736-4818
e-mail pys@pybook.co.kr
homepage www.pybook.co.kr
ISBN 979-11-303-1613-0 03320

정 가 18,000원